Frauen und Revolution
Strategien weiblicher Emanzipation 1789 bis 1848

Frauen und Revolution

Strategien weiblicher Emanzipation 1789 bis 1848

Herausgegeben
von
Frauen & Geschichte Baden-Württemberg
Haus der Geschichte Baden-Württemberg
Landeszentrale für politische Bildung
Baden-Württemberg

Silberburg-Verlag

Diese Dokumentation wurde gefördert von
der Landeszentrale für politische Bildung Baden-Württemberg,
vom Haus der Geschichte Baden-Württemberg,
der Landesgirokasse Stuttgart und vom
Förderprogramm Frauenforschung des Sozialministeriums
Baden-Württemberg.

Redaktion:
Mascha Riepl-Schmidt

Bildnachweis:
S. 13: Stadtarchiv Karlsruhe;
S. 81: Strašzewicz, Josef: Die Polen und Polinnen der Revolution vom
29. November 1830, Paris 1832, Universitätsbibliothek Leipzig;
S. 175: Roudinesco, Elisabeth: Théroigne de Méricourt, Paris 1989;
S. 220: Fuchs, Eduard : Das erotische Element in der Karrikatur.
Ein Beitrag zur Geschichte der öffentlichen Sittlichkeit, Berlin 1904;
S. 221: Stadtarchiv Karlsruhe;
S. 227: Dichtermuseum/Herwegharchiv Liestal/Schweiz.
Titel: Errichtung und Verteidigung einer Barrikade an der Rheinbrücke
zu Mannheim am 26. April 1849, Stadtarchiv Karlsruhe.

1 2 3 4 5 02 01 00 99 98

Druck: Freiburger Graphische Betriebe, Freiburg im Breisgau.
Printed in Germany.

ISBN 3-87407-270-3

Inhalt

Vorwort

1789 und 1848 – Revolutionen und weibliche Emanzipationsstrategien

Von Susanne Asche und Marga Burkhardt

»Nach Freiheit strebt der Mann, das Weib nach Sitte,« ließ Johann Wolfgang von Goethe seine weibliche Heldin des in der Zeit der französischen Revolution entstandenen Schauspiels Torquato Tasso sagen. Mit Schrecken reimte Schiller angesichts der weiblichen Beteiligung an den Pariser Ereignissen »Da werden Weiber zu Hyänen.«

Glaubt man den beiden Weimarern, so sind um Freiheitsrechte geführte Revolutionen wie die von 1789 und die von 1848 schlechte Zeiten für Frauen, weil ihr Streben nach Sitte im Kreischen weiblichen Hyänentums untergehen könnte.

Angesichts der zahllosen Veranstaltungen, die zum 150jährigen Revolutionsjubiläum vor allem in Baden-Württemberg stattfinden, um an die erste demokratische Revolution in Deutschland zu erinnern, wollte der Verein Frauen & Geschichte Baden-Württemberg auf der hier dokumentierten Tagung der Frage nachgehen, wie das Verhältnis der Frauen zur Revolution zu beschreiben ist und was die Revolutionen von 1789 und 1848 für das Geschlechterverhältnis bedeutet haben.[1]

Schon 1848 meinte die sächsische Schriftstellerin und Revolutionsanhängerin Louise Otto: »Die Geschichte aller Zeiten

[...] lehrt, daß diejenigen auch vergessen wurden, welche an sich selbst zu denken vergaßen!« Sieht man auf die Veranstaltungen in Baden-Württemberg, so scheint wiederum die Gefahr auf, daß sich die Frauen vergessen sehen werden. Es werden zahlreiche Vorträge zu dem Thema »Frauen und Revolution«[2] angekündigt, aber schon die Ankündigungen der Veranstaltungen bestätigen oft die Marginalisierung des weiblichen Anteils an der Revolution. Man denke sich einen Vortrag über das Thema »Männer und Revolution«.

Die Rolle der Frauen oder auch das Geschlechterverhältnis stehen nicht gerade im Zentrum des allgemeinen Erinnerns an revolutionären Männermut.

Dem etwas entgegenzustellen, ist nicht so einfach, denn es stellt sich tatsächlich die Frage: Wo sind die Frauen, die 1789 und 1848/49 die Fahnen geschwungen, die Barrikaden gestürmt, die Rednerpulte erobert und die Revolution vorangetrieben haben?

Glaubt man der Mehrzahl der Mitglieder des wissenschaftlichen Beirats für die Ausstellung des Badischen Landesmuseums, die im Februar 1998 im Schloß von Karlsruhe eröffnet wurde, dann beteiligten sich Frauen in so geringem Maß, daß sie kaum der Berücksichtigung wert sind. Dagegen behauptete eine Künstlerin auf dem Offenburger Freiheitsfest im September 1997 trotzig: »Frauen waren dabei.«

Die Freiheitsrechte, für welche die 1848er stritten, waren erst einmal Männerrechte. Parlament, Turnvereine, Gesangsvereine, Bürgerwehren, Volksvereine – all die Organisationsformen, die in der Revolution zu politischen Artikulationsforen wurden, waren männlich besetzt. Aber auch Frauen spielten eine Rolle – als Zuschauerinnen. Weiße Jungfrauen im Hintergrund, handarbeitende Fertigerinnen von revolutionären Stoffsymbolen wie Fahnen, Kokarden, Blusen oder auch schwarz-rot-goldener Pompons. Bei Brotkrawallen stellten sie den lautstarken Teil der Menge, in den Revolutionskriegen

pflegten sie verwundete Krieger und ermutigten ihre Männer oder hielten sie von der Front zurück. Sie gründeten Frauenvereine für revolutionäre Handarbeit oder sogar um Munition zu fertigen. Doch waren das mehr als Hilfstätigkeiten für männliches Tun? Bewundernde Begleitung revolutionären Männermutes?
Angesichts dieser auf den ersten Blick tatsächlich eher marginalen Bedeutung der Frauen für die Ziele und den Verlauf der Revolution wollten wir nicht eine weitere Veranstaltung und Publikation zu dem Thema »Frauen und Revolution« beisteuern, sondern vielmehr nach dem Geschlechterverhältnis im Kampf um die Menschen- und Bürgerrechte fragen. Sind die Revolutionen für die Menschenrechte – diejenigen von 1789 und 1848 – auch Revolutionen für das Geschlechterverhältnis? Wo liegen in dieser Frage die Differenzen und Gemeinsamkeiten zwischen der französischen Revolution 1789 und der Revolution von 1848? Wirkten sie emanzipierend für die Frauen? Gab es autonome Handlungsspielräume für Frauen? Entwickelten sie eigene Emanzipationsstrategien – und wenn ja, dann welche? Können wir uns heute auf diese Revolutionen als grundlegenden Teil der Emanzipationsgeschichte und als Grundlage unseres heutigen politischen und kulturellen Selbstverständnisses berufen?
Zudem interessierte uns in diesem Zusammenhang die Frage nach der Rolle der Historiographie. Die Erforschung der Vergangenheit ist ja nur zum Teil ein Sichtbarmachen dessen, was gewesen ist. Die Geschichtsschreibung dient vor allem dem Wissen über das Gewordensein der Gegenwart. Hier genießt sie eine Definitionsmacht, die sich Frauen erst noch erobern müssen.
Daher schlugen wir die Brücke von der französischen Revolution zur der von 1848, um jeweils die Beteiligung und die Handlungsspielräume der Frauen vergleichend zu befragen.

Claudia Opitz veranschaulicht in ihrem Text über die Französische Revolution anhand zweier gesellschaftlicher Gruppen, den Salonières – den Frauen der gesellschaftlichen und kulturellen Eliten – und den Sansculottinnen, weibliche Aktionsformen und Interessen, die diese in Abhängigkeit von Familienstand, Konfession und Schichtzugehörigkeit in den Jahren vor und während der Revolution entwickelten.
Gabriella Hauch arbeitet in ihrem Essay heraus, welche Frauenräume sich die Revolutionärinnen 1848, insbesondere in der Habsburger Monarchie eroberten und welche symbolischen und realen Orte ihnen von den Männern der Revolution zugewiesen wurden.
In der Diskussion, die sich an diese beiden Vorträge anschloß, wurde betont, daß das bürgerliche Projekt, das sich mit der Französischen Revolution ein Fanal setzte, ein männliches war, das sich 1848 auf der gesellschaftlich-politischen Ebene schon so weit etabliert hatte, daß weibliche Stimmen wie die in den 1790er Jahren kaum noch zu vernehmen waren.
Wie schwierig sich daher die Suche nach den Demokratinnen oder Monarchistinnen in der Zeit von 1848/49 gestaltet, belegt Ute Grau, die den aktuellen Forschungsstand über Aktionen und Beteiligung von Frauen an der Revolution von 1848 in Baden und Württemberg bilanziert und die Frage stellt, welchen Einfluß die gescheiterte Revolution für die nachfolgenden Frauengenerationen hatte.
Die literarischen Diskurse über die weibliche Emanzipation begannen bereits in den Vormärzjahren. Anne Eusterschulte, Corinna Heipcke und Leonie Wagner zeigen, wie heterogen die ideologischen und frauenpolitischen Vorstellungen selbst der avanciertesten Schriftstellerinnen und Journalistinnen waren. Mathilde Franziska Anneke, Louise Aston, Louise Dittmar und Louise Otto entwickelten sowohl im Bezug auf Ehe- und Institutionskritik als auch hinsichtlich politischer Utopien und des Geschlechterverhältnisses sehr unterschiedliche Konzepte.

Mit der Bedeutung der Revolutionen für eine »weibliche« Historiographie setzten sich Marianne Walle, Mascha Riepl-Schmidt und Heide-Marie Lauterer auseinander. Marianne Walle thematisiert die Aufarbeitung der Revolution von 1789 aus der Sicht der neueren französischen Frauengeschichtsforschung. Schon frühzeitig war die Revolution von 1848 Anknüpfungspunkt der politisch engagierten Frauen für eigene Forderungen und ein Bezugspunkt für ihre Suche nach weiblichen Traditionslinien. Mascha Riepl-Schmidt porträtiert die Sozialdemokratin und Geschichtsforscherin Anna Blos und analysiert ihre historiographische Schrift über die Frauen der 48er Revolution. Heide-Marie Lauterer hinterfrägt am Beispiel von Ricarda Huchs Darstellung der Revolution von 1848 das Verhältnis von Historiographie und literarischer Erzählung.

Traditionsbildung und Geschichtsvermittlung werden nur zum Teil durch Buchpublikationen und die Geschichtsschreibung im klassischen Sinne geleistet. Massenwirksam werden sie durch historische Ausstellungen und durch andere Medien wie beispielsweise den Film. Auf einer Podiumsdiskussion diskutierten daher unter der Leitung von Rita Müller die Ausstellungsmacherinnen Sabrina Müller (Haus der Geschichte Baden-Württemberg), Jutta Dresch (Landesmuseum Karlsruhe) und Christina Klausmann (zentrale Bundesausstellung in Frankfurt/Main) über unterschiedliche Zugangswege und Gestaltungskonzepte zur Umsetzung der Frauen- und Geschlechtergeschichte in den für 1997/98 geplanten Ausstellungen über die Revolution von 1848/49.

Mit Revolutionsbildern ganz anderer Art arbeiten Gudrun Loster-Schneider und Sylvia Schraut, sie spüren den Geschlechtsstereotypen und Weiblichkeitsmythen in den verfilmten Geschichten der französischen Revolution nach. Revolutionsfilme wiederholen auf einer metaphorischen Ebene realhistorische Prozesse und belegen den Triumph der Geschlechterhierarchie und -typisierung der bürgerlichen Gesellschaft.

Zum Schluß noch einmal zurück zu den Jubelanlässen:
150 Jahre deutsche Revolution sind sicherlich auch für Frauen ein Grund zu feiern. Noch mehr jedoch wünschen wir uns, daß dieses Jubiläum Anlaß gibt, die begonnene Arbeit fortzusetzen und neue Ergebnisse zur Beteiligung von Frauen an der 48er Revolution und über das Geschlechterverhältnis dieser Zeit zu Tage zu fördern.
Nicht nur in diesem Zusammenhang danken wir den Mitveranstaltern der Tagung, der Landeszentrale für politische Bildung Baden-Württemberg und dem Haus der Geschichte Baden-Württemberg, die sich sowohl in Diskussionen bei der Vorbereitung als auch bei der Finanzierung der Veranstaltung beteiligt haben. Ohne ihre Mitwirkung wäre weder die Tagung noch die vorliegende Publikation möglich gewesen.

Freiburg und Karlsruhe, im April 1998

Für die Tagungsgruppe
Susanne Asche
Marga Burkhardt

1. Teil
Wie entsteht Politisierung?

Einzug der pfälzischen Freischaaren in Carlsruhe am 19. Juni 1849. Zu Pferde Obrist Blenker nebst Frau, rechts davon steht Franzika Anneke

Von der »querelle des femmes« in den Salons zur Frauen-Volksbewegung

Überlegungen zur Politisierung von Frauen während der Französischen Revolution

Von Claudia Opitz

Schon seit ihren Anfängen stellt die Erklärung der Mobilisierung des »Volkes« während der und für die Revolution eine Grundfrage der Revolutionsgeschichtsschreibung dar. Dabei ist aber auf die geschlechtsspezifische Dimension selten Bezug genommen worden – obgleich schon unter den Zeitgenossen das Diktum kursierte, daß die Revolution erst dann wirklich stattfinden könnte, wenn sich auch die Frauen daran beteiligten.

Als einer der wenigen Historiker, welche die »Frauenfrage« in diesem Zusammenhang reflektieren, widmete Jules Michelet den »Frauen der Revolution« sogar eine eigene, 1854 erschienene Darstellung. Darin führt er allerdings die zahlreiche Präsenz von Frauen und ihre Teilhabe an den revolutionären Erhebungen und Aktivitäten auf eher »unpolitische« Beweggründe zurück: Es seien »die Empfänglichkeit, das Herz, das Mitleid mit dem Elend der Menschen« gewesen, welche die Frauen im Jahre 1789 in die Revolution getrieben hätten. Allerdings hätten schon wenige Jahre später ebenfalls »Empfänglichkeit, Mitleid, Schauder vor dem Blut, sorgende(r) Liebe zur Familie mehr als alles andere« dazu beigetragen, die Frauen »in die Arme der Reaktion zu treiben«.[1]

Ohne Zweifel waren dies in Michelets Augen ehrenwerte Gründe, die die Frauen – angeblich – bewegten. Aber gerade ihre von Gefühlen getriebenen Handlungen und Haltungen stellten (nicht nur in seinen Augen) insgesamt eher eine Gefahr als eine Chance dar für die politische Stabilität der Nation. So tritt aus seinen Überlegungen nicht nur eine Aufwertung der weiblichen Präsenz bei der »großen« – und von ihm verherrlichten – Revolution deutlich hervor, sondern es wird damit auch eine Begründung geliefert dafür, daß den Frauen die aktiven Bürgerrechte vorenthalten wurden.[2]

Allerdings transportierte Michelet mit dieser Darstellungsweise nicht nur von Rousseau herstammende und im Kontext romantischer Geschlechterstereotypen festgeschriebene Imaginationen von der weiblichen Physis und Psyche und deren fatalen gesellschaftlichen Folgen, wie Helga Grubitzsch vor einigen Jahren zeigte.[3] Vielmehr scheint mir hier auch ein Versuch vorzuliegen, die seit der Revolutionszeit entstandenen Negativbilder der französischen Revolutionärinnen und vieler anderer Republikanerinnen zu entkräften, die auch ein schlechtes Licht auf die republikanische Revolution insgesamt warfen.

Hier hatte sich ja schon unter den revolutionären Zeitgenossen ein gewisses Mißtrauen manifestiert angesichts der – um es mit Schiller zu sagen – »Weiber, die zu Hyänen werden«. Tatsächlich haben nicht nur ausländische Beobachter allenthalben das Bild von den »hysterischen«, närrischen oder sonstwie denaturierten Pariserinnen verbreitet, das insbesondere mit dem Erstarken der Pariser Volksbewegung, die zum großen Teil von Frauen getragen wurde, zu einem festgegossenen Schreck- und Feindbild für die eigene, bürgerliche Weiblichkeit wurde.[4] Lob und Anerkennung fanden beteiligte Frauen oder Frauengruppen bestenfalls dann, wenn sie sich den von

ihren männlichen Parteigängern definierten Zielen anschlossen und diesen zum Durchbruch verhalfen.[5] Andererseits mußten damit aber auch weibliche Sonderinteressen und -aktivitäten nicht weiter beachtet werden; sie wurden als irrational oder konterrevolutionär abgetan – und fielen damit zunehmend aus der Revolutionshistoriographie heraus.[6]
Dagegen wandte sich schon länger eine ganz anders orientierte Forschung von weiblicher oder feministischer Seite (teilweise schon seit der Jahrhundertwende und motiviert vor allem von der sozialistischen Frauenbewegung[7]), die sich zur Aufgabe gemacht hatte, sowohl die »vergessenen Töchter der Revolution« zu suchen, als auch die Ursachen und Erscheinungsformen des Feminismus im revolutionären Frankreich zu finden.[8] Hier wurde – gerade im Zusammenhang des Scheiterns emanzipatorischer weiblicher Vorstöße – denn auch rasch sichtbar, daß es »die« Frauen »der« Revolution nicht gegeben hat, da Frauen keine homogene Gruppe waren (und sind), so daß es letztlich unterschiedliche Partizipations- und Politisierungsgrade und unterschiedliche politische Äußerungs- und Handlungsformen zu unterstellen und zu untersuchen galt und gilt.[9] Tatsächlich hat die Revolutionsforschung aus Frauensicht in den letzten Jahren vor allem mit den Studien von Harriet Applewhite und Darline Levy, von Owen Hufton und von Dominique Godineau über die Frauen-Volksbewegung beachtliche Erfolge erzielt; auch für die Frauen der kulturellen und gesellschaftlichen Eliten – namentlich in den Salons – verfügen wir mittlerweile, dank der Studien von Joan B. Landes, Dena Goodmann u.a. über grundlegende Kenntnisse.[10] Wenn ich im folgenden ein paar dieser Forschungsergebnisse zusammenfassend präsentiere und dabei vom engen Kreis aufgeklärter Eliten zu den »Frauen des Volkes«, den stadtbürgerlichen Händlerinnen und schließlich den »Jakobinerinnen« blicke, so will ich damit keine Wertung oder Hierarchisierung vornehmen, sondern folge eher dem bislang in der Forschung übli-

chen Verfahren. Dabei versuche ich, Politisierungswege und -formen jeweils sowohl standes- wie auch geschlechtsbezogen aufzuzeigen. Unter Politisierung verstehe ich dabei mit Hans-Erich Bödeker und Ulrich Herrmann »das in der Reflexion auf die eigene Lage gründende Bewußtsein des Zusammenhangs von staatlicher Verfassung, gesellschaftlichem Gefüge und individueller Situation [...]. Politisierung ist der komplizierte Prozeß der Verarbeitung von Erfahrungen und ihrer diskursiven Vermittlung, der Sensibilisierung für angeblich Selbstverständliches, der Erkenntnis von Widersprüchen, des Ansprechbarwerdens und -machens für politische Meinungen und der Formulierung von Zielen.«[11] Damit verbunden, versuche ich jeweils auch die Frage nach weiblichen »Sonderinteressen« und feministischen Forderungen innerhalb der diversen revolutionären Gruppierungen zu stellen.

1. Frauen der Eliten und die vorrevolutionäre Öffentlichkeit

Es ist unstrittig, daß Frauen der Eliten nicht in derselben Weise und in denselben Funktionen an der Genese und Gestaltung der revolutionären Institutionen beteiligt waren wie ihre männlichen Standesgenossen. Doch in neueren Studien, die nach dem Zusammenhang von aufklärerischen Ideen und Praktiken und revolutionärem Umbruch auch aus frauen- und geschlechtergeschichtlicher Sicht fragen, wird deutlich, daß ihnen gerade bei der Formierung der zunächst literarischen und schließlich vorrevolutionär-politischen Öffentlichkeit im spätabsolutistischen Frankreich eine Schlüsselstellung zukam. So hat etwa Joan B. Landes schon länger, bezugnehmend auf Jürgen Habermas' Studie über den »Strukturwandel der Öffentlichkeit«, die Teilhabe von Frauen an dieser Öffentlichkeit gezeigt und einzuordnen versucht. Frauen bildeten ihrer Meinung nach einen integralen und wichtigen Bestandteil des neu-

entstehenden »Publikums« das, ausgehend von Fragen des »guten Geschmacks«, der »Nützlichkeit« und der »Gerechtigkeit«, zunehmend auch politische Einrichtungen und Grundlagen des Ancien Régime zu beurteilen und zu kritisieren lernte.[12] Zu den Orten und Ereignissen, an denen sich dieses Publikum zusammenfand, gehörten neben Cafés, Clubs, Lesegesellschaften, Büchereien, Opern und Theatern auch die Salons, die Landes zu den »älteren«, noch stark den absolutistischen Gesellschaftsstrukturen verbundenen Einrichtungen einer kritischen Öffentlichkeit zählt und ihnen damit – jedenfalls indirekt – einen hohen Stellenwert, aber auch einen konservativen Grundzug beimißt. Auch Zeitschriften, Zeitungen und der sich rapide erweiternde und verändernde Buchmarkt waren solche Institutionen einer neuen Öffentlichkeit, an dem Frauen der oberen Schichten partizipieren konnten, weil gerade sie die Mit-Gewinnerinnen eines Alphabetisierungs- und Bildungsprozesses waren, der vielen Männern, aber vor allem auch den Frauen der wohlhabenden Schichten in der zweiten Hälfte des 18. Jahrhunderts eine neue kulturelle Dimension eröffnete und sie zu begierigen Lesenden und nicht selten auch zu leidenschaftlich engagierten Schreibenden machte.[13]
Ein besonders eindrucksvolles Beispiel dafür ist Marie-Jeanne Phlipon, die spätere Madame Roland, die aus einer kulturell interessierten Handwerkerfamilie stammte – ihr Vater war Graveur – und ihre Jugend überwiegend mit der Lektüre zunächst religiös-erbaulicher, dann vor allem aufklärerisch-philosophischer und literarischer Werke zubrachte. Mehrere Jahre lebte sie, wie sie in ihren Memoiren schreibt,[14] nach dem Tod ihrer Mutter zurückgezogen als Pensionärin in einem Frauenkloster, um sich dort ganz ihren Studien zu widmen. Ihren Mann wählte sie, gegen den Wunsch ihres Vaters, aus aufklärerischem Milieu. Mit ihm teilte sie in der Folge aufklärerische Interessen, literarisch-publizistische Tätigkeiten und schließlich das politische Schicksal. Als überzeugte Girondistin, aber

auch als »der eigentliche Minister hinter Roland«, starb sie während der Terreur 1793 auf dem Schafott.
Madame Roland kann damit gewissermaßen als Prototyp der Aufklärerin und der bürgerlichen Revolutionärin gelten; in ihrer Selbstdarstellung jedenfalls steht die Lektüre von Rousseau und anderen »philosophes« und Empfindsamen unmittelbar vor ihrem Schritt in eine revolutionäre Öffentlichkeit. Dennoch ist gerade dieses Schicksal von frauenspezifischen Begrenzungen ebenso gekennzeichnet wie, dadurch bedingt, von spezifisch weiblichen Motivationen, Zielen und Handlungsmustern. So arbeitet Madame Roland in ihren Memoiren insbesondere die Geschichte ihrer Beziehung zu den Eltern, die ihrer Eheschließung mit Roland und ihres Ehelebens auf. Ihre sonstigen politischen Aktivitäten treten dahinter deutlich zurück – doch nicht nur, wie mir scheint, um sich gegenüber einer revolutionären Öffentlichkeit als »brave Ehefrau« zu rechtfertigen, sondern vor allem auch, weil gerade Ehe und Familie den »gesellschaftlichen« Rahmen weiblich-bürgerlichen Handelns von Frauen der höheren Schichten darstellten und ihre Präsenz in der (politischen) Öffentlichkeit immer auch von ihrem »Familienstand« (im doppelten Wortsinn) abhing.[15]
Madame Roland war niemals eine vehemente Vorkämpferin »egalitätsfeministischer« Ideale und gilt insofern in der feministischen Forschung, die sich mehr an einer Olympe de Gouges orientiert, als eher angepaßte Revolutionärin. Doch sollte hierbei nicht übersehen werden, daß gerade Frauen von der Art und Einstellung der Madame Roland im engeren Kreis der revolutionären Funktionsträger (Abgeordnete der »gemäßigten«, aber auch der radikaleren jakobinischen Provenienz) einen nicht unerheblichen Einfluß auf die Entscheidungen innerhalb der revolutionären Institutionen hatten, da sie, ähnlich den »Salonnièren«, ebenfalls in einer gewissen »Zwischen-Öffentlichkeit« agierten und durch persönliche Kontakte, Korre-

spondenzen und gesellige Zusammenkünfte eine unverzichtbare Unterstützung für ihre Männer und deren politische Selbstverständigungsprozesse darstellten. Ihr politisches Handeln motivierte und legitimierte sich aus dieser persönlichen Nähe zu den männlichen Machtträgern (auch dies war ein Erbe absolutistischer Gesellschafts- und Politikstrukturen); es richtete sich insofern auch verständlicherweise zunächst auf die Neuregelung dieses gesellschaftlichen »Nahraums«. Verbesserung der Mädchen- und Frauenbildung, rechtliche Gleichstellung der Töchter mit den Söhnen, Zurückdrängung der väterlichen Gewalt und schließlich das Recht auf Scheidung waren politische Forderungen, die von Frauen aus den »besseren Kreisen« vorrangig vorgetragen und eingefordert wurden – und dies sehr erfolgreich, zumindest, bis mit Napoleons Machtergreifung auch eine familienrechtliche Kehrtwende einsetzte.
Die Bedeutung, aber vor allem die spezifischen Interessen und Intentionen der – gesellschaftlich meist höherstehenden – »Salonnièren« die sich häufig auch von radikaleren feministischen Thesen und Themen angezogen fühlten, hat erst neuerdings Dena Goodman untersucht. Sie zeigt, daß und wie in den Salons der Aufklärungszeit die Ambitionen von Frauen und von männlichen »philosophes« zusammenfielen, aber auch, daß und worin sie sich unterschieden. In kritischer Absetzung von der herkömmlichen, meist ausgesprochen »männerzentrierten« Salonhistoriographie argumentiert Goodman, daß für die »philosophes« die Salons zwar eine instituionelle und sozial stabilisierende Basis für größere aufklärerische Projekte (hier zum Beispiel: die Encyclopédie) darstellten.
Dagegen dominierte bei den aufgeklärten »Salonnièren« vor allem das Bedürfnis, ihre eigenen, im Selbststudium erworbenen Gedanken und Erkenntnisse zu bestätigen und zu erweitern – aber auch, sie nach außen zu tragen. Hatten sich die bekannten »Salonnièren« der vergangenen Jahrzehnte eher um ihres

und ihrer Gäste Vergnügen gesorgt, so pflegten die von den Aufklärern frequentierten und von ihnen vielgerühmten Salonnièren Madame Geoffrin, Julie de Lespinasse oder Suzanne Necker eine ernsthaftere Salongeselligkeit, die gerade nicht auf »Leichtfertigkeit« und Unterhaltung zielte, sondern auf den persönlichen, aber auch den allgemeinen »Nutzen«.

Mit ihrer Orientierung auf das allgemeine Wohl bereiteten die aufklärerischen Salons – oder besser, die Salons der Aufklärerinnen – einer von ständischen Grenzen befreiten Öffentlichkeit den Weg, die etwa Jürgen Habermas als Voraussetzung einer »bürgerlichen« Gesellschaft ansieht.[16] Dabei waren die »Salonnièren« weder passive, noch »dekorative« Zentren eines geselligen Zirkels, sondern, so betont Goodman weiter, sie organisierten und dominierten vielmehr einen halb-öffentlichen Raum, in dem sie Zeitpunkt, Personen und Themen auswählten, mit denen und über die debattiert werden sollte. Darüber hinaus – und in logischer Weiterentwicklung der Salon-Geselligkeit – führten sie breit angelegte Korrespondenzen und knüpften und unterhielten somit ein Netz aufklärerischer Kontakte. Damit operierten sie ähnlich wie Akademien und Aufklärungsgesellschaften, die allerdings Frauen einen weit weniger prominenten Platz zuwiesen (sie waren hier bestenfalls als Zuschauerinnen geduldet) oder sie gar – wie die Freimaurerlogen – explizit ausschlossen.[17]

Gerade in den Salons war es aber auch, wo es zu den ersten und elaboriertesten »egalitätsfeministischen« Absichtserklärungen kam. Hier bestand mit der seit der Renaissance geführten »querelle des femmes«, dem mündlich und schriftlich geführten Streit um die Frauen, eine schon ältere Tradition der Debatte um Wert und Wirkung von Frauen in Literatur und Gesellschaft, die sich dann unter dem Einfluß der Frühaufklärung zu radikalisieren begann. Während aber der frühaufklärerische Poullain de la Barre die Geschlechterthematik noch sehr stark als Vehikel für traditions- und vorurteilskritische

Ideen nutzte – seine Schrift von der »Gleichheit der Geschlechter« von 1673 setzte vorwiegend die erkenntnistheoretischen Gedanken eines Descartes in Szene – wurde die Geschlechterdebatte in den aufklärerischen Salons des 18. Jahrhunderts wie auch in der Literatur des späteren 18. Jahrhunderts zunehmend zu einer gesellschaftskritischen Thematik, die auf Veränderungen insbesondere im familienpolitischen Kontext drängte (Konventionsehe; Scheidung; Benachteiligung und Rechtlosigkeit der Ehefrauen und Töchter usw.).[18]
Dennoch war der Schritt in die literarische (und damit in gewisser Weise auch in die politische) Öffentlichkeit des vorrevolutionären Buchmarktes für die meisten Salonnièren keine ernsthaft erwogene Perspektive. Ebensowenig wie sie sich dazu bereitgefunden hätten, »auf die Straße« zu gehen für ihre politischen Überzeugungen, wollten sie sich durch ihre Schriften »öffentlich« machen. Nur wenige, wie etwa Germaine de Staël, die Tochter der berühmten Salonnière Suzanne Necker, wagten diesen Schritt. Wie viele gebildete Frauen der Zeit begnügten sich auch die berühmten Salonnièren mit der »Halböffentlichkeit« der Salongespräche, des brieflichen Austauschs und des Verfassens von Tagebüchern.[19] Die aufgeklärte Frau der Oberschicht unterschied sich gerade hier ganz deutlich von den zahllosen schreibenden Männern ihres Standes, vor allem aber vom wachsenden Heer an Aufklärern niedrigerer sozialer Herkunft, die, wie Diderot und D'Alembert, die Herausgeber der berühmten »Encyclopédie«, ihren Lebensunterhalt mit Schreiben verdienten. Die Salonnièren beherbergten sie in ihren Salons und pflegten mit ihnen breitangelegte Korrespondenzen, doch sie wollten sich keinesfalls mit ihnen auf eine Stufe stellen lassen.
Es gab allerdings eine kleine, aber ständig wachsende Zahl von Journalistinnen und Literatinnen weniger hoher Abkunft, denen das Publizieren eigener Ideen und Texte durchaus nicht als unangemessen oder unwürdig erschien, wie beispielsweise

die Mit-Herausgeberin des Mercure de France, Louise Robert de Kéralio, oder die Herausgeberinnen und Mit-Autorinnen des »Journal des Dames«, das etwa zwanzig Jahre lang, von 1759 bis 1778 zur Bildung und Politisierung eines weiblichen Lesepublikums beitrug. Auch druckten viele männliche Zeitschriftenherausgeber gerne Briefe und Textbeiträge von ihrer weiblichen Leserschaft ab, so daß davon auszugehen ist, daß gebildete Frauen als Lesende, aber durchaus auch als Schreibende in die neue aufklärerische »Öffentlichkeit« und ihre wachsende Informationsflut mit einbezogen waren.[20] Es entstanden auch eigens auf ein weibliches Publikum bezogene Zeitschriften, wie vor allem das bereits erwähnte »Journal des Dames«.

Während sich viele Frauenzeitschriften vorwiegend im Bereich von Modeberichterstattung und leichteren Vergnügungen bewegten, päsentierte sich gerade das »Journal des Dames« seit den 1760er Jahren zunehmend kritischer und politischer – auch feministischer; so sehr, daß es damit Abonentinnen einbüßte und bald wieder seinen Ton ändern mußte. Auch die staatlichen Zensoren waren auf das Blatt und seine Herausgeberinnen aufmerksam geworden – was nicht zuletzt ein deutliches Indiz ist für die Politisierung jedenfalls eines Teils der weiblichen Presse in der Vorrevolutionszeit und was zeigt, daß die Themen, die in einem »Frauenjournal« behandelt wurden, von den Zeitgenossen durchaus als politisch relevant angesehen wurden.[21]

Somit erweist bereits dieser knappe Rundblick, daß Frauen der höheren Schichten an den intellektuellen Entwicklungen und Neuerungen der Vorrevolutionszeit in fast derselben Weise Anteil nehmen konnten wie ihre männlichen Standesgenossen – und vielfach auch Anteil nahmen; allerdings bildeten sich auch hier, wie auf der Männerseite, unterschiedliche gesellschaftspolitische Vorstellungen und Radikalitäten aus, wie am Beispiel des »Journal des Dames« sichtbar wird, dessen rasche

Politisierung offenbar nicht den Lesewünschen seines weiblichen Publikums entsprach und insofern auch nicht von Bestand war.

Wie weit die Ansichten der aufgeklärten Frauen im einzelnen von denen ihrer männlichen Standesgenossen differierten, läßt sich nicht eindeutig belegen und müßte auch erst noch genauer erforscht werden. Die Gemeinsamkeiten von Interessen und Aktivitäten männlicher und weiblicher Aufklärer der »gehobenen Stände« ging jedenfalls so weit, daß sie sich häufig auch gemeinsam zu revolutionären Vereinigungen zusammenschlossen – so etwa zu der gemischten »Conféderation des Amis de la Vérité« (der beispielsweise auch der »Frauenrechtler« und Mathematiker Condorcet angehörte) oder der »Société des Amis des Noirs«, der Olympe de Gouges nahestand, die sich neben der Gleichberechtigung von Frauen auch für die Abschaffung der Sklaverei und die rechtlich Gleichstellung von Schwarzen einsetzte.[22]

Erhebliche Unterschiede aber bestanden nicht nur in den Zugangsmöglichkeiten zu Salonkultur und Bildungseinrichtungen, die je nach Stand, Vermögen und Geschlecht erheblich variierten, so daß es hier wohl rein zahlenmäßig schon ein deutliches männliches Übergewicht gegeben haben muß.[23] Vor allem die aus den Salons hervorgegangene Politisierung konnte von Männern und Frauen nicht in gleicher Weise umgesetzt werden, weil Frauen, gleich welchen Standes, weder das aktive, noch das passive Wahlrecht erhielten und sich ja bekanntlich an dieser Tatsache noch bis weit ins 20. Jahrhundert hinein auch nichts änderte. Frauen der höheren Schichten blieben damit auf »außerparlamentarische« Meinungsäußerungen und Handlungen beschränkt, – und verloren im Zuge der Entstehung einer auf Wahlen basierenden parlamentarischen Öffentlichkeit seit 1789 im Vergleich zu ihren männlichen Standes- und Gesinnungsgenossen erheblich an politischem Einfluß.

Die Tatsache, daß etliche von ihnen aber alle übrigen Formen der Einflußnahme weiterhin oder neuerdings nutzten – so beispielsweise auch das Recht, per Petition als Gruppe oder einzeln vor das Parlament zu treten und dort Forderungen zu deponieren, – spricht deutlich für die Anteilnahme der Vertreterinnen des weiblichen Geschlechts an den großen politischen Umwälzungen. Welche Frauen sich hier aber im besonderen und für welche Anliegen einsetzten, ist allerdings beim jetzigen Forschungsstand noch offen.

Die spezifischen Bedingungen weiblichen politischen Handels in den höheren Schichten führten schließlich, neben der Entstehung gemischter revolutionärer Vereinigungen, auch zu spezifisch weiblichen Zusammenschlüssen, den sogenannten »Frauenklubs«. Diese entstanden bezeichnenderweise zunächst in der französischen »Provinz«; weit über dreißig Clubs müssen es in der Zeit von 1790 bis 1795 gewesen sein, als die Frauenclubs verboten wurden. Sie verteilten sich praktisch über das gesamte französische Territorium (siehe Abbildung). Wie die gemischten Clubs, so hatten auch die Frauenklubs eine feste organisatorische Struktur mit Präsidentin, Sekretärin und einem Tagungsraum. Die Mitglieder zählten selten mehr als 60 Personen, aber die Clubs hatten meist eine zahlreiche weibliche Anhängerschaft, die etwa in Dijon mit mehr als 400 Personen einen breiten Kreis der weiblichen Stadtbevölkerung umfaßte. Die Mitglieder rekrutierten sich in den ersten Jahren vorwiegend aus dem wohlhabenden Bürgertum; danach »demokratisierte« sich die Anhängerschaft etwas, wie Dominique Godineau schreibt, doch blieb der Kontakt zu männlichen Bürgerclubs in der Regel dominant und eng.[24]

In den ersten Jahren befaßten sich die Frauenclubs vor allem mit karitativen und sozialen Aufgaben. Sie traten damit an die Stelle der aufgelösten Klöster und übernahmen die Armenfürsorge und Krankenpflege, aber auch den Elementarunterricht vor allem für die Mädchen. Später dann engagierten sie sich für arbeitslose Arbeiterinnen und richteten Werkstätten für sie ein. Gleichzeitig wurde aber in den Clubs immer auch eine politische Debatte geführt und die politische Meinungsbildung gefördert, indem man gemeinsam die Menschenrechtserklärung, Parlamentsdekrete und die aktuellen Zeitungsberichte las und diskutierte.

Mit der Durchsetzung der Republik 1792 radikalisierten sich auch die Frauenklubs spürbar, nicht nur, indem sie Frauen aus unteren Schichten den Zugang erlaubten; sie organisierten darüber hinaus eigenständig revolutionäre Festzüge, politische Schulungen und weitere Aktivitäten im Rahmen der neuentstehenden politischen Kultur.

2. *»Sanskulottinnen« und Frauenvolksbewegung*

In Paris stellten sich die Verhältnisse etwas anders dar. Hier gelang es zunächst nämlich nicht, vergleichbare Vereinigungen von Frauen ins Leben zu rufen, obgleich es an Initiativen dazu (etwa von Etta Palm d'Aelders oder von Théroigne de Méricourt) nicht fehlte. Hier dominierte zunächst ganz offenbar das Modell des geschlechtergemischten, ständespezifischen politischen Kampfes; erst mit der Gründung der »Gesellschaft der Revolutionären Republikanerinnen« im Frühjahr 1793 formierte sich auch hier eine eigene frauenbezogene Organisationsform, die nun aber praktisch ausschließlich von »Frauen aus dem Volk« oder von jakobinischen und sanskulottischen Aktivistinnen getragen war und sich entsprechend radikaldemokratisch gerierte.

Dies war gewissermaßen ein »Quantensprung« in der Politisierung von Frauen. Denn erst das massenhafte Engagement der stadtbürgerlichen und der Unterschichtfrauen in der revolutionären Volksbewegung von Paris führte zu einer unübersehbaren und unmittelbaren Einflußnahme einer großen Zahl von Frauen auf das politische Geschehen. Dominique Godineau hat gezeigt, daß Frauen in allen Pariser Stadtteilen eine Mehrheit darstellten; insbesondere aber dominierten sie in den Stadtvierteln, in denen vorwiegend Unterschichten lebten. Die »Volksbewegung« war insofern, schon rein demographisch gesehen, in vieler Hinsicht eine »Frauenbewegung«.[25] Aus den Geschichtsbüchern wissen wir darüber hinaus, daß es gewisse Aktionen gab, die ausschließlich von weiblichen Akteuren getragen waren oder unter Leitung von Frauen stattfanden. Diese Aktionen galten lange Zeit als überwiegend ökonomisch motivierte Maßnahmen einer weiblichen Konsumenten-Selbstjustiz, denen ein im engeren Sinn politischer Charakter nicht zugestanden wurde. Aus neueren Forschungen, vor allem von Harriet Applewhite und Darline Levy geht hervor, daß solche

Aktionen, deren bedeutendste, aber längst nicht erste der »Zug der Marktweiber nach Versailles« im November 1789 war, durchaus politisch motiviert waren und eine schon im Ancien Régime fest etablierte Tradition hatten.[26] So hatten insbesondere die Marktfrauen aus den »Halles« schon länger eine eigene Korporation (eine Art Zunft) gebildet, die nicht nur das Privileg hatte, die Geburt des Thronfolgers zu bestätigen und dafür zu gewissen Gelegenheiten bei Hof vorgelassen wurde. Bei Prozessionen und Festzügen bildeten sie ebenfalls schon von alters her eine eigene Formation und präsentierten sich damit als eigenständige sozio-politische Einheit. Mit den Erfahrungen aus solchen Gelegenheiten organisierten die »Dames des Halles« schon im Sommer 1789 Erntedank- und Fürbittprozessionen, die regelmäßig in politische Manifestationen umfunktioniert wurden – was daraus an revolutionärem Potential erwachsen kann, wissen wir ja seit 1989 zur Genüge –, bevor sie dann im November 1789 zum Zug nach Versailles aufriefen und diesen anführten, um »Brot und die Verfassung« zu sichern. Ihre Interessen jedoch unterschieden sich, wie spätestens beim sogenannten »Kokardenstreit« im September 1793[27] offenkundig wurde, eklatant von denen anderer Frauengruppen; gegenüber den Frauen aus der Volksbewegung und insbesondere gegenüber den »Revolutionären Republikanerinnen« verhielten sie sich feindselig. Denn den »Dames des Halles« war an einer wirtschaftlichen Stabilisierung und an einer Liberalisierung des Handels und Gewerbes gelegen. Sie waren deshalb der Republik und ihren Grundsätzen von sozialem Ausgleich eher feindlich gesinnt und damit auch den Forderungen der »Revolutionären Republikanerinnen«, die vehement und – jedenfalls eine zeitlang – auch effizient Forderungen nach starker staatlicher Handelskontrolle wie Höchstpreisfestsetzungen oder der strafrechtlichen Verfolgung von sogenannten »Wucherern« vertraten, zu denen sie durchaus auch die Marktfrauen rechneten.[28]

Was aber brachte die »Jakobinerinnen«[29] – oder gar die noch radikaleren »Revolutionären Republikanerinnen« – auf die Straße und zur revolutionären Politik – und wer waren diese »weiblichen Aktivisten« überhaupt? Dominique Godineau hat in ihrer Studie deutlich gemacht, daß von ihrem sozialen Status, ihren Erscheinungs- und Handlungsformen her männliche und weibliche »Aktivisten« in der Volksbewegung erheblich differierten.[30] Zunächst und vor allem waren die Aktivistinnen unverheiratete jüngere und ältere Frauen, also Frauen, die nicht mehr oder noch nicht mit der Bürde der Mutterschaft belastet waren, ganz im Gegensatz zum typischen männlichen Aktivisten, der sich überwiegend als kleinbürgerlicher Familienvater präsentierte. Unter den weiblichen Aktivisten gab es etwa gleich viele sehr junge und schon ältere Frauen, die im übrigen alle von ihrer Hände Arbeit, aber in den unterschiedlichsten Berufen lebten. Die Anführerinnen der »Revolutionären Republikanerinnen« Claire Lacombe und Pauline Léon waren ja bekanntlich eine Schokoladenfabrikantin und eine Schauspielerin. Ihre Anhängerinnen rekrutierten sich aus Handwerkerkreisen ebenso wie aus denen der Tagelöhnerinnen und der Kleinhändlerinnen. Es gab hier zwar auch eine hohe Präsenz von Familienmüttern, die aber wegen ihrer familiären Verpflichtungen selten aktiv in die politischen Manifestationen – vor allem in gewalttätige Auseinandersetzungen – eingriffen, sondern eher als aufmerksames und kritisches Publikum fungierten, wobei sie häufig ihre kleineren Kinder bei sich hatten. Die Pariser Volksbewegung präsentierte sich insofern zwar als eine »familienbezogene« Bewegung, wo man vielfach Ehepaare und Familienangehörige als Mitglieder von Sektionen oder Clubs findet; viele Volksgesellschaften öffneten sich den Ehefrauen, Töchtern und Müttern ihrer männlichen Aktivisten. Jedoch traten Ehepaare hier praktisch niemals gemeinsam auf; vielmehr spiegelt die Volksbewegung eine recht deutlich nach Geschlechtern segregierte Alltagskultur, bis hinein in die Konflikt- und Protestformen, bei denen Frauen und Männer getrennt vorgingen, unterschiedliche Praktiken und »Kampfweisen« pflegten und bisweilen durchaus auch unterschiedliche Ziele verfolgten.[31]

Die in hohem Maße illiteraten Frauen des »Volkes« eigneten sich im übrigen zwar auf denselben Wegen ihre »politische Bildung« an wie ihre männlichen Standesgenossen: Sie nahmen an Sektionssitzungen teil, ließen sich Zeitungen und Flugblätter vorlesen und diskutierten sie untereinander. Dennoch waren ihre politischen Zugangs- und Äußerungsmöglichkeiten nicht dieselben wie die ihrer männlichen Standes- und Kampfgenossen. Doch wurde dies erst zu dem Zeitpunkt wirklich manifest, als die Republik ausgerufen und die Unterschichtmänner mit der Etablierung eines »allgemeinen (Männer-)Wahlrechts« verfassungsrechtlich in den politischen »Souverän« integriert waren. Genau seit dieser Zeit – Ende 1792 – finden wir erstmals auch in der »Frauenvolksbewegung« deutlich »feministische« Äußerungen; schon die Anfang 1793 erfolgte Gründung des ausschließlich von Frauen getragenen »Clubs der Revolutionären Republikanerinnen« (Citoyennes Républicaines Révolutionaires) muß bereits als eine solche feministische Willensbekundung betrachtet werden. Die »Revolutionären Republikanerinnen« erlangten auch zeitweilig eine hohe politische Sichtbarkeit und Bedeutung. Im Streit um das Tragen der Kokarde im September 1793, der als Aneignung von politischen Symbolen durch die und für die Frauen verstanden werden muß (und von den Zeitgenossen auch so verstanden wurde), konnten sie schließlich auch eine öffentliche Anerkennung der weiblichen »citoyenneté« erreichen.

Weitergehende Forderungen nach einer Verankerung weiblicher politischer Rechte in der Verfassung aber ließen sich nicht mehr durchsetzen – nicht zuletzt, weil die jakobinische Revolutionsregierung seit 1795 mit allen Mitteln versuchte, die Volksbewegung unter Kontrolle zu bringen und zurückzudrängen. Zu diesem Zweck begann sie damit, die Frauenklubs zu verbieten und damit auch die »Revolutionären Republikanerinnen« mundtot zu machen, was nicht zuletzt zeigt, wie mißtrauisch Männer aller politischen Gruppierungen, vor allem aber die von Rousseau sehr stark beeinflußten Jakobiner gegenüber öffentlich und politisch agierenden Frauen waren, zumal wenn diese für die Durchsetzung ihrer eigenen Interessen auftraten.[32] Die Repression der Volksbewegung und der politische Umschwung nach dem Sturz Robbespierres brachten die weiblichen Aktivisten und die Feministinnen in wenigen Wochen zum Schweigen. Frühsozialistische wie frühfeministische Egalitätsforderungen aber blieben bis weit ins 19. Jahrhundert hinein zentrale Kampfansagen für den sich zunehmend bürgerlich gerierenden französischen Staat.[33]

3. Fazit: Momente weiblicher Politisierung in der Französischen Revolution

Da Frauen in der französischen Gesellschaft des 18. Jahrhunderts keine homogene Gruppe darstellten, sondern in höchst unterschiedlichen gesellschaftlichen, ökonomischen und kulturellen Umständen lebten, hatten sie nicht nur unterschiedliche Interessen, sondern kamen auch auf unterschiedlichen Wegen in Kontakt mit den politischen Ideen von Aufklärung und Revolution.[34] So hatten die Frauen der »höheren Stände« – Adel und Bourgeoisie – vor allem in Paris die Möglichkeit, ganz ähnlich wie ihre männlichen Standesgenossen durch aufklärerische Geselligkeitsformen – vor allem in den Salons – an der Genese und Entwicklung aufklärerischer Ideen teilzuhaben und mitzuwirken. Schon früh wurden hier die Grundgedanken der Aufklärung auch auf ihre spezifische Situation als Frauen angewendet und die überkommene »Ordnung der Geschlechter« kritisch hinterfragt. Eine direkte Einflußnahme auf das politische Tagesgeschehen blieb ihnen jedoch, dank des Ausschlusses der Frauen vom aktiven und passiven Bürgerrecht, verwehrt. Sie mußten ihre politischen Forderungen und Handlungen weiterhin im nunmehr »halb-priva-

ten« Raum verwandtschaftlicher und freundschaftlicher Assoziationen vorbringen und durchsetzen.
Dagegen partizipierten die Frauen der städtischen Mittel- und Unterschichten an den Kommunikations- und Aktionsformen ihrer männlichen Standesgenossen, konnten sich aber durchaus auch auf eigene Traditionen und Gruppenzusammenhänge stützen und diese für zum Teil spektakuläre revolutionäre Aktionen wie den Zug der Marktweiber nach Versailles – nutzen. Diese weiblichen »Sonderbedingungen« in den Mittel- und Unterschichten mögen ein Hauptgrund dafür sein, daß hier die Idee von der Notwendigkeit einer verfassungsmäßigen Absicherung weiblicher »citoyenneté« erst relativ spät Gestalt annahm. Doch auch in den Oberschichten stießen – aufs Ganze gesehen – eher solche Ideen und Forderungen auf Resonanz, welche die Differenz der Geschlechter unterstrichen und die Rolle der Frauen als Ehepartnerinnen und Mütter stärkten, nicht aber ihre Existenz als staatsbürgerliche Individuen sicherten.
Insgesamt entsteht für mich somit ein fast paradox anmutender, aber nicht ganz überraschender Eindruck von der daraus resultierenden, ebenfalls schichtspezifisch unterschiedlichen weiblichen politischen Einflußnahme: Obgleich nämlich die Forderungen der »Frauen der gehobenen Stände« wesentlich weniger sichtbar vorgetragen wurden als die viel weitergehenden Ideen etwa der »Revolutionären Republikanerinnen«, haben sie sich in der revolutionären Zivilgesetzgebung auf breiter Basis durchgesetzt (Scheidungsrecht, Abschwächung der eheherrlichen Gewalt, Gleichstellung der Töchter mit den Söhnen, Verbesserung der Mädchenbildung usw.), während die Forderungen der Frauenvolksbewegung hier, wie in anderen sozialen und kulturellen Fragen der Gleichheit aller Menschen, ein Legat an das kommende »Jahrhundert der Revolutionen« blieb. Ein Legat an die kommenden Revolutionen und Verfassungskämpfe blieb damit aber auch die Erfahrung der bürgerlichen Gesellschaft als männliches Projekt.

Nichtswürdig – emanzipiert – geliebt

Geschlechtsspezifische Aktionen und Diskurse in den Revolutionen 1848/49

Von Gabriella Hauch

»Nichtswürdige Weiber« war eine gängige Bezeichnung für unbotmäßige Frauen im 19. Jahrhundert. Anna Serflinger, Pfründerin – Bewohnerin eines Armenhauses – in Wien, wurde so geheißen, nachdem sie in den Auseinandersetzungen zwischen Militär und revoltierenden Unterschichten in den Wiener Vorstädten am 13. März 1848 getötet worden war.[1] Das Los der Wiener Unterschichtsfrau teilten viele andere, meist nicht namentlich bekannt gewordene Frauen, die sich an den Barrikaden- und Straßenkämpfen in Berlin, Krakau, Prag, Mailand, Frankfurt oder Dresden ebenso wie an den militanten Auseinandersetzungen in ländlichen Gebieten Europas beteiligt hatten, die nicht nur in Wien die Durchsetzung der Bürgerlichen Freiheiten garantierten.

»Nichtswürdig« wurden im gesellschaftspolitischen Auf- und Umbruch der revolutionären Dynamik 1848 auch die »Emanzipierten« geschimpft. Das traf Frauen wie George Sand oder Louise Aston, deren Vorlieben für Zigarren und Beinkleider, die in bürgerlichen und aristokratischen Kreisen Männern vorbehalten waren, in ganz Europa negativ rezipiert wurden.[2] Aber auch Frauen wie Honorata Zapová, die 1848 in Prag den demokratischen Verein der Slawinnen »Spolek Slovanek« gründete,

wurden damit bedacht.[3] Ebenso wie Französinnen, Wienerinnen, Berlinerinnen, Lembergerinnen oder Frauen in anderen Städten des Deutschen Bundes organisierten sich tschechische und deutschsprachige Frauen in Prag im Namen der Nation und der Demokratie in frauenspezifischen Vereinen. Welche Forderungen wollten sie damit durchsetzen, welche Erwartungen und Ziele setzten sie in die Organisierung in einem Verein?
Geschlechterverhältnisse wurden in den europäischen Revolutionen 1848 und 1849 nicht nur von Aktionen und durch den Diskurs um die »Nichtswürdigkeit« von aktiven und die Emanzipation fordernden Frauen geprägt, sondern auch von dem um die »Liebe« zwischen den Geschlechtern. Am 16. April 1848 drohten in Konstanz »Gattinnen, Mütter und Geliebte« den Zauderern im Kampf um die Freiheit des Vaterlandes mit dem Entzug ihrer Zuneigung.[4] Auch in Wien setzten Frauen ihre Sympathien als politisch-moralische Instanz ein: »Wer auf der Seite der Revolution, wer seine Stellung auf's Spiel setzte, der hatte die Sympathien der Frauen hinter sich ...«.[5]
Frauenleben und Frauenaktivitäten in den Revolutionsjahren 1848/49 präsentieren sich schillernd und vielfältig. Die Gleichzeitigkeit von sogenannten traditionalen und modernen Elementen, von gewalttätigen sozialen Protestformen und gesitteten Vereinsgründungen prägten die sozioökonomischen, die kulturellen wie die politischen Bereiche dieser Zeit und dies gilt auch für die Geschlechterverhältnisse. Um dieser Melange aus Inhomogenitäten gerecht zu werden, ist eine sorgfältige Kombination von Geschlecht mit anderen Kategorien wie Klasse, Religion, Region, Ethnizität, Nation und Alter notwendig, um den Hoffnungen, Zielen und Interessen der 1848erinnen näherzukommen. Frauen verschiedener sozialer Schichten, verschiedenen Alters ebenso wie diverser Konfessionen können in den Zentren und den Rändern der revolutionären Bewegungen sichtbar werden, wenn in der historischen Rückschau nach ihnen gefragt wird. Die Frage nach ihnen ebenso wie nach Männern ist grundsätzlich für

eine Geschlechtergeschichte des »tollen« Jahres, seiner Bewegungen und seiner Politik. Vice versa wird damit aber auch die Ausformung von idealtypischen männlichen und weiblichen Geschlechtercharakteren deutlich.
Der folgende Streifzug durch die europäische Revolutionslandschaft von 1848/49 wird rund um das Konzept des Raumes strukturiert, der nicht nur geographische Orte, sondern auch das Netz der sozialen Beziehungen meint. Ein Netz, das innerhalb und außerhalb von Institutionen über eine Gesellschaft gespannt ist und sie konstituiert.[6] Mit den an den Anfang gestellten Stichworten – nichtswürdig, emanzipiert, geliebt – soll diese Strukturierung deutlich werden: Frauen mischten sich in öffentliche Belange, in politisches Geschehen ein. Aktiv und sichtbar wurde dies in den Politikfeldern abseits der Institutionen, die durch Geschlechterverhältnisse strukturiert, und in Antipathie und in Sympathie, im Namen der Liebe inszeniert wurden. Hierher gehören auch alle Bereiche, die durch den Diskurs von der weiblichen Ehrhaftigkeit – und dazu komplementär – von der männlichen Wehrhaftigkeit definiert sind. Den Anfang machen dabei die Diskutantinnen, die das Staatsbürgertum einfordern. Sie versuchten den Frauenausschluß in den von Männern als Männer-Räume konzipierten politischen Institutionen der Moderne zu negieren, blieben jedoch ausgeschlossen und schufen sich ihre eigenen Frauen-Räume. Diese Frauen-Vereine oszillieren zwischen selbstbestimmtem Handeln und – männlichen – Fremddefinitionen, von denen sie gleichzeitig geprägt sind.

»Frauen, die sich aufs Heftigste gegen ihre Ausscheidung aus der Versammlung verwahrten ...«

Mit diesen Worten schilderte ein Pressebericht die Empörung jener Konstanzerinnen, die nach Ausrufung der Republik durch Friedrich Hecker am 15. April 1848, die Stadträte zu öffentlichen Beratungen über Pro oder Contra zum Heckerzug gezwungen hatten – er bedeutete eine militärische Ausweitung der Revolution. Von den Beratungen sollten sie selbst jedoch ausgeschlossen werden.[7]

In der Umbruchzeit 1848 forderten Frauen europaweit ihre »Gleichheit der politischen Rechte« als Staatsbürgerinnen oder gar das Staatsbürgertum auch als weibliches zu definieren. Zu diesem Zeitpunkt war jedoch das Staatsbürgertum ebenso wie die Begriffe Freiheit und Gleichheit und die Bereiche Öffentlichkeit und Politik, – neben ihrer sozialen Differenzierung – bereits männlich festgeschrieben: Bürgerliche Gesetzeswerke wie in Frankreich der Code Civil von 1804[8] oder das Allgemeine Bürgerliche Gesetzbuch von 1811 der Habsburger Monarchie schrieben in einem als privat definierten Familienrecht nicht nur eine idealtypische Familienform gesetzlich fest, sondern fixierten auf der rechtlichen Ebene auch die dualen Geschlechtscharaktere der bürgerlichen Lebenswelten: Der Ehemann fungierte als Ernährer und Haupt der Familie im öffentlichen Bereich außer Haus, die Ehefrau waltete im Haus und war verpflichtet, sich für Kost und Logis am Erwerb des Mannes zu beteiligen. Diese Geschlechtsspezifika prägten die Politiksysteme der Moderne von Beginn an und wirken bis heute fort: Die Bürgerliche Gesellschaft als männliches Projekt. Oder: Die zunehmende Familialisierung der Frauen im Recht begleitete eine zunehmende Individualisierung der Männer.[9]

Die bürgerlich-demokratischen Forderungen nach politischen Vereinsrechten, nach dem Wahlrecht, nach einer verfassungsgebenden Versammlung (Konstituante) und nach der Errichtung von Parlamenten oder die Forderungen nach »Volkswaffnung« – als Institutionalisierung der wehrhaften Männlichkeit – machten die Dynamik der ersten Phase der Revolutionen, den März- und Aprilrevolutionen aus. Frauen kamen bei diesen, vorläufig installierten und später in provisorischen oder endgültigen Verfassungen verankerten institutionalisierten Männer-Räumen der Politik nicht vor. Selbst ihrer Forderung, als Zuhörerinnen den Debatten um die neue Politik, um die Zukunft, folgen zu dürfen, wurde nicht durchgängig stattgegeben. Die Berliner Stadtverordnetenversammlung lehnte am 17. April 1848 den Antrag der linksliberalen Fraktion auf Zulassung von Zuhörerinnen mit einer 2/3 Mehrheit ab.[10] Im Gegensatz dazu konnten die oben genannten Konstanzerinnen ihren Ausschluß noch rückgängig machen – was ein Beispiel dafür ist, daß Frauen ihren Ausschluß aus dieser Politikkonzeption der bürgerlichen Revolutionen von 1848/49 nicht unwidersprochen hinnahmen.

Das gilt vor allem für Frankreich.[11] Aber auch eine Gruppe von Wienerinnen forderte in einer vierseitigen Flugschrift: »Hüten Sie sich zu glauben, daß wir nicht vom lebhaftesten Interesse für die Emanzipation der Menschheit durchdrungen sind [...]. Wir beanspruchen Gleichheit der politischen Rechte. Warum sollen Frauen nicht in den Reichstag gewählt werden?«[12] Gedruckt und publiziert wurde das Flugblatt im Rahmen jener turbulenten Bewegung, die am 10. Juni 1848 in der Habsburger Monarchie das Wahlrecht für Arbeiter durchsetzte.[13] »Es wäre falsch das Stimmrecht allgemein zu nennen, wenn von dessen Ausübung wenigstens die Hälfte der Untertanen ausgeschlossen ist«, hieß es weiter. Im Gegensatz zum europaweit als Leitidee für die Legitimität von Frauenrechten wirkenden Differenzgedanken begründeten sie das von ihnen geforderte Wahlrecht als »unläugbares, unveräußerliches, angeborenes und untilgbares Recht des weiblichen Geschlechts«.[14] Eine publizierte Replik auf diese Flugschrift ist bislang nicht bekannt.

Etliche zeitgenössiche Schilderungen von Frauen wurden von enttäuschten Erwartungen geprägt. Denn mochten ihre Aufgaben und Pflichten für sie als komplementäres weibliches Geschlecht noch so vielfältig sein, sie brachten ihnen keine gleichen Rechte und Wertigkeiten im politisch öffentlichen Raum.[15] Das beklagten nicht nur Frauen in Frankreich oder in England[16], sondern auch in den Städten des Deutschen Bundes. So empfand es etwa die Frankfurter Kaufmannsgattin Clothilde Koch-Gontard als »recht schmerzlich nur eine Frau sein zu müssen, die das Zusehen hat und doch mit Gefühl und Tatkraft im Leben begabt ist«.[17] Sie hatte sich, wie etwa auch Malvida von Meysenbug,[18] bereits im April 1848 heimlich Zutritt in die Paulskirche verschafft, um, in der Kanzel versteckt, den Diskussionen des Vorparlamentes zu lauschen. Nach etlichen öffentlichen Protesten von Frauen wurden schließlich die Galerien in der Frankfurter Paulskirche am 18. Mai 1848 für Zuschauerinnen geöffnet. Dasselbe wurde von Zeitgenossen für den Wiener Reichstag im Sommer 1848 konstatiert. Diese den Frauen zugewiesene Rolle, nämlich als zusehende und zuhörende Partizipatorinnen und nicht als Aktivistinnen in Erscheinung zu treten, prägte das Geschlechterverhältnis in etlichen politischen meist demokratischen Vereinen. Die positive oder negative Einstellung dazu galt auch als Trennlinie zwischen Konservativen und Demokraten.[19]

Die Reaktion der literaten Öffentlichkeit – meist eine Kreation männlicher Chronisten, – auf die an Politik und Zeitgeschehen interessierten Frauen, war ambivalent. Pro und Contra in dieser Frage trennte nicht nur Demokraten und Liberale sondern oftmals auch Demokraten. Neben Lobeshymnen à la »Es ist ein erfreuliches Zeichen der Zeit, wenn selbst Frauen sich des politischen Stoffes bemächtigen«[20], zeugten andere Reaktionen von einer Tendenz, die bis heute die Sphäre der institutionalisierten Politik maßgeblich prägt. Frauen würden durch ihre Anwesenheit bei politischen Versammlungen ihre Familienarbeiten, vor allem die Erziehung der Kinder und die Sorge um den Ehemann vernachlässigen und würden mit diesem Engagement den Bestand des Staates gefährden.[21]

Dieser Diskurs, der sich am bürgerlichen Männer- und Frauenleitbild orientierte und sie in diesem Aufbruch ohne Pressezensur mitkonstituierte, wurde auch durch die Macht der Erotik geprägt. Im Verhältnis zwischen Abgeordneten und Zuschauerinnen schienen anthropologisch angelegte sexuelle Spannungen zu dominieren. In der charmanteren Variante wurde zeitgenössisch »im eifrig lauschenden Publikum« des »Demokratischen Klubs« in Berlin, der »Kranz demokratischer Frauen« freudig begrüßt und gewürdigt[22]. Beim Wiener Reichstag wurde gar betont, daß die anwesenden Damen »nicht überflüssig« wären: »Sie sind Blumen, die dieser für sonst so ernsten Dinge geweihten Halle einen neuen Schmuck verleihen«.[23] Der Männer-Bund fühlte sich und seine Sache geschmückt und erhoffte sich harmonischere, ausgleichendere Töne. Gleichzeitig kam den anwesenden Frauen ein aktiver Part innerhalb der Geschlechterbeziehungen dieser politischen Kultur zu.

In einer kruderen Variante wurden die Zuschauerinnen auf den Galerien als »sitten- und zügellos« bezeichnet, die »in Pomp und Putz Parade machen, kokettieren und lorgnettieren«[24]. Durch die weibliche Anwesenheit wurde die scheinbar geschlechtsneutrale Integrität des Männer-Raumes der institutionalisierten Politik gestört. Die Irritation der geordneten Welt des Parlaments war mit Chaos und Anarchie konnotiert, womit das Projekt Rationalität in der Politik, als Kontrapunkt zur aristokratischen Verschwendung und Beliebigkeit oder zur unterbürgerlichen Gewalttätigkeit, gescheitert wäre.[25]

Die Widersprüchlichkeiten der nur scheinbaren Geschlechtsneutralität von revolutionärer Freiheit und Gleichheit in männlichen Politikkonzepten, provozierte zeitgenössisch frauenspezifische Kritik. Zwar nur von wenigen »emanzipierten Weibern«, die dazuhin nur punktuell »gleiche Rechte« für sich einforderten, aber immerhin. Die große Mehrheit der bürgerlichen Frauen, die Angehörigen des Mittelstandes lebten und handelten in Affirmation zur geschlechtsspezifischen Dichotomisierung der institutionalisierten Politik: »Sie tritt in gegenwärtiger Zeit durchaus nicht aus ihrer naturgemäßen Stellung heraus, wenn sie an den Öffentlichen Angelegenheiten teilnimmt. Es kommt nur darauf an, daß sie in weiblicher Weise daran teilnehme«, hieß es 1848 in Konstanz zu dieser Frage.[26] Die geschlechtsspezifischen Grenzen für Frauen, die von Männer-Räumen ausgeschlossen waren oder die darin nur bestimmte Funktionen einnehmen durften, ließen die individuellen Lebensläufe von Frauen, die wie George Sand, Louise Aston oder Malvida von Meysenbug versuchten, das bürgerliche Normenkorsett zu sprengen, in um so grellerem Scheinwerferlicht erscheinen. Neben diesen frühen Individualisierungsversuchen von Frauen schien jedoch die Schaffung von Frauen-Räumen in den bürgerlich »freien« Revolutionsmonaten die Alternative zu sein.

»Ich reiche Euch die Hand zum Schwesternbunde«

Enthusiastisch entbot diese »deutsche Frau aus der Ferne« in einem Leserinnenbrief dem »Frauenklub in Wien« zur Gründung ihre »innigste Sympathie«.[27] In Berlin hieß es im Frühjahr 1848 zur Frage des Frauen-Raum Vereins: »Machen wir auch für uns von dem jetzt bestehenden freien Vereinigungsrechte Gebrauch ...«.[28]

Frauenassoziationen per se waren keine Erfindung der Revolution oder der 1848erinnen. Mit Ausnahme Frankreichs, wo die ersten Jahre der Französischen Revolution eine Masse an Frauenvereinen hervorgebracht hatten, waren die im frühen 19. Jahrhundert entstandenen Vereine systemstabilisierend, monarchietreu und patriotisch mit karitativer Ausrichtung. Dies galt im Deutschen Bund während der Napoleonischen Kriege genauso wie für die »Gesellschaft adeliger Frauen zur

Beförderung des Guten und Nützlichen«, die seit 1811 in den habsburgischen Ländern unter dem Patronat des Kaiserhauses gegründet worden war und ausschließlich Frauen aus dem Hochadel vereinte.[29]

Frauen waren über die Vereine in die Sphäre der Öffentlichkeit eingebunden und suchten sie durch ihre Aktivitäten zu gestalten. Das bedeutete, daß ihr Aktionsradius, der auf Familie, Gesinde, Gesellen und Lehrlinge gerichtet war, sich über die Verantwortung für andere erweiterte. Irene Stoehr hat dafür den Begriff »organisierte Mütterlichkeit« geprägt. Die feministische Forschung hat dieses Engagement und dessen öffentlich-politischen Charakter gewürdigt. Mit diesem anderen Politikbegriff wurde der fließende Übergang von öffentlich und privat deutlich. Dies zeigen für den Vormärz und 1848 vor allem die Studien zu Württemberg unter der Projektleitung von Carola Lipp.[30]

Auch in anderen Ländern entstanden in den Jahren 1848/49 zahllose Frauen-Vereine: Allgemein karitativ ausgerichtete Frauen- und Jungfrauenvereine, Fahnenstickvereine für die neu gegründeten Garden und Bürgerwehren, Vereine, die sich den erwachten »nationalen« Identitäten widmeten, oder Frauen-Hilfsvereine, die nach der Niederschlagung der Revolutionen Fluchtrouten für EmigrantInnen organisierten.

Im folgenden stehen ausgesprochen »politische« Frauenvereine im Mittelpunkt, das heißt, jene Vereine, die die männlich definierte Vereinsöffentlichkeit für sich – als Frauen – in Anspruch nahmen. Dabei definierten sie sich über die Kategorie Geschlecht als Subjekt ihres Zusammenschlusses in einer demokratischen Vereinsstruktur auf der Basis eines gemeinsamen Programms und waren offen für Angehörige aller Schichten und Konfessionen. Ihre Ziele umfaßten die Beseitigung und die Milderung ihrer gesellschaftlichen Diskriminierung, etwa wie die eigene Stellung in beruflicher, politischer oder rechtlicher Hinsicht zu verbessern sei und wie, unabhängig

von familialen Bindungen, mehr Wahlmöglichkeiten im Leben zur Verfügung stehen könnten.
Diese Definition ist zwar von dem androzentrischen Blick der Politik- und Rechtsgeschichte geprägt, setzt aber bei wirkungsgeschichtlich Grundsätzlichem in der Konstruktion der bürgerlichen Moderne an – auf der dualen Zweigeschlechtlichkeit und der unterschiedlichen Subjektwerdung von Männern und Frauen. Deswegen stößt die Dekonstruktion der Kategorie »Geschlecht« trotz aller Ambivalenzen, in der historiographischen Praxis an Grenzen. Mit dieser Definition fällt es auch schwer, die Vielzahl der »Demokratischen Frauen-Vereine«, die sich meist während oder nach dem Scheitern der Revolutionen in den Ländern des Deutschen Bundes bildeten, zu erfassen. Der politische Charakter dieser Hilfsvereine soll dabei nicht in Frage gestellt werden, aber meist kann mit diesem nicht ihre Gründung erklärt werden.
Eines der meistbeachtetsten Beispiele hierfür im deutschsprachigen Raum ist die am 16. Mai 1849 von Kathinka Zitz in Mainz gegründete »Humania«.[31] Wie andere Vereine bauten die 1648 Mitglieder Netzwerke auf, die Gefangenen, Flüchtigen und ihren Familien die Existenz sicherten oder Fluchtrouten in die Emigration organisierten. Auch wenn die damit befaßten Frauen selbst »emanzipiert und von demokratischer Gesinnung waren«, traten sie – mit Ausnahme der Frauen in den freien, deutschkatholischen Gemeinden[32] – hauptsächlich mit diesen Hilfsdiensten in die Öffentlichkeit. Oder sollte auch dies ein konstruiertes Ergebnis des androzentrisch geprägten Blicks der Geschichtswissenschaft sein?
Ein Beispiel dafür, wie vorsichtig mit den Ambivalenzen dieser Kategorien umzugehen ist, zeigt der Lebensweg von Auguste Scheibe, Vorstandsmitglied des »Demokratischen Frauen-Hilfsvereins« in Dresden. Nachdem ich ihren Namen das erste Mal in der kurzen Auflistung im Anhang von Sylvia Paletscheks Sammlung von frauenbewegten 1848erinnen ge-

lesen hatte, stieß ich im Briefwechsel des damals 28jährigen Ferdinand Kürnberger aus Wien wieder auf sie.[33] Er, ein sozialistischer Demokrat, war nach der Niederschlagung der Wiener Revolution Ende Oktober 1848 nach Dresden geflüchtet, hatte sich am Dresdner Aufstand beteiligt und war verhaftet worden. Nach seiner Entlassung aus der Gefängnishaft organisierte Auguste Scheibe seine weitere Fluchtroute. Ferdinand Kürnberger war hingerissen. Ganz an seine Definitionsmacht gewöhnt, stufte er Fräulein Scheibe »auf der Höhe der Zeitbildung« ein, sie »wurde den politischen und sozialen Fragen der Gegenwart gerecht« und vereinigte »das Ehrfurchtgebietende und Überraschende der weiblichen Geistesgröße und Charaktermacht«. Zudem war sie jung und wunderhübsch. In einem Brief stellte er einen direkten Zusammenhang zwischen dem Eingestehen seines Entzückens und der gleichgesinnten Demokratin her: »Und hätte ich je noch ein enges vormärzliches Vorurteil gegen Frauenemanzipation gehegt, in diesem Augenblicke mußte es schwinden«. Bemerkenswert an dieser Stelle ist seine Rede vom »engen Vorurteil« gegen Frauenemanzipation, das er der politisch und kulturell finsteren Zeit des Vormärz zuordnete. Während der Revolution hätte er auch in Wien Gelegenheit gehabt, schrieb er weiter, in einigen Aktivistinnen des dortigen »Wiener demokratischen Frauenvereins« – »die Würde des weiblichen Geschlechts in ihrer höchsten Entwicklung zu bewundern«. Mit dieser Gesinnung deklarierte er sich – mit Ausnahme etlicher Männer in den deutschkatholischen Gemeinden – als Angehöriger einer kleinen Minderheit.[34]

Der von Ferdinand Kürnberger erwähnte »Wiener demokratische Frauenverein« wurde am 28. August 1848 im Salon des Wiener Volksgartens gegründet.[35] Frau Strunz, Hausbesitzerin in Wien, hatte zur Diskussion um Programm, Forderungen und Statuten geladen. Um die 150 Frauen dürften ihrer Aufforderung gefolgt sein. Männer waren nicht zugelassen. Dies provozierte und so wurde die Veranstaltung von den ausgesperrten Männern, darunter etliche Nationalgardisten, also Männer von Besitz und Bildung, gestürmt. Laut zeitgenössischen Berichten zerschlugen sie die Fensterscheiben, stürmten in den Saal, sprangen auf die Tische, verspotteten die Frauen und bedrohten sie mit Ohrfeigen. Die versammelten Frauen zogen sich daraufhin zurück, vereinbarten jedoch eine weitere Zusammenkunft am Spätnachmittag desselben Tages.

Die Reaktion dieser Männer auf die Inanspruchnahme des geschlechtsneutralen Assoziationsrechtes durch Frauen zeigt eine Facette des geschlechtsspezifischen Abwehrkampfes gegen die Frauenemanzipationsbewegung, die der bürgerlichen Moderne eingeschrieben werden sollte. Ähnliche Szenen wiederholten sich europaweit. Bei einer vom Pariser »Club des femmes« am 6. Juni 1848 veranstalteten Diskussion um das Scheidungsrecht kam es ebenfalls zu gewalttätigen Ausschreitungen von Seiten der zuhörenden Männer. Dies war ein willkommener Anlaß für die Polizeibehörden, die inhaltlich mißliebige Veranstaltung aufzulösen und dann für die Behörden, den Club zu verbieten.[36] Auch die überlieferten Störaktionen anläßlich einer Dienstmädchen-Versammlung im April 1848 in Leipzig lassen darauf schließen, daß aggressiver Widerstand von männlicher Seite keinen Einzelfall darstellte.[37]

Das besondere am Wiener demokratischen Frauenverein war, daß er mit Ausnahme Frankreichs, das bei weitem elaborierteste Vereins-Programm in Europa aufwies. Im Gegensatz zu seinen später gegründeten Schwester-Vereinen, dem »Demokratischen Frauenverein« (14. September) und der »Germania« (12. Oktober)[38] in Berlin, in Prag dem »Spolek Slovanek« (Verein der Slawinnen, 20. September) und dem »Slovanská Dennice«, (Slawischer Morgenstern, Mitte Oktober)[39], die meist nur punktuelle Forderungen in der kurzen Zeit ihres Bestehens aufstellten, formulierten diese Wienerinnen die Aufgaben ihres Vereins als dreifache:

»Eine politische, um sich durch Lektüre und belehrende Vorträge über das Wohl des Vaterlandes aufzuklären, das demokratische Prinzip in allen weiblichen Kreisen zu verbreiten, die Freiheitsliebe schon bei dem Beginne der Erziehung in der Kinderbrust anzufachen und zugleich das deutsche Element zu kräftigen; eine soziale, um die Gleichberechtigung der Frauen anzustreben durch die Gründung öffentlicher Volksschulen und höherer Bildungsanstalten, den weiblichen Unterricht umzugestalten und die Lage der ärmeren Mädchen durch liebevolle Erhebung zu veredeln; eine humane, um den tiefgefühlten Dank der Frauen Wiens für die Segnungen der Freiheit durch sorgsame Verpflegung aller Opfer der Revolution auszusprechen.«[40]

Ihre Statuten vereinigten Gleichberechtigung und politische Bildung mit maternalistischer Caritas gegenüber weiblichen Angehörigen unterer sozialer Schichten und Solidarität mit den Zielen der revolutionären Wiener Demokratie des Sommers 1848. Neben diesen Inhalten – dem Plan der Gründung eines reichsumspannenden Organisationsnetzes – legten sie auch untereinander Wert auf egalitären Umgang: »Man sagt einfach Frau und Fräulein. Verheiratete Frauen haben vor den unverheirateten keinen Vorzug« (§ 10).

Ihre Programmdiskussion ging laut Überlieferung nicht ohne Reibereien ab.[42] Angeblich hatte eine gewisse Frau Bouvard, Tochter eines Kirchendieners, in einer der ersten Sitzungen den Beschluß einer Petition gefordert, die anfälligen Halbjahresmieten aufzuheben. Dies wurde jedoch als undemokratischer Eingriff in bestehendes Privateigentum abgelehnt. Mit »Ihr Verein ist eine Chimäre! Ihr alle zieht euch die Schlafhauben über den Kopf [...] wenn der Arme hungert!« soll sie die Versammlung verlassen haben. Neben dieser sozialen Trennlinie erschien im September in Wien eine Flugschrift, die auf einen weiteren Aspekt verweist, der »die« Frauen als eine zu differenzierende Gruppe mit Unterschieden ausweist:

»Wai! geschrieen, jetzt fangen die Jüdinnen a schon an«.[42] Deutsche Frauen sollten sich im Demokratischen Frauenverein engagieren, um die Präsidentschaft der Frau Wertheimer, einer Jüdin, zu verhindern. Im Unterschied zu jüdischen 1848ern, die im Laufe der Auseinandersetzungen die Emanzipation ihres Volkes, ihrer Nation ganz explizit als Juden gefordert hatten, traten Jüdinnen nicht als Jüdinnen in Erscheinung.

Die Aktivitäten des Wiener demokratischen Frauenvereins richteten sich während ihres zweimonatigen Bestehens auf den Erhalt der bürgerlichen Freiheiten in Wien. Das bedeutete seit den Augustauseinandersetzungen, auf Seiten der revolutionären Demokraten zu stehen. Sie fungierten als Mitorganisatorinnen der als Klassenversöhnung konzipierten Begräbnisse. Angesichts der von revolutionsfeindlichen kaisertreuen Truppen umzingelten Hauptstadt marschierten am 17. Oktober 1848 einige hundert Frauen zum Reichstag. Eine Delegation überbrachte den Abgeordneten eine Petition mit 1000 Unterschriften für die Einberufung des »Landsturmes«, dem bäuerlichen Pendant zu den städtischen Nationalgarden. Dieser Auftritt erweckte »natürlicherweise einen fast lächerlichen Eindruck«[43], da die meisten Abgeordneten beim Anblick der vierköpfigen Frauendelegation, bestehend aus Präsidentin Karoline Perin, Frau Bruckmüller und Frau Bouvard, – die vierte ist nicht namentlich bekannt, – annahmen, diese würden sich als Krankenpflegerinnen für die Verteidigung Wiens zur Verfügung stellen.

Dagegen reagierten die demokratischen Männervereine Wiens auf die Existenz der bürgerlichen Organisationsform Verein positiv – sie akzeptierten sie als Partner. Neben acht anderen, darunter Arbeiter- und Handwerkervereine, einem liberalen sowie dem deutschkatholischen Verein, hatte der Demokratische Verein im September 1848 auch den Demokratischen Frauenverein zu Diskussionen um die Strategie zur Verteidigung des revolutionären Wiens eingeladen. Auch in dem am

30. September gegründeten »Zentralkomitee« oder »Zentralausschuß« der demokratisch-freisinnigen Vereine Wiens war der demokratische Frauenverein Mitglied.[44] Trotz dieser Akzeptanz wurde auch aus den Reihen der 1848er dem »Wiener demokratischen Frauenverein« wie auch seiner Präsidentin Karoline Perin Mißtrauen entgegengebracht. Ihr Fazit lautete: »Sie hat uns keinen Nutzen gebracht, sondern uns durch die Gründung des Frauenklubs mehr geschadet.«[45]

Wechseln wir nun kurz das soziale Milieu und wenden uns den ersten Gewerkvereinen zu, wie etwa der »Association der Buchdrucker und Schriftgießergesellen« in Wien. Kolleginnen waren dort nicht nur unerwünscht, sondern zu den Forderungen dieser Avantgarde der frühen Arbeiterbewegung zählte auch die »Abschaffung der weiblichen Arbeiter«.[46] Wenn auch die Basis der Organisierung in den ersten Arbeitervereinen durch die Bedingung begründet wurde, daß die zu verrichtende Erwerbsarbeit der Existenzsicherung diente, bedeutete dies keine automatische Negierung der Geschlechtergrenzen – die angelernten Frauen stellten vielmehr, niedriger entlohnt, eine Konkurrenz dar. Und zudem orientierte sich die entstehende Arbeiterbewegung, zwar real noch weit entfernt, an der bürgerlichen Familie, und da war der Platz der Frauen im Haus. Im Gegensatz dazu wurden in der Berliner Arbeiter-Assoziation jedoch eigene Frauen-Abteilungen errichtet, die sich der »Sache der Arbeiterinnen« widmen sollten.[47]

Die Schaffung dieser institutionalisierten Frauen-Räume entsprach und entspricht den dichotomen Geschlechtscharakteren, obwohl ihre Protagonistinnen Geschlechtergerechtigkeit einforderten. In dieser, von Beginn an, in modernen Politiksystemen auszumachenden Ambivalenz zwischen »selbstbestimmt« und »fremddefiniert«, ist auch der »Sonderfall« Frau zu verorten: Von der »Frauenfrage« der zweiten Hälfte des 19. Jahrhunderts über die separierte Frauenpolitik bis hin zu den Referaten der Frauenbeauftragten an den Universitäten heute.

»... daß die Weiber bewaffnet mit Stangen gegen die Garde rückten ...«[48]

Frauen, vor allem unterbürgerlicher Schichten, beteiligten sich an den militanten Auseinandersetzungen 1848/49. In sozialen Protestformen, wie Katzenmusiken, Maschinenstürmereien, Zerstörung von Fabriken und Plünderungen, die die Dynamik des Revolutionsverlaufs entscheidend beeinflußt hatten, wurden sie nicht nur als Aktivistinnen, sondern auch als Initiatorinnen geortet.[49] Sie waren an den Straßenkämpfen beteiligt, die die Durchsetzung der Bürgerlichen Freiheiten in den Märzrevolutionen erreicht hatten. So in Berlin, als am 18. März 1848, nach dem Rückzug des Militärs fünf tote Frauen gezählt wurden.[50] Und Frauen kämpften auch auf den Barrikaden, die die Niederlagen in den Hauptstädten der Revolution charakterisieren. Frauen waren aber auch – und zwar in verschiedensten Rollen – bei Feldzügen diverser (Revolutions)-Armeen und anderer bewaffneter Formationen dabei.[51]
Diese militanten Aktionsformen markieren Zwischenräume, in denen sich die Geschlechterebenen kreuzten. Dabei handelte es sich um eine Mischung von traditionalen Protestformen und modernen Formen des sozialen Protests: Geordnete Demonstrationen mit klaren Forderungen an die dafür verantwortlichen Stellen, wie sie 1848 auch von der sich formierenden Arbeiterbewegung praktiziert wurden. Wenn wir die Handlungsmuster zur Kategorisierung heranziehen, meint man auf den ersten Blick eine egalitäre Ebene vor sich zu haben. Männer wie Frauen griffen zu Waffen, seien es nun ihre Arbeitsgeräte, seien es Gewehre, und kämpften.
So etwa am 23. August 1848 in Wien in der sogenannten Praterschlacht, wo in einer der zahlreichen zeitgenössischen Schilderungen und Kommentare das Eingangszitat zu finden war: Mit aufgesetzten Bajonetten stoppten Nationalgarden den Demonstrationszug von tausenden ErdarbeiterInnen gegen

Lohnkürzungen. Anfang Mai 1848 hatte die Gemeinde Wien, nach dem Vorbild der Pariser »ateliers nationaux«, mit öffentlichen Bauarbeiten begonnen. Im Gegensatz zu Paris, wo nur Männer beschäftigt waren und Frauen sich erst eigene Frauen-Ateliers erkämpfen mußten,[52] waren in Wien neben 10 343 Männern auch 8218 Frauen bei den »Erdarbeiten« beschäftigt. Frauen erhielten 20 Kreuzer Taglohn, das waren 5 weniger als Männer und 5 mehr als Kinder. Nun plante die Regierung unter Federführung von Arbeitsminister Ernst von Schwarzer eine 25-prozentige Lohnkürzung, was den Frauenlohn auf 15 Kreuzer gesenkt hätte. Ein Betrag, der kaum zum Leben reichte. Für ein Frühstück wurden 10 kr, für ein bescheidenes Mittagessen 16 kr und für ein Abendessen 6 kr berechnet.[53] Deswegen regte sich Widerstand und am 21. August 1848 zog ein großer Demonstrationszug dieser Frauen vor das Arbeitsministerium und forderte lautstark die Rücknahme der Lohnkürzung. Wien sah also am 21. August 1848 die erste Arbeiterinnendemonstration und die erste, in der es um Lohnforderungen ging, also um eine explizit sozialpolitische Demonstration. Nicht nur in der Schaffung der öffentlichen Arbeiten, sondern auch im Umgang mit Protesten galt das Vorgehen der Pariser Regierung als vorbildlich: »Wir werden uns nichts abtrotzen lassen [...] und es wird euch noch so gehen wie den Parisern«[54], warnte Arbeitsminister Ernst von Schwarzer die Wiener Erdarbeiterinnen, in deutlicher Anspielung auf die Niederschlagung den Pariser Juliaufstand. Zwei Tage später, kam es dann zu der Demonstration aller ErdarbeiterInnen, die von Teilen der Nationalgarde und der Sicherheitswache blutig beendet wurde.

Auf der diskursiven Ebene, auf der dieses Ereignis, das die klassenübergreifende Wiener Revolutionsbewegung spaltete und beendete, im Nachhinein verhandelt und bewertet wurde, ist jedoch wenig von Gleichbehandlung der daran beteiligten Männer und Frauen zu bemerken. Das Hauptargument, warum so brutal gegen die DemonstrantInnen vorgegangen worden war und bei vielen Frauen »Halsstichwunden« und »Kopfwunden« als Verletzungsarten angegeben wurde – was von einem Nahkampf zeugt – bildete das ungebührliche Verhalten der Erdarbeiterinnen: »Besonders die Weibsbilder betrugen sich wie die Furien; auf die roheste, empörendste, unsittlichste Weise wurde die Garde beleidigt«, rechtfertigten sich beteiligte Soldaten.[55] Männliches Beschützertum, das sich an den dualen Geschlechterrollen orientierte, konnte angesichts des Verhaltens dieser Frauen – weit entfernt von bürgerlicher Sittsamkeit – nicht wirksam werden. Die Wortergreifung dieser Frauen irritierte ebenso wie die von ihnen benutzte Sprache und deren Inhalt. Die Artikulationsformen dieser Frauen, als laut und obszön überliefert, stand konträr zur literarisch gebildeten bürgerlichen Öffentlichkeit und prägte das Bild der »rebellischen Weiber« in Revolutionen und Aufständen.

Zur Zeit des Wiener August-Massakers stand es europaweit um die Revolutionskonjunktur bereits sehr schlecht: Die polnische Aufstandsbewegung war im April niedergeschlagen worden, zu Pfingsten folgte Prag unter Windischgrätz, im Juni Paris und am 18. August 1848 besiegten die habsburgischen Truppen unter Feldmarschall Radetzky das revolutionäre Mailand und damit Lombardisch-Venetien. Gleichzeitig begannen sich die konservativ-reaktionären Kräfte zu formieren und zu organisieren. Auch Frauen-Vereine dieser Richtung entstanden, wie in Wien der »Erste konstitutionell-monarchische Frauenverein«,[56] was auf eine der vielen geschlechtsspezifischen Forschungslücken verweist, die die nur scheinbar »ausgeforschten« 1848er Revolutionen ebenfalls betreffen.

Der Niedergang der Revolutionskonjunktur in weiten Teilen der Bevölkerung Europas produzierte in Verbindung mit Barrikadenkämpfen und waffentragenden oder sie benützenden Frauen verschiedene Typen: Neben der grausamen und der schamlosen, wurde speziell die besonders mutige und tapfer-

aufopfernde Frau zum Topos in zeitgenössischen Publikationen. In den »Quellen« dieser Art vermischten sich oftmals Wahrnehmung und Phantasien der Chronisten zu einem schwülstig-emotionalen Diskurs über die Frau als Revolution oder vice versa die Revolution als Frau. Die begehrte Phantasie-Geliebte ist dort ebenso zu finden wie die asexuelle Allegorie oder die gefürchtete Männerverschlingerin.
Der Konstruktion der öffentlichen Sphäre als triebfreiem Raum – der der Ratio, der Vernunft und der Autorität vorbehalten bleiben sollte – wurde angesichts von Angst, Wut und Euphorie in diesen kämpfenden Situationen gestört. Emotionen, unkontrolliertes-triebhaftes Verhalten rief bei ParteigängerInnen wie GegnerInnen der Revolutionen gleichzeitig Befremden und Faszination hervor.
Um mit dieser Angst umgehen zu können, mußten identifizierbare Versursacherinnen gefunden werden – in diesem Fall oft Frauen. Zeitgenössisch galt jedoch auch die Masse oder die Juden als Alternative. So hieß es in Schilderungen des Erfurter Volksaufstandes vom 15. Dezember 1848 gegen die preußischen Kürassiere: »Unter das Volk hatte man gerade Sensen verteilt; auch die Weiber trugen Beile und Sensen. Überhaupt sollen sich die Weiber und Juden ausgezeichnet haben«.[57] Weibergekreische galt als »das« Kennzeichen für wachsende Hemmungslosigkeit[58] und zeigte das Ende der ehrhaften und ernsthaften Volksbewegung, wie es zeitgenössisch hieß, an. Bei der Konstruktion dieser Frauenbilder handelte es sich um die »andere« Seite der gefeierten euphorischen Geschlechterbeziehungen der Fahnenweihen, Fackelzüge und Burschenschaftsfeste.
Ein Kommentar zur sogenannten Barrikadennacht am 26. Mai 1848 in Wien macht dies deutlich: »Sie wurden trunkene Mänaden, die in phantastischem Aufputze mit Pistolen, Säbeln, Musketen und Picken bewaffnet, die ernste Volksbewegung zur frivolen Farce erniedrigten. Sie wurden endlich lüsterne

Phryneen, die im nächtlichen Dunkel ihr unkeusches Boudoir zwischen den Barrikaden aufschlugen und sich kannibalisch wohlfühlten, wenn ihre Hingebung, in des Wortes verwegenster Bedeutung, an die Legion einen großen Zuspruch fand.«[59] Quellen dieser Sorte prägen zwar Bilder von Frauen um 1848, verdienen jedoch auch wegen ihrer starken Aussagekraft über die Phantasmagorien ihrer Verfasser Aufmerksamkeit.

Frauen fungierten jedoch nicht nur als zerstörend-fremd, sondern entsprechend dem Frauenbild von Mutter und Hure, auch als Integrationsfiguren und als lebendige Beweise für die Gerechtigkeit der revolutionären Ziele. Und diejenigen, die ihre Rolle als zu Beschützende aufgaben, verkörperten als ehemals oder eigentlich Schwache umsomehr an Stärke. Vor allem in den hoffnungslosen Endkämpfen in den Hauptstädten der Revolution wurden sie nicht nur als die Ausdauerndsten, sondern auch als Tapferste stilisiert. Dazu zählte auch die Rezeptionsgeschichte des Bildes vom Barrikadenkampf von Eugène Delacroix: La liberté guidant le peuple (1830), die im Jahre 1848 bis an den Rand des revolutionären Europas bis nach Bukarest zu verfolgen ist. Die rumänische Heldin hieß Ana Ipátescu.[60] Allegorische Frauendarstellungen in der Nachfolge der französischen Marianne, die, oft mit entblößter Brust dargestellt, als Symbol für die Nahrhaftigkeit der Revolution gelten können, sind in Gestalt von Fahnenmädchen oder Fahnenköniginnen im aufständischen Europa präsent. Von der französischen Marianne mutierten sie weiter westlich zur Germania, südlich zur Italia oder zur Slavia oder Bohemia in Prag.[61] Eine Austria wurde in Wien nicht geführt, was auf die Fragilität der »österreichischen« Nationsbildung verweist.

Doch, zurück zur Konfrontation von Frauen mit der männlichen Wehrhaftigkeit: Die waffentragenden Frauen konterkarierten und ergänzten zumindest symbolisch die männliche Definition der Wehrfähigkeit und wurden zum vieldiskutierten und vielgeliebten Sonderfall. Davon zeugen auch Kostümentwürfe für Frauen. In den Garden, die sich nach den März- und Aprilrevolutionen organisiert hatten, waren nur Männer von Besitz und Bildung zugelassen. Die soziale Segregation unter Männern wurde in den Endkämpfen aufgehoben, wie in Wien mit der Gründung der »Mobilen Corps«.[62] Frauen blieben per Geschlecht davon ausgeschlossen, wenn sie ihre Einbeziehung einforderten, ernteten sie »schallendes Gelächter«. Nur in Ungarn und einigen Gebieten des Deutschen Bundes waren Kämpferinnen in den Reihen der Revolutionsarmeen zu sehen.[63]

So blieb Frauen die Ebene der Selbstbewaffnung. Etliche, die sich an der Erstürmung von Zeughäusern wie in Wien, Paris und Berlin beteiligt hatten, waren nicht bereit, die erbeuteten Waffen wieder zurückzugeben. Und beim Oktoberkampf in Wien schilderten etliche Zeitgenossen, daß Frauen die Waffen von gefallenen und geflüchteten Garden aufnahmen und weiterkämpften. Eine Alternative bot sich den Kampfeswilligen im Tragen von Männerkleidung. Dabei wurde die selbstverständliche Zweigeschlechtlichkeit durch das Ordnungskriterium und den Zeichencharakter von Kleidung massiv in Frage gestellt.[64] Unerkanntes Tragen von Männer-Kleidung ermöglichte Frauen in Männer-Räume einzudringen und in gemischtgeschlechtlichen Räumen eine kulturell und sozial normierte andere Rolle einzunehmen.

Mit der Verkleidung als Mann war und ist in der Öffentlichkeit der Moderne ein Mehr an Möglichkeiten verbunden, was auch ein Aneignen symbolisiert. Vice versa bleibt, außer bei sexuell-emotional motiviertem Kleiderwechsel, dem als Frau verkleideten Mann nur Witz und Karneval. Gerade in Zeiten von Krieg und Revolution sind selbst so diffamierende Ausdrücke wie Mannweiber nicht so gravierend negativ konnotiert wie weibischer Mann.

Die Niederlagen der revolutionären Bewegungen der Jahre 1848 und 1849 waren mit Tod, Verfolgung, Gefängnis, Verbannung oder Emigration verbunden – nicht nur für die Helden der Bewegung, sondern auch für deren Gefährtinnen, für alleinstehende Aktivistinnen und nichtprominente Kämpferinnen. Frauen, besonders unterbürgerlicher Schichten, bildeten jedoch mit ihrem Körper eine spezielle Angriffsfläche für Bestrafungen und Demütigungen beim Siegeszug der konterrevolutionären Truppen. Vergewaltigung und Mißhandlung von Geschlechtsteilen sind nicht nur Mittel um Selbstbewußtsein zu brechen, sondern die extremste Möglichkeit für Männer, Gewalt an Frauen zu verüben, wobei der Frauenkörper gleichzeitig zum Transmissionsriemen zwischen den gegnerischen Parteien wird. So geschehen 1848/49 in Wien, Mailand oder Frankfurt.[65]

Eine geschlechtsspezifisch strengere Bestrafung der »nichtswürdigen« Frauen auf institutionalisierter Ebene, kam hingegen nur punktuell vor. Etwa im Falle von Pauline Wunderlich, die für ihre Teilnahme am Dresdner Barrikadenkampf im Mai 1849 mit »lebenslänglich Zuchthaus ersten Grades« bestraft wurde, während daran beteiligte besonders »Gravierte« Männer lediglich mit fünfzehn Jahren bedacht wurden. In diesem Fall kann wohl die Vermutung Louise Otto's in der »Frauen-Zeitung«: »Soll sie vielleicht zum abschreckenden Beispiele bestraft werden?«[66] nur bestätigt werden. In den Genuß des Privilegs des Geschlechts – hier wäre dies die vorab wirkende Unschuldsvermutung für Frauen – kamen indessen die Betreiberinnen der französischen Associationen beim Prozeß Ende 1849. Obwohl die Anklage auf Bildung einer geheimen politischen Vereinigung, auf gewaltsamen Umsturzversuch und Verschwörung gegen die Regierung lautete, wurden Jeanne Deroin und ihre weiblichen Mitangeklagten, im Gegensatz zu den Männern, lediglich zu sechs Monaten Gefängnis verurteilt.[67]

Im Zentrum dieser Überlegungen standen Frauen, die versuchten die 1848er Bewegungen auch zu ihren Bewegung zu machen: So erscheinen sie uns zumindest in der Überlieferung der Chronisten. Darüberhinaus soll jedoch nicht das konservative Potential vergessen werden, das Frauen ebenfalls darstellten und was auf eine weitere Forschungslücke in der Historiographie zu den Revolutionen 1848 verweist. Den Abschluß bilden nun einige Punkte, die Diskussionen zum Thema anregen können, was das »tolle« Jahr für Frauen bedeutete.
Von einer internationalen Perspektive aus ist zu konstatieren, daß die Emigrantinnen einen Transfer ihrer Ideen von Frauenemanzipation in ihre neuen Heimaten mitnahmen, wie Amalie Struve, Mathilda F. Anneke in die Vereinigten Staaten[68] oder Emma Herwegh nach Italien. Gleichzeitig ist ein Transfer dieser Ideen zu Frauenrechten im Namen der Differenz wie der Gleichheit über Generationen hinweg zu beobachten. Im Falle der deutsche Frauenbewegung bildete Louise Otto-Peters, als Gründerin der »Frauen-Zeitung« und des »Allgemeinen deutschen Frauenvereins« 1865 ad personam die personelle Kontinuität. Jedoch rissen auch in den großen Städten der Habsburger Monarchie Prag und Wien, trotz Ausnahmezustand die Kontinuitäten nicht mehr ab.[69] Es gab Mütter, Großmütter aber auch Väter, die sich als »1848er« bezeichneten und ihre Töchter besonders förderten. Wie im Falle der wohl bekanntesten Protagonistin des Feminismus im Wien des Fin de Siècle, Rosa Mayreder.[70]
Besonders wichtig scheint mir in Sachen Frauenrechte, die »Preßfreiheit« und die Versammlungsfreiheit der bürgerlichfreien Revolutionsmonate zu sein. Erst sie schufen Voraussetzungen für Artikulationsmöglichkeiten und erweiterte Handlungsspielräume in Vereinsgründungen. Erst durch das Schreiben und Formulieren in »Preßfreiheit« kann ein Aufbrechen

oder eine Neuformierung der Geschlechterverhältnisse und ihr Stellenwert heute diskutiert werden. Erst dadurch wurde die Modellierung der (bürgerlichen) Männer- und Frauenrolle, das Konzept der polaren Geschlechterverhältnisse (Karin Hausen) in den Revolutionen von 1848/49 offensichtlich.
Dabei eine Verfestigung oder Verstärkung zu konstatieren, scheint mir der Vielfalt der Lebenswelten von Frauen nicht gerecht zu werden. Die Revolution von 1848 war in vielerlei Hinsicht Kulminationspunkt, auch in den Ambivalenzen und Fragilitäten, die die Konstruktion der Geschlechterverhältnisse von Beginn an begleiten und bis heute Gültigkeit haben. Für die große Masse der Frauen war es 1848 fremd und unmöglich, im Normen-Korsett der bürgerlichen Frauenrolle zu leben. Gleichzeitig verabschiedeten sich davon die ersten breits wieder und forderten andere, ihren Bedürfnissen entsprechende Lebensentwürfe ein. Was 1848 auch deutlich wurde – und hier in dem Beitrag zu kurz kam, – waren die Frustrationen bei Frauen angesichts des Einschlusses ihrer Männer in die neue Politik, wovon sie ausgeschlossen blieben. Weder am Beginn der modernen Politik, noch heute, gleicht ein abstraktes Drittes die kulturellen, ökonomischen und sozialen Differenzen zwischen den Geschlechtern bei der Teilhabe an Politik, Macht und Öffentlichkeit aus. Zu lange währte die Wirkungsmacht des männlichen Geschlechts als kleinster gemeinsamer Nenner für den sukzessive auf alle sozialen Schichten ausgedehnten Zugang zur institutionalisierten Politik. Das störte Frauen bereits 1848. Angesichts von Feuilletons und Briefwechseln muß die diskursiv festzustellenden globalisierende Beziehungseuphorie in der Revolution ebenso hinterfragt werden, wie die ausschließlich positive Rezeption der bürgerlichen Frauenrolle durch die Frauen selbst. Dies sind Signale für eine Ambivalenz, die massiv das 20. Jahrhundert prägte und auch nach der Jahrtausendwende aktuell bleiben wird – die Geschlechterverhältnisse wie die Geschlechtercha-

raktere sind fragil und vielfältig. Was die einen erträumen, fürchten die anderen. Oder, um es mit einer Ernst Bloch nachempfundenen Metapher auszudrücken:
»Die Angstträume der Frauenfeinde spiegeln die Wunschträume der Utopisten«.[72]

Emanzipiert Revolution?

Auf der Suche nach den Frauen der Revolution 1848/49

Von Ute Grau

Die derzeit sowohl auf kommunaler als auch auf Landesebene in Baden-Württemberg auf Hochtouren laufenden Projekte und Feierlichkeiten zur 150. Wiederkehr der Revolution von 1848/1849[1] vernachlässigen weitgehend einen wichtigen Aspekt dieses Teils unserer Demokratiegeschichte: Die Einbindung und Beteiligung von Frauen an den revolutionären Ereignissen.

Eine breitere Beschäftigung mit der Zeit der 1848/49er Revolution, wie sie ab den 1960er und verstärkt in den 1970er Jahren einsetzte und die nun durch einige neue Publikationen ergänzt wird[2], hat bislang jedoch nicht zu einer breiteren Erforschung des Themenfeldes Frauen und Revolution geführt[3]. Noch 1993 hatte Dieter Langewiesche während eines Forschungs-Kolloquiums in Offenburg behauptet, man könne in Bezug auf Baden von einem »historiographischen Notstandsgebiet«[4] sprechen und daran scheint sich, das Thema Frauen betreffend, vor allem im badischen Landesteil wenig zu ändern. Diesen Schluß lassen die Erhebungen im Rahmen eines Projektes der Arbeitsgemeinschaft hauptamtlicher Archivare im Städtetag Baden-Württemberg[5] zu, er gilt aber genauso für die Ergebnisse der hier in diesem Band dokumentierten Tagung.[6]

Die kommunalen Archive sind bislang noch kaum daraufhin ausgewertet worden, welche Bedeutung das Verhältnis der Geschlechter für den Verlauf und die Inhalte der Revolution 1848/49 hatte. Die wenigen Regional- und Lokalstudien, die sich dieses Themas annehmen, sowie die vielerorts inzwischen vorliegenden lokalen Publikationen zur Frauengeschichte bezüglich der Jahre 1848/49 beschränken sich meist auf die Wiederholung von Biographien der weiblichen »Berühmtheiten«, wie Mathilde Franziska Anneke oder Louise Otto. Die den Blick auf die agierenden Männer richtende Ereignisgeschichte der Revolution wird nur gelegentlich durch weibliche Akteurinnen ergänzt.

Damit soll die Bedeutung dieser Frauen-Biographien nicht abgwertet werden. Frauen, wie Amalie Struve, die an politischen Versammlungen teilnahmen und die ihren Mann auch bei militärischen Aktionen begleitete, sind für ihre Zeit zwar Ausnahmeerscheinungen, doch haben sie uns meist Erinnerungen aus eigener Feder hinterlassen[7]. An ihren Lebensläufen werden die Schwierigkeiten engagierter Demokratinnen deutlich, neben den kämpfenden Männern ihren Platz zu behaupten.

Die von einer Forscherinnengruppe um Carola Lipp am Tübinger Ludwig-Uhland-Institut für angewandte Kulturwissenschaft 1986 veröffentlichte Studie über Frauen in der Revolution 1848/49 in Württemberg, »Schimpfende Weiber und patriotische Jungfrauen«,[8] hat gezeigt, welch interessante Ergebnisse die Forschung selbst am Beispiel einer weniger exponierten Region zu Tage fördert. Die Recherchen zum landesweiten Buchprojekt »Revolution im Südwesten« haben allerdings auch gezeigt, daß auch dieses schon vorhandene Wissen nur mühsam eingebracht werden kann: Entweder weil es von vielen Archivar(inn)en und Historiker(inne)n nicht zur Kenntnis genommen wird, oder weil die Spurensuche nach den Frauen in der Revolution und ihren Aktivitäten als ein

künstlich und bemüht, um der »political correctness« willen, der Revolution übergestülptes Thema empfunden wird. Frauengeschichte ist immer (noch) Extrageschichte, die in eigenen Publikationen für ein Spezialpublikum abgehandelt wird. Sie und findet ihren Weg ins Allgemeine nur schwer.
Es geht aber nicht darum, dem »Erinnerungsmarathon«, das in den kommenden beiden Jahren über uns hereinbrechen wird, ein paar Frauen obenaufzusetzen. Vielmehr ist zu fragen, ob das Verhältnis der Geschlechter nicht vielleicht von weiterreichender Bedeutung für die Revolution 1848/49 ist. Welchen Platz hatten Frauen in der Revolution, in einer historischen Situation, die von großer Politik und militärischen Auseinandersetzungen dominiert scheint. Welche Funktion hatte die gesellschaftliche Arbeitsteilung zwischen Männern und Frauen, wie arbeiteten sie zusammen, um die revolutionären Ereignisse zu ermöglichen? Wichtig ist auch die Frage nach der Relevanz dieser Revolution für die Geschichte von Frauenorganisationen und danach, welche spezifisch weiblichen Partizipationsformen an der sich wandelnden politischen Öffentlichkeit Frauen entwickelten. Kann man wie Gerlinde Hummel-Haasis, die 1982 eine Quellensammlung zu den Frauen in der Revolution 1848/49 vorlegte[9], von einer »erste[n] deutschen Frauenbewegung« sprechen?[10]
Um herauszufinden, wie es in der Mitte des 19. Jahrhunderts, an »der Nahtstelle zwischen feudaler und industriekapitalistischer Epoche«[11], in ganz Europa dazu kam, daß Menschen verschiedenster Schichten rebellierten und politische Forderungen artikulierten, ist der Blick auf den Alltag und damit auch auf die Bedeutung der Kategorie Geschlecht von großer Bedeutung. Die Alltagserfahrungen gerade von Frauen beeinflußten ihr politisches Handeln – etwa das Fahnensticken –, so wie umgekehrt Politik in ihren Alltag eingriff, beispielsweise durch den Zwang, ihr Land zu verlassen und politisches Asyl zu suchen.

Hierzu erweist sich ein Politikbegriff, der Politisches nur entlang der Geschichte von Institutionen und politischen Entscheidungsprozessen definiert, als untauglich, denn von ihnen waren Frauen im Vormärz und in der Revolutionszeit, als das grundlegende Verständnis von Demokratie und Politik der bürgerlichen Gesellschaft in Deutschland ausformuliert wurde, weitgehend ausgeschlossen. Vor allem die bürgerliche Politik – so Carola Lipp – müsse als symbolischer Handlungszusammenhang[12] interpretiert werden, in dem Männer und Frauen eine bestimmte Rolle zu spielen hatten.
Der Frühliberale Carl Theodor Welcker definierte im Staatslexikon[13], das er seit 1834 zusammen mit Carl v. Rotteck herausgab, in seinen Artikel mit der Überschrift »Geschlechterverhältnisse« die Grenzen, gegen die weibliches Engagement nicht verstoßen sollte, ohne als anstößig zu gelten. Keineswegs, so schreibt er, seien diejenigen die die Gleichberechtigung der Frauen forderten, ihrer Zeit voraus. Soll, so fragt er, eine solcherart »weiter fortschreitende Civilisation uns wirklich dahin führen, die Unterordnung der Frau unter den Mann und somit auch alle Festigkeit des Ehebandes und das wahre Familienleben aufzugeben, dahin, daß wir, statt der Weiblichkeit, Keuschheit und Schamhaftigkeit der Frauen, ihre gleiche unmittelbare Theilnahme an unseren öffentlichen Wahl- und Parlamentsversammlungen und an den Staatsämtern überhaupt an allen männlichen Bestrebungen und Kämpfen, auch den kriegerischen, als ihre höchsten Ehren und Güter ansehen sollten?«[14]
Doch wenn wir von Frauen in der Revolution 1848/49 und den ihnen auferlegten Beschränkungen sprechen, müssen wir zunächst Lebensbedingungen und Lebensweisen von bürgerlichen Frauen und Unterschichtsfrauen in der ersten Hälfte des 19. Jahrhunderts deutlich unterscheiden. Geschlecht allein reicht nicht aus als Kategorie, um ihre politischen Handlungsmöglichkeiten zu erfassen. Auch der sozialhistorische Hinter-

grund der revolutionären Ereignisse ist von Bedeutung. Bürgerliche Lebenswelt und die Lebenswelt der unterbürgerlichen Schichten waren sehr verschieden; gemeinsam war allen Frauen, daß ihnen ihre politischen Rechte vorenthalten wurden.
Die Suche nach aktiven Frauen verschiedenster Herkunft ist schwierig, obwohl etwa in Baden nach dem Ende der Revolution 1849 immerhin 6 Prozent der Bevölkerung, das sind rund 25 Prozent der Familien direkt von den Folgen der Ereignisse betroffen waren. Doch die Raabsche Kartei[15] verzeichnet neben fast 40 000 Männern nur etwa 180 Frauen. Sie wurden – zumindest nach offizieller Lesart – offenbar selten straffällig. Frauenvereine sind häufig nur schwer auszumachen, oft müssen wir uns – wie das Karlsruher Beispiel zeigt – mit einigen wenigen Zeitungshinweisen begnügen oder die Randbemerkungen der zeitgenössischen Stadtgeschichtsschreibung zu diesem Thema auswerten.
Noch weniger präsent sind Frauen, die nicht zur bürgerlichen Schicht gehörten. Als Rainer Wirtz 1983 seine Untersuchung über revolutionären und vorrevolutionären Unterschichtsprotest veröffentlichte[16], erwähnte er Frauen so gut wie nie. Doch die »Brotkrawalle«, die im Südwesten im Jahr 1847 in Ulm, Stuttgart, Villingen, Mannheim und Tübingen zur Plünderung von Speichern und Marktsständen führten, liefen unter weiblicher Beteiligung ab.
Im Vorfeld der Revolution von 1848/49 war es in den Jahren nach 1845 zu einer mehrjährigen Hungerkrise gekommen und schon lange konnten in manchen Gegenden Badens und Württembergs die Bauern nicht einmal das Existenzminimum erwirtschaften. Erschwerend kamen alte Abgabeverpflichtungen an die Grundherren hinzu, die einen nicht geringen Teil der bäuerlichen Erwerbs für sich beanspruchten. Vielen blieb nur die Auswanderung: In Württemberg emigrierten zwischen 1816 und 1855 mindestens 280 000 Menschen, in Baden waren es im gleichen Zeitraum ungefähr 180 000. Die subsistenz-

wirtschaftlich geprägten Vorstellungen der Menschen trafen auf die Gesetze eines Marktes, der zunehmend von Angebot und Nachfrage geprägt war: Großhändler kauften das Getreide am Ort auf, um es anderswo gewinnbringender zu verkaufen. Frauen, die ihre Familien zu ernähren hatten, waren als Käuferinnen auf dem Markt davon direkt betroffen.

Die Stuttgarter Krawalle am 3. Mai 1847, von denen Sabine Kienitz im Tübinger Forschungsprojekt berichtet[17], waren eine Folge der Ulmer Brot-Unruhen vom 1. Mai und richteten sich zunächst gegen den Bäcker Mayer in der Hauptstätterstraße, der, weil er schon seit Tagen kein Brot mehr gebacken hatte, der Spekulation verdächtigt wurde. Eine zusammengelaufene Menschenmenge, darunter auch Frauen, brachte dem Bäcker eine Katzenmusik dar. Es handelt sich dabei um einen Auftritt aus Lärmen und Schreien, der mit Steinewerfen endete. Militär griff ein, es kam zu Straßenschlachten. Die Soldaten schossen, es gab einen Toten und mehrere Verletzte. Der König erschien persönlich, um die Ruhe wiederherszustellen. Auch Rufe wie: »Es lebe die Republik« wurden laut. 130 Personen wurden infolge der Stuttgarter Brotkrawalle verhaftet: Unter den Verurteilten waren vier Frauen, in Ulm stellten sie fast ein Drittel der 191 Bestraften[18]. Was den Frauen neben Gefängnis drohte, war häufig die Ausweisung. 113 Frauen wurden in den folgenden Wochen aus Stuttgart in ihre Heimatgemeiden ausgewiesen.

Die Revolution von 1848 umfaßte häufig neben der großen Politik auch lokale Konflikte und hier waren Frauen direkt betroffen. So war im 19. Jahrhundert kommunale Armenpolitik immer Familien- und Bevölkerungspolitik. Man versuchte, über Heiratsbeschränkungen ein Anwachsen der Zahl der Bedürftigen zu verhindern und oft wurde die Genehmigung zur Heirat vom »Nahrungsstand«, vom Vermögen der Heiratswilligen abhängig gemacht. Aber nicht nur das fehlende Geld, auch ein »liederlicher Lebenswandel« war manchmal Grund,

die Heiratserlaubnis zu verweigern. Da die Zahl der unehelichen Geburten unweigerlich anstieg, wurden ledige Mütter mit hohen Geldstrafen und Ausweisung wegen Unzucht belangt. In den 1840er Jahren nahmen diese Konflikte zu, das soziale Klima wurde rauher. Häufig wurden daher 1848 lokale Eliten zum Rücktritt gezwungen und durch neue, gewählte Gremien ersetzt. Häufig wurde außerdem – hier konnten Frauen mitwirken – mit sogenannten Katzenmusiken unliebsame Politiker oder Pfarrer »erfreut« und unbeliebte Amtmänner zum Rücktritt gezwungen. Diese Aktionen, die man auf Seiten der Behörden gelegentlich als nicht ernstzunehmenden Unfug von Frauen, Jugendlichen und Lehrlingen, also von politisch Unmündigen abzutun versuchte, waren oft recht wirksam. Daß man weiblichen Ungehorsam auch ernst nahm, zeigt das Beispiel zweier Buchenerinnen, die 1849 von den Behörden als »Hauptbeteiligte« bezeichnet wurden[19]. Frau Bless wurde vorgeworfen, das Bild des Großherzogs nach der Mairevolution 1849 »verkehrt herum« aufgehängt zu haben, zu einer gerichtlichen Verurteilung kam es jedoch nicht. Schustersfrau Christine Ruppert aus dem selben Ort wurde, weil sie auf den Großherzog geschimpft hatte, zu drei Monaten Arbeitshaus verurteilt.
Waren die Aktionen während der Hunger-Krawalle meist nicht geplant, sondern spontan verlaufen, so pflegte man im Bürgertum Kultur, Geselligkeit und bürgerlichen Lebensstil schon seit dem 18. Jahrhundert in Vereinen, die ein politisches Übungsfeld der entstehenden bürgerlichen Gesellschaft waren. Man tat sich freiwillig in Bildungs- und Lesevereinen, später in national gesinnten, meist Männern vorbehaltenen, Turn- und Gesangvereinen zusammen. Mit den 1830 von Liberalen an vielen Orten gegründeten Polenvereinen stoßen wir im Vormärz erstmals auf ausgesprochen politisch ausgerichtete Vereine, deren Blüte jedoch nur von kurzer Dauer war: Nach dem Hambacher Fest war es 1832 offiziell verboten, offen politisch

zu agieren. Doch auch zuvor schon hatte die Obrigkeit die Gefahren, die mit solcher Betätigung verknüpft waren, erkannt und bereits die Karlsbader Beschlüsse von 1819 hatten politische Arbeit in Vereinen nahezu unmöglich gemacht.
Trotz doppelter Behinderung – aufgrund staatlicher Repression und wegen ihres Geschlechts – entdeckten zunehmend auch Frauen diese Form der bürgerlichen Geselligkeit und Interessenvertretung und schufen sich ihre eigenen Organisationen. Obwohl Carola Lipp bereits 1984 festgestellt hat, daß sich die meisten Frauenvereine in der Revolution, außer in Sachsen und in Rheinpreußen, im demokratischen Baden bildeten[20], liegt leider bis heute keine Untersuchung zur Beteiligung von Frauen in diesem revolutionären Zentrum vor. Es gibt nur einige wenige Studien, die jedoch an der Oberfläche bleiben und über eine erste Dokumentation nicht hinausgehen, etwa die von Uwe Schellinger aus dem Jahr 1996 für die Ortenau[21].
Die Frauen verfolgten in ihren Vereinen, so auch Schellingers Resümee, zwar keine speziellen Fraueninteressen, agierten jedoch – im Sinne einer nationalen und manchmal einer demokratischen Gesinnung. Schon 1813/15, in der Zeit der sogenannten Befreiungskriege, hatte es Frauenvereine gegeben und nun bauten die Frauen ein soziales Netzwerk, das praktische Hilfe für Flüchtlinge während der Revolution organisierte und die Revolution trug. Erstmals machten viele Frauen mit karitativer Tätigkeit Politik und übernahmen öffentliche Verantwortung.
In ihren Vereinen bedienten sich bürgerliche Frauen häufig typisch weiblicher Politikformen, etwa indem sie das Einkaufen zum Politikum machten und über die Kontrolle des Konsums – ganz modern anmutend – in die Politik einzugreifen versuchten. Nachdem beispielsweise in Karlsruhe das Tageblatt am 24. März 1848 unter dem Titel »Patriotischer Vorschlag« alle Bürger dazu aufgerufen hatte, nur noch deutsche Erzeugnisse zu kaufen, wurde am 30. April 1848 offiziell der

»Frauenverein zur Unterstützung deutschen Gewerbefleißes« gegründet.[22] Seine Mitglieder verpflichteten sich »für ihre häuslichen und persönlichen Bedürfnisse vorzugsweise deutsche Erzeugnisse anzuschaffen und den deutschen Arbeitern den Verdienst zuzuwenden«. Auch sollten deutsche Waren als solche gekennzeichnet werden. Man polemisierte vor allem gegen den Kauf von Waren aus Frankreich, von wo deutsche Arbeiter ausgewiesen würden. Die Ehefrauen von Staatsrat Bekk, von Hofrat Gockel, von Dr. Lamey sowie ein Fräulein Kölitz verwalteten die Listen, in die sich an der Mitgliedschaft Interessierte eintragen lassen konnten. Es waren jährliche Mitgliedsbeiträge von 12 kr für Heizung, Licht und Druckkosten zu bezahlen. Die Leitung des Vereins lag in Frauenhand: Frau Bürklin geb. Fecht, Frau Tapetenfabrikant Kammerer geb. Keller, Frau Kaufmann Daler geb. Katz und Frau Gerwig geb. Beger wurden in den Ausschuß gewählt. Solche Vereine zum patriotischen Einkaufen, zum Kauf »vaterländischer Produkte« gab es an vielen Orten, auch in Stuttgart, Ulm, Tübingen und sogar in Blaubeuren.[23]

Bürgerliche Frauen waren, um nicht öffentlich Anstoß zu erregen, oft in ihrer Bewegungsfreiheit eingeschränkter als Männer oder als Unterschichtfrauen. So galt es als unschicklich, sich in Gasthäusern zu treffen, dennoch: Bereits im Vormärz treffen wir sie dort. Und wo dies nicht möglich war, fanden sie andere Auswege. Die 60 Frauen des Lahrer Frauenvereins hielten die Schule für den passenden Ort, um im Juni 1849 – so berichtete die »Karlsruher Zeitung«, das Organ der provisorischen badischen Regierung – »zur Unterstützung an Geld, Verbandszeug, Charpie, Hemden, etc. für die Freiheitskämpfer Deutschlands« zu sammeln.[24]

In den 1848/49 in beiden Ländern, Baden und Württemberg, neu entstehenden »Volksvereinen« waren Frauen nicht als Mitglieder präsent. Voraussetzung für die Mitgliedschaft war das Staats-, wenn nicht sogar Ortsbürgerrecht, mit dem das Wahlrecht verbunden war, das den Frauen vorenthalten blieb. Sie wurden in diesen Organisationen als Handelnde lediglich auf der Ebene der politischen Symbolik sichtbar. Den Status von staatsbürgerlichen Subjekten erhielten sie nicht und die bürgerlich-männlichen Vorstellungen von persönlicher Autonomie und Rechtsgleichheit galten für Frauen nur eingeschränkt. Der bereits erwähnte badische Liberale Carl Theodor Welcker etwa wollte ihnen zwar ein uneingeschränktes Recht auf Bildung zugestehen: »Hinweg also mit jeder gesetzlichen Beschränkung der Frauen im Schreiben und Lesen, Hören und Sehen in Beziehung auf öffentliche Dinge«[25]. Auch wie die Petitions- und Pressefreiheit und die Freiheit, Frauen-Vereine zu gründen, die er sogar als eine der »edelsten und ruhmwürdigsten Erscheinungen, ja Erfindungen unserer Zeit«[26] bezeichnete, sollte immer erlaubt sein. Auch als Zuhörerinnen in den Parlamenten billigte Welcker den Frauen eine positive Funktion zu, da ihre Anwesenheit die Männer zu gesitteterem Verhalten zwinge. Privatrechtlich sollten Frauen den Männern gleichgestellt sein mit »alleiniger Beschränkung einer bedingten Unterordnung unter die Entscheidung des Mannes, als Familienhauptes«[27]. Die Geschlechtsvormundschaft, die die Frauen vor Gericht und in anderen Geschäften als nicht rechtsmündig ansah, war in Baden 1835, in Württemberg 1828 abgeschafft worden. Politische Stimmrechte sollten Frauen nach Ansicht Welckers jedoch nicht erhalten, genausowenig wie übrigens viele Männer. Dieses war nach Ansicht der meisten liberalen Politker jener Zeit den »Inhabern eines gewissen Vermögens« vorbehalten, »weil dieses im Durchschnitt für ein dem Gemeinwohl und den Stimmenden selbst heilsames Ausüben des Stimmrechts Fähigkeit und Bürgschaft begründet«.[28] Trotz aller Hindernisse entstanden neben den rein wohltätig agierenden während der Revolution auch deutlich politisch motivierte Frauenvereine. Der »Landesausschuß der badischen Volksvereine«, der am 14. Mai 1849 nach der Flucht von

Großherzog Leopold in Baden die Macht übernommen hatte, bat in seinem Appell an die Bevölkerung ausdrücklich auch die Frauen um Unterstützung der revolutionären Soldaten. An vielen Orten unterstützen daher während der badischen Mairevolution Frauen die Kämpfer mit Kleidern, Nahrungsmitteln und Verbandsmaterial und kümmerten sich um politische Flüchtlinge.
Einige Beispiele: Im badischen Ettenheim[29] gründeten unmittelbar vor der Offenburger Versammlung vom 13. Mai 1849 einige Frauen unter dem Vorsitz ihrer Präsidentin Antonie Stehlin einen »Frauen- und Jungfrauenverein« mit dem Ziel, den »hiesigen Volksverein in Freiheitsbestrebungen zu unterstützen«. Der Ettenheimer Frauenverein war einer der ersten politischen Frauenvereine im Land – andere Vereine entstanden meist erst nach der Mairevolution – und seine ausdrückliche politische Begründung ist bemerkenswert. Der Frauenverein hatte etwa 30 Mitgliedsfrauen, deren erste Aktion die Herstellung einer roten Fahne mit der Aufschrift »Freiheit, Bildung, Wohlstand für alle« für den Demokratenverein war. Außerdem wollten sie Verwundete pflegen und flüchtige oder gefangene Revolutionäre unterstützen. Für das erste Ettenheimer Aufgebot nähten die Frauen Blusen und schickten Verbandszeug und Lebensmittel in die Festung nach Rastatt. Marie Antonie Stehlin, Ehefrau eines Ettenheimer Advokaten, wurde wegen ihres Engagements für die revolutionäre Sache 1850/51 wegen »Teilnahme am Hochverrat« angeklagt und vom Freiburger Hofgericht zu einem Jahr Zuchthaus verurteilt. Sie entzog sich dem Urteil, das auch im von ihr angestrengten Berufungsverfahren bestätigt wurde, duch Flucht nach Frankreich und Auswanderung in die USA.
In der konservativen Residenzstadt Karlsruhe, wo bereits 1831 ein von Frauen organisierter Polenverein bestanden hatte, entstand 1848 eine zu wohltätigen Zwecken, zur Behebung der Not der »arbeitenden Klassen gegründete Deutsche Jungfrau-

enkasse.«[30] Das Tageblatt meldete, daß sich einige Teilnehmerinnen gefunden hatten, die diese Kasse bald darauf in einen Verein »zur Unterstützung bedrängter Arbeiterfrauen, welche durch Krankheit ihrer Angehörigen in Not geraten sind« umwandelten. Allerdings scheinen hier Männer die Leitung gehabt zu haben. Auch der »Elisabethenverein«, nach Prinzessin Elisabeth von Fürstenberg und nach der Landgräfin Elisabeth von Thüringen benannt, gegründet von Frau Josefine Scheffel, sammelte für Bedürftige. Nur eine Minderheit in der Stadt – diese jedoch konnte selbst der konservative Stadtgeschichtsschreiber Friedrich von Weech nicht verschweigen – sympathisierte mit den Revolutionären. Daß es nicht allzuviele waren, hatte seinen Grund sicher hauptsächlich in der großen wirtschaftlichen Abhängigkeit der Karlsruher vom Hof. Immerhin haben am 16. Juni ein »Deutscher Frauenverein« in der »Karlsruher Zeitung« einen Aufruf an die deutschen Frauen und Jungfrauen Karlsruhes gemacht, »Blousen und Hemden« für die Freiheitskämpfer zu nähen und Geld oder Schmuck für die revolutionäre Sache zu spenden.[31]

Im revolutionären Mannheim gab es gleich zwei demokratische Frauenvereine[32]: Vorsitzende des Vereins »Germania« war Katharina Lindenberger. Der »Frauen- und Jungfrauenverein Concordia« sammelte Geld für die eingekerkerten und flüchtigen Republikaner. Therese Canton, die Vorsitzende, führte eine »Wortschule für kleine Kinder«, die sie zusammen mit ihrer Pension nach der Revolution verlor, weil sie im Mai 1849 im pfälzischen Ludwigshafen eine Rede gehalten und der polnischen Legion eine Fahne geschenkt hatte. Im Nachlaß von Kathinka Zitz, der Vorsitzenden des Mainzer Frauenvereins finden sich Briefe von Mitgliedern der beiden Mannheimer Vereine »Concordia« und »Germania«. Der Mainzer Verein bildete eine Art Koordinierungsstelle für demokratische Frauenvereine: Auch der in Offenburg für 1849 nachgewiesene Frauenverein hatte Kontakte nach Mainz. Kathinka Zitz sammelte die Statuten verschiedener Frauenvereine und die Mannheimer Frauen von »Concordia« beteiligten sich an diesem Versuch einer überregionalen Organisation. Der Mannheimer Verein »Germania« bedauerte jedoch: Man habe keine Vereins-Statuten, damit nicht die »hochlöbliche Polizei ihre Nase hineinstecken«[33] könne.

In Württemberg war es den Frauen auch nach der Niederlage der badischen Revolutionäre noch möglich, Unterstützung zu organisieren. So wurde etwa im Juli 1849 in Heilbronn ein »Verein junger Mädchen zur Unterstützung der politischen Flüchtlinge« gegründet, und in Stuttgart gab es einen »Verein von Frauen und Jungfrauen« zur Unterstützung der deutschen Flüchtlinge. 1850 ließen die Aktivitäten – meist Lotterien und Sammlungen –, die nun auch von den Behörden verboten wurden, nach.[34]

Zur Frage, was Frauen motivierte, sich in den 40er Jahren politisch zu betätigen, betont Carola Lipp, daß sie nicht ihre eigene Emanzipation im Blick gehabt hätten, sondern vielmehr in der Mehrzahl einen Beitrag zur nationalen Befreiung hatten leisten wollen.[35]

Ab Frühsommer 1848 – nachdem am 26. Mai die Nationalversammlung einen Marineausschuß eingesetzt hatte, der die Errichtung einer deutschen Flotte beschloß – wurde die Sammlung dafür ein vorherrschendes Thema. Das Nationale, konkret: Die Auseinandersetzungen um Schleswig-Holstein, hatte schon in den 40er Jahren, etwa bei Sängerfesten, Massen mobilsiert. Nachdem im September 1848 der Waffenstillstand von Malmö bereits von Gustav Struve in Baden und von Gottlieb Rau in Württemberg zum Anlaß für militärische Aufstandsversuche genommen worden war, war im März 1849 noch einmal neuer Schwung in den Schleswig-Holstein-Krieg gekommen. Der Kriegserklärung vom 2. April 1849 folgte ein neuer Nationalisierungsschub. Frauen veranstalteten nun, wie etwa der Karlsruher »Elisabethenverein«, Sammlungen für die

Nation und schickten Charpie und Verbände für die Verwundeten ins Schleswig-Holsteinische Kriegsgebiet. In Stuttgart riefen im »Neuen Tagblatt« vom 27. April 1849 Frauen zur Gründung eines Frauenregiments auf. Diese Aktion hatte wohl vor allem den Sinn, an die Männer zu appellieren, nicht untätig zu bleiben, als tatsächlich Soldatinnen auszurüsten.
Seit der Französischen Revolution war Nation ein bedeutsamer Begriff geworden. »Häuslicher Friede und staatliches Gewaltmonopol« – so beschreibt es die Sozialwissenschaftlerin Mechthild Rumpf[36] – galten als die zwei Grundpfeiler der staatlichen Ordnung. Frauen unterliegen zunächst demnach nicht dem staatlichen Gewaltmonopol, sondern der privaten Aufsicht des Ehemannes, für dessen Triebkontrolle und Zivilisierung sie gleichzeitig zuständig sind. »Der Unterwerfung der männlichen Subjekte unter eine souveräne staatliche Macht korrespondiert die Absicherung männlicher Souveränität in der häuslichen Sphäre«[37].
Den Zeitgenossen war die Bedeutung der Beziehungen zwischen den Geschlechtern für Staat und Gesellschaft bewußt. Carl Theodor Welcker dazu: »Das allgemeinste und wichtigste Verhältniß der menschlichen Gesellschaft, das schwierigste für eine juristische und politische Theorie ist unstreitig das Verhältniß der beiden Geschlechter. Dieses geheimnißvolle Grundverhältniß ist die immer neue Lebensquelle für die ganze Gesellschaft, für die physische und moralische Bildung oder Verbildung der Gesellschaftsglieder, jeder neuen Generation derselben«.[38] Welcker unterzieht die Familie, die er als den natürlichen Ort der Frauen definiert, einer historischen Betrachtung. Er gelangt dabei zu dem Schluß, daß das christliche und deutsche Familienleben[39], bei der dem Mann das Kriegshandwerk und die Politik zufalle, das die Frauen wegen ihrer körperlich-seelischen Schwäche und ihrer Bestimmung zum Gebären naturgemäß nicht ausübern könnten, die unerläßliche Stütze des Staats sei. Bei allen Völkern, die sich nicht

dauerhaft als Macht in der Geschichte hätten behaupten können, liege die Ursache in ihrem nur mangelhaft organisierten Familienleben und in einem falschen Verhältnis der Geschlechter. Denn nur wenn letzteres nicht wider die Natur organisiert sei – so Welcker – habe eine Nation Hoffnung auf Stabilität: »Als wenn nicht die würdige Familie und das freie würdige Staatsleben sich wechselseitig unterstützten und nicht auch in ihrem Verfall sich gegenseitig hineinzögen«.[40] Die von uns heute als typisch empfundenen Klischees von aktiv-passiv, stark-schwach, geben-empfangen, außen-innen, Heim und Welt, männlicher Würde und weiblicher Anmut dienten ihm dazu, in der gegenseitigen Ergänzung von Männern und Frauen die Grundlage zu einem »höheren, vollkommeneren ›Dasein‹ zu sehen. Kaum bedarf es nun noch der Beweisführung, daß bei solchen Verschiedenheiten der Geschlechter, bei solcher Natur und Bestimmung ihrer Verbindung eine völlige Gleichstellung der Frau mit dem Manne in den Familien und in den öffentlichen Rechten und Pflichten [...] der menschlichen Bestimmung und Glückseligkeit widersprechen und ein würdiges Familienleben zerstören würde«.[41]
Da der Gesellschaftsvertrag ein Vertrag unter Männern war, bleibt die Frage, welche Stellung Frauen als politische Wesen in der Gesellschaft zu finden hofften. Krieg und Militär wurden immer mehr die Grundlagen von Freiheit und Nation. Und: »Wer den Krieg zu beschließen das Recht haben will, der muß ihn auch zu führen imstande sein!«[42] Daher forderten in Deutschland und dies bereits 1848, Frauen nicht ihre Rechte als Staatsbürgerinnen, sondern ihre »Kulturaufgabe« als weibliches Geschlecht. Gleichberechtigungsforderungen wurden als Zumutung empfunden, daher verzichtete die Mehrheit der Frauen darauf. Der Begriff Emanzipation war in Deutschland, selbst für Louise Otto[43], die später die deutsche Frauenbewegung mitbegründete, negativ besetzt. Emanzipation wurde als Durchbrechen der Geschlechtergrenzen empfunden und galt

als unweiblich. Man dachte dabei an zigarrenrauchende, sexuell freizügige Damen wie die Schriftstellerinen Louise Aston[44] oder George Sand. Stattdessen wollten die meisten Frauen als in ihrem Anderssein gleichwertig anerkannt werden.
1848 waren bürgerliche Frauen im Umfeld der Bürgerwehren aktiv, stickten allerorten Fahnen, nahmen an Fahnenweihen teil und sammelten für die Ausrüstung bedürftiger Wehrmänner. In Heilbronn existierte seit September 1848 ein Frauenverein »patriotisch gesinnter Jungfrauen« zur Fertigung von Munition für die Bürgerwehr, der überregional bekannt wurde[45].
Carola Lipp[46] geht davon aus, daß die Frauen in der Revolution keine reine Schmuckfunktion hatten, sondern daß ihnen in diesen feierlichen Inszenierungen, den Festritualen und Fahnenweihen, große Bedeutung zukam. Die 1848 fast überall zur Unterstützung der Bürgerwehren gegründeten Frauenvereine, spielten in der Inszenierung von politischer Öffentlichkeit während der Revolution – der Revolution als »gesellschaftliches Ereignis« – eine ganz bestimmte Rolle: Als weißgekleidete Ehrenjungfrauen, symbolisierten sie das, wofür der bewaffnete Familienvater in den Kampf ziehen sollte. Der Mann verteidigte die Nation nach außen, die Frauen nach innen. Häufig versicherten junge Frauen, daß sie nur solche Männer zu heiraten gedächten, die sich fürs Vaterland verdient gemacht und gekämpft hätten.
Carola Lipp betont, daß bürgerliche Frauen »in geradezu erschreckender Weise [...] in den Diskurs um die militärische und nationale Stärke Deutschlands verwoben [...] waren«. Im »Gleichklang der Gefühle« und in der »Vereinigung der Seelen« von Mann und Frau vermischten sich »Geschlechterliebe und Vaterlandsliebe« und beide flossen zusammen in nationale Großmachtsträume[47]. Die Begeisterung für eine höhere Sache verknüpfte die »Sphäre der Öffentlichkeit« mit dem Privaten, ohne daß Männer und Frauen die ihnen gesetzten Grenzen überschreiten mußten. »Auf dem militärischen Weg zum deut-

schen Nationalstaat verbinden sich die Liebe der Frauen und die kriegerische Bereitschaft der Männer zu einer arbeitsteiligen, aber kampffähigen Einheit«.[48]

Ehefrauen, Bräute und Schwestern der Revolutionäre übermittelten mit den von ihnen gestickten Fahnen einen politischen Auftrag. Das Fahnensticken war eine weit verbreitete weibliche Aktivität, die sich bereits nach ersten Recherchen auch für viele badische Orte belegen läßt. Aufgestickte Sprüche wie »Freiheit oder Tod, Freiheit, Gleichheit und Wohlstand, Des Volkes Freiheit« etc. stehen für eine politische Programmatik. Diese auf den ersten Blick heute unpolitisch wirkende Tätigkeit verband die Frauen real wie symbolisch mit den nationalen Interessen. Das Beispiel Henriette Obermüllers, auf die die Karlsruher Stadthistorikerin Susanne Asche aufmerksam gemacht hat, zeigt, daß dies durchaus als politische Handlung gewertet wurde.[49]

Henriette Obermüller, als Tochter des Oberrevisors beim Finanzministerium Karl Theodor Obermüller in Karlsruhe geboren, heiratete 1837 ihren Vetter Gustav, der damals Handelsmann in Le Havre war und später als einer der »Hauptwühler« der Revolution 1848/49 in Durlach galt. Gustavs Bruder Wilhelm hatte 1832 bereits am Hambacher Fest teilgenommen und war am Frankfurter Wachensturm beteiligt gewesen. Nicht nur Gustav Obermüller war den Behörden verdächtig, auch seine Frau Henriette galt als »Democratin«. Sie soll sich beim Besuch des Ettlinger Demokratentreffens im Sommer 1848 »unter die auf der Tribüne aufgepflanzten roten Fahne placiert« haben. Über Henriette gingen viele Gerüchte um, etwa auch das, daß sie eine Anstecknadel in Form einer Guillotine getragen haben soll!

Als im Juni 1849 die Fahnenweihe der Bürgerwehr stattfand, gab es im Vorfeld dieser Veranstaltung Auseinandersetzungen um die Farbe der Bürgerwehrfahne, die bei der feierlichen Zeremonie vor dem Rathaus unter Beteiligung von Durlacher

Frauen übergeben werden sollte. Henriette Obermüller, die offenbar Sinn für politische Symbolik hatte, war an diesem Streit beteiligt. Nachdem bereits die Männer sich um die Farbe der Fahne – rot oder weiß – gestritten hatten, wurde der Konflikt auch in den Durlacher »Frauen- und Jungfrauenverein«[50], dem Obermüller angehörte, getragen. Die Mehrheit der Vereinsdamen plädierte für eine weiße Fahne, um damit ihre gemäßigte politische Haltung zum Ausdruck zu bringen. Henriette Obermüller war radikaler als ihre Vereinskolleginnen und stickte, zusammen mit ihren »Gesinnungsgenossen« eine rote Fahne mit der Aufschrift »Durlachs Democratinnen den Turnern 1849 – Siegen oder Tod«. Der »Bürgerin« Obermüller brachte ihre Aktion zwar ein von einem Verehrer gewidmetes Gedicht in der Zeitung ein, doch nach dem Ende der Revolution saß sie im Gefängnis und wurde erst Ende 1850 gegen Kaution freigelassen.

Nur selten auch haben wir es – betrachten wir zeitgenössische Aussagen zur Beteiligung von Frauen während der Revolution 1848/49 – mit Selbstzeugnissen von Frauen zu tun. Meist illustrieren die vorhandenen Texte in erster Linie, wie über Frauen gesprochen wurde: Wir haben es mit von Männern formulierten Deutungsmustern von Weiblichkeit und weiblichem Verhalten zu tun.

In überlieferten Anekdoten werden Frauen häufig als materialistisch und habgierig geschildert, wenn beispielsweise in Aalen die Ehefrau eines bisher auf Lebenszeit gewählten und nun infolge der revolutionären Wirren zurückgetretenen Stadtrats gesagt haben soll: »Du bleibst auf deinem Stuhl droben sitzen, ich habe dich als Stadtrat geheiratet«[51]. Oder wenn im badischen Elzach überliefert wird, daß eine Frau ihren Mann dazu angestiftet habe, sich beim »Verteilen ein Haus mit Gärtle« zu sichern[52].

Emilie Blenker, die Ehefrau des Freischarenoberst Ludwig Blenker, die ihren Mann während des badisch-pfälzischen

Aufstands begleitete und sogar an den militärischen Beratungen teilnahm, wurde als Mannweib und »liederliche« Dirne charakterisiert. Madame Blenker wurde die Plünderung von Schloß Eberstein bei Gernsbach, einem Landsitz des badischen Großherzogs zur Last gelegt[53].

Auch die Haltung der radikalen Revolutionäre gegenüber ihren weiblichen Mitstreiterinnen war häufig ambivalent, wie das Beispiel Friedrich Heckers zeigt. Hatte er beispielsweise in seinen Erinnerungen[54] noch gelobt: »Die Frauen und Mädchen zeigten sich muthiger und begeisterter als die Männer. Manchen der nachher zu uns stieß, trieben die Frauen und Mädchen mit ihren Vorwürfen, daß es feige seie uns im Stiche zu lassen und daheim zu sitzen, während wir die Freiheit erstreben wollten, zu den Waffen. Wir haben Züge von Hochherzigkeit, Begeisterung und Resignation bei den Frauen bemerkt, so daß wir getrost auf das heranwachsende Geschlecht, das sie geboren haben und erziehen, blicken können« – so zeigt jedoch bereits dieser letzte Satz, daß auch Hecker ein Verfechter klar getrennter Aufgabenbereiche war. In seinem Exil in den USA wurde er Jahre später – inzwischen mit einer radikalen amerikanischen Frauenbwegung konfrontiert – deutlicher: »Das vollendete Meisterstück heißt nicht Mann, nicht Weib, es heißt Mann und Weib«. Und – nachdem er die physischen Unterschiede zwischen Männern und Frauen herausgearbeitet hatte, betonte auch Hecker, daß nur dem, der in den Krieg ziehe, die Entscheidung über die staatliche Politik zustehe und daß den Frauen daher keine weitergehenden Rechte zu gewähren seien.[55]

Viele Aussagen der männlichen Revolutionäre belegen die These, daß in der Zeit des Vormärz und der Revolution Frauen zwar eine neue öffentliche Rolle zugewiesen wurde, sie gleichzeitig jedoch mit Nachdruck auf ihre weibliche Bestimmung festgelegt wurden. Frauen, die sich außerhalb der als für weibliches Verhalten verbindlichen Normen bewegten, hatten zumindest mit Hohn und Spott zu rechnen. Zeitgenössische Darstellungen Emma Herweghs oder Amalie Struves sind eher geeignet, etwas über (männliche) Ahndung der (weiblichen) Verstöße gegen geschlechtsspezifische Normierungen auszusagen, denn über das tatsächliche Handeln dieser Frauen.

Eine eigene Stimme hatten Frauen noch selten. Eigene Frauenzeitungen waren die Ausnahme, wie etwa Louise Ottos »Frauenzeitung« mit dem Motto »Dem Reich der Freiheit werb ich Bürgerinnen«[57], Mathilde Annekes Kölner »Frauen-Zeitung«[58], die jedoch lediglich eine Reaktion auf das Verbot der Zeitung ihres im Gefängnis sitzenden Mannes war, Louise Dittmars 1849 in Darmstadt herausgegebene »Soziale Reform« oder Louise Astons 1848 in Berlin herausgegebener »Freischärler«. Auch Therese Huber, die in Stuttgart die Tageszeitung »Morgenblatt für gebildete Stände« zeitweilig (1817–1823) redaktionell betreute,[59] war eine Ausnahme. Frauen waren jedoch als Leserinnen durchaus angesprochen und nutzten Zeitungen etwa für Anzeigenkampagnen. Die Konstanzer Frauen hatten 1848 in den radikalen Seeblättern dagegen protestiert, von der Versammlung, die am 15. April 1848 über die Teilnahme am Heckerzug entscheiden sollte, ausgeschlossen zu werden. Sie waren, wie auch Fremde und Kinder, nicht zugelassen worden.[60]

Auch bei der Strafverfolgung zeigen sich geschlechtsspezifische Unterschiede. Allerdings täte auch hier weitere Forschung not, um herauszufinden, warum Frauen manchmal sehr hart und häufig sehr milde verurteilt wurden. Die Statistik läßt vermuten, daß sie entweder seltener straffällig wurden – militärischer Hochverrat etwa kam für sie eher selten in Frage – oder daß ihr Handeln von den staatlichen Behörden nicht ernst genommen wurde[61]. Das Beispiel der Offenburgerinnen Amalie Hofer und Nannette Rehman[62] zeigt, daß Frauen zwar mit Spott und Hohn zu rechnen hatten, einer Gefängnisstrafe aber häufig entgehen konnten.

Nanette Rehmann, geb. Heisler, die Ehefrau des Offenburger Einhornapothekers und Revolutionärs Eduard Rehmann, war neben Amalie Hofer, die seit 1842 mit dem Advokaten Johann Hofer verheiratet war und seit 1848 in Offenburg lebte, die zweite bedeutende politische Offenburger Aktivistin. Beide Frauen gehörten dem Offenburger Frauenverein von 1849 an und organisierten patriotische Sammlungen zur Unterstützung des Revolutionsheeres während des Volksaufstands von 1849. Nach der Niederschlagung der Revolution wurde Rehmann in der Zeitung[63] verspottet, eine Anspielung auf die gegen sie angestrengte Untersuchung wegen Teilnahme am Hochverrat. Die Frauen hatten für die Offenburger Wehrmänner eine schwarz-rot-goldene Fahne mit der Aufschrift »Des Volkes Freiheit angefertigt«, die am 16. Juni zur Bürgerwehr der Stadt Offenburg an die Neckarfront gebracht wurde. Doch Rehmann und auch Amalie Hofer blieb das Gefängnis erspart. Ende November 1849 wurden die Verfahren eingestellt. Johann Hofer war ins Ausland geflüchtet und 1851 wanderte die Familie – die Hofers hatten drei Kinder – von der Schweiz aus zusammen nach Amerika aus, wo Amalie Hofer als Pensionswirtin Geld zum Lebensunterhalt verdiente.

Welche Bedeutung hatte das Handeln der Frauen in der Revolution 1848/49 für die weitere Entwicklung der Frauenbewegung in Deutschland? Bedeutsam scheint mir die Beschäftigung mit den Frauen in der Revolution 1848/49 vor allem auch im Hinblick darauf, welche Weichen für weibliche Politikfähigkeit und -beteiligung damals gestellt wurden, die bis in jüngste Zeit prägend waren oder es noch sind. Wer sich auf die Suche nach den Frauen der Revolution begibt, begibt sich auch auf die Suche nach den Wurzeln der heute oft beklagten mangelnden politischen Partizipation von Frauen.

Es stellt sich dabei neben anderen auch die Frage, ob geschlechtsspezifische Ungleichheit für diese bürgerliche Gesellschaft konstitutiv war, wie es Ute Frevert in einer Untersuchung über »Bürgerinnen und Bürger« 1988 formulierte[64], oder ob in dieser bürgerlichen Gesellschaft die Emanzipation der Frauen prinzipiell angelegt war, wir also von einer geradezu zwangsläufigen kontinuierlichen Entwicklung zum »Besseren« ausgehen können?

Immerhin: Die Theoretiker der Aufklärung, die häufig den Ausschluß der Frauen zur Bedingung des modernen Staatslebens machten, dienten, wie die Historikerin Claudia Opitz betont[65], letztlich auch Frauen dazu, ihre Forderung nach Gleichberechtigung zu untermauern. Die Erklärung von Menschenrechten verlange letztendlich auch die Emanzipation der Frauen. Und selbst Carl Theodor Welcker ist sich bewußt, daß die naturrechtliche und christliche Staatstheorie eigentlich die Gleichberechtigung der Frau entschieden fordert und ist daher gezwungen, ein kompliziertes Konstrukt zu errichten, das die untergeordnete Stellung der Frau als politische Staatsbürgerin rechtfertigt.

Das bürgerliche Geschlechterkonzept verwies die Frau – theoretisch – in die häusliche Privatsphäre, während das Agieren in der Öffentlichkeit dem Mann vorbehalten blieb[66]. Die bestehenden Vorstellungen über das, was als »wesensmäßiges« Verhalten von Frauen anzusehen sei, engten den Handlungsspielraum bürgerlicher Frauen ein. Zugleich eröffneten die Festlegungen auf geschlechtstypisches Verhalten den bürgerlichen Frauen jedoch neue Möglichkeiten des Zugangs zu öffentlichen Aufgaben. In dem Maße, in dem Fürsorge und Mütterlichkeit als spezifisch weibliche Fähigkeiten galten, erschlossen sie sich über die Wohltätigkeit einen neuen Aufgabenbereich. In den in Vormärz und Revolution entstehenden karitativen Frauenvereinen wurden traditionell weibliche Tätigkeiten aus dem privaten in den öffentlichen Bereich verlagert. Frauen übernahmen hier öffentliche, bisher den bürgerlichen Männern vorbehaltene Tätigkeiten in Eigenregie und konstituierten somit ein Forum weiblicher Öffentlichkeit. Gerade die sozial ausgerichteten

Frauenvereine wurden später zu Trägerinnen kommunaler Sozialpolitk, wie in Baden deutlich an der Arbeit des »Badischen Frauenvereins« abgelesen werden kann – dies haben die Forschungen zur Geschichte der Karlsruher Frauen[67] gezeigt. Auch im Bereich der Bildung und der Berufstätigkeit von Frauen zeigten sich in den folgenden Jahrzehnten Erfolge, so wurde in Karlsruhe 1893 das erste deutsche Mädchengymnasium eröffnet und an den badischen Universitäten nahmen die ersten Hochschulstudentinnen ihr Studium auf.[68]

Auch die Verknüpfung der Geschlechtscharaktere mit nationalen Stereotypen, wenn partriotische Mode und patriotisches Einkaufen gefordert wurden, setzten sich in der späteren Frauenbewegung fort. So existierte beispielsweise in Karlsruhe während des Ersten Weltkriegs ein »Verein zur Verbesserung der Frauenkleidung« – später »Verein für Frauenkleidung und Frauenkultur« genannt – der sich gegen die französische Mode und für rassenhygienisch motivierte Gesundheitsvorschriften einsetzte.

Als Emanzipationsbewegung hat jedoch auch die Frauenbewegung, dies wird spätestens 1914 deutlich[69], als Frauen ihre Interessen wiederum unter die des Staates unterordneten, versagt. Doch immerhin – selbst die Gegnerinnen der Frauenemanzipation waren ja faktisch recht emanzipert und häufig berufstätig – schien das Politikmodell der »sozialen Mütterlichkeit« wie es sich in den während der Jahre 1848/49 entstehenden Frauenvereinen konstituiert hat und dem die Frauenbewegung – selbst in ihren radikalen Teilen – bis nach dem Zweiten Weltkrieg huldigen sollte, weiterhin attraktiv. Insofern ist es sicherlich gerechtfertigt, die deutsche Frauenbewegung mit den 48erinnen beginnen zu lassen.

2. Teil:
Revolution – Geschlecht – Historiographie

Die Großtante von Anna Blos: Antonia Tomasczewska im polnischen Freiheitskampf 1830

Hat der 200. Jahrestag der Französischen Revolution zur Frauengeschichtsforschung in Frankreich beigetragen?

Versuch einer Bestandsaufnahme

Von Marianne Walle

»A l'époque où il revenait triomphalement de la campagne d'Italie, Bonaparte lançait à Sophie de Condorcet:
»Je n'aime pas que les femmes se mêlent de politique.–
»Vous avez raison, Général, répondit Sophie; mais dans un pays où on leur coupe la tète, il est tout naturel qu'elles aient envie de savoir pourquoi.«[1]

Im politischen Bereich waren Frauen immer unsichtbar, sie wurden in diesen Bereich nicht miteinbezogen, »in Frankreich stärker als anderswo – und das ist eine ›französische Eigenart‹ – bleibt der Faktor Politik einer jener Knoten, wo die Ungleichheit weiterbesteht, die angeblich im Unterschied der Geschlechter ihre Berechtigung findet«, schrieb Michelle Perrot 1995.[2]
Zwei Jahre später ist die Zahl der weiblichen Abgeordneten in

der Nationalversammlung wieder zur niedrigsten in ganz Europa geworden (5,5 Prozent), fast so niedrig wie 1946, als sie zum ersten Mal ins Parlament kamen.[3]
Immer wieder muß gesagt werden, daß Frauen lange von der Geschichte vergessen wurden, daß ihre der Fortpflanzung dienende Existenz als Mutter, als Hausfrau, die stete Wiederholung der täglichen Arbeit verschwiegen wurde, denn sie waren nicht würdig, beachtet zu werden, obwohl sie existierten:
»[...] entweder als anonyme, stereotype Gruppen, als Schatten oder als etwas Starres, Abstraktes, als Die Frau [...]. Ab und zu, einige außergewöhnliche Frauen im Vordergrund, Heilige oder von Skandal Umwitterte, beispielhaft an Tugend oder an Grausamkeit, Retterinnen der Macht oder deren Verderberinnen ...«[4]
Das neunzehnte Jahrhundert, das die Geschichtsschreibung zum wissenschaftlichen Fachbereich, zum Forschungs- und Lehrobjekt an den Universitäten erhob, änderte an der Wahrnehmung der Frauen wenig. Sowohl Jules Michelets »Histoire de la Révolution Française« (1847) als auch Louis Blancs Werk mit dem gleichen Titel[5], zwischen 1847 und 1862 geschrieben, reproduzieren die anthropologischen Schemen ihrer Epoche.
Der 100. Jahrestag der Revolution erwähnte oft das Wort Demokratie, kaum das Wort Frauen. Man darf dabei nicht vergessen, daß sich im 19. Jahrhundert die Demokratie sowie die Revolutionen 1830 und 1848 in Frankreich in ständiger Bezugnahme zur 89er Revolution etabliert hatten. Von der Dritten Republik (1870–1940) wurde die Französische Revolution als rechtmäßige Basis beansprucht, vor allem von der Arbeiterbewegung, dem 4. Stand. Er wollte die Revolution bis zum Ende des Jahrhunderts durchführen. 1889 hat die radikale feministische Bewegung um Maria Deraismes die Rechtlosigkeit der Frauen gebrandmarkt und das Wahlrecht gefordert. Sie wurde aber kaum von der Öffentlichkeit beachtet. Vergessen wurde auch das 1931 erschienene Buch über die Frauen der Revolu-

tion, »Cahier de doléances féminin« (Das weibliche Beschwerdebuch).
Wurde es vergessen, weil das Erscheinungsdatum – 1931 – keinem Jahrestag und keiner Gedenkfeier entsprach? Oder weil sich damals, außer den selten vorkommenden Frauen im Universitätsbereich, kaum eine Frau einem historischen Forschungsgebiet widmete? Oder weil die Autorin als Gewerkschaftlerin außerhalb des Universitätsbereichs arbeitete?
In den 60er Jahren unseres Jahrhunderts haben sich die französischen Historikerinnen weniger für die Frauen der 89er Revolution interessiert als für die Frauen der Julimonarchie (1830) und der Revolution von 1848. Eine gewisse Affinität verband den Feminismus in den Jahren 1970 mit dem der Saint-Simonistinnen: Die Suche nach den Quellen, die Ähnlichkeit in der Thematik – in der Zeitung der »Saint-Simonistischen Proletarierinnen« »La Femme Libre« (1832–1834) zum Beispiel mit den Motti der 70er Jahre: »Das Private ist politisch«, »Anders Politik machen« – wie auch in der Neuheit des weiblichen Diskurses. Damals waren es die amerikanischen und britischen Forscherinnen, die Pionierarbeit geleistet haben.[6]
Drei Faktoren haben die Situation der Historiographie allmählich modifiziert. Der wissenschaftliche durch die Hervorhebung von Disziplinen wie Soziologie und Anthropologie. Der soziologische durch die Aktivität der Frauenbewegungen der siebziger Jahre und der politische durch die Verabschiedung und das Inkrafttreten dreierlei Gesetze: Das Gesetz Neuwirth, 1967, (Empfängnisverhütung), das Gesetz Veil, 1975, (Schwangerschaftsabbruch, Fristenlösung) und das Gesetz Neiertz, 1992, (Kriminalisierung der Vergewaltigung und der sexuellen Belästigung).
Dabei haben interdisziplinäre Beziehungen vor allem mit der Anthropologie und der Ethnologie zur Wiederentdeckung der Geschichte der Familie geführt: Die Familie als Forschungs-

objekt für die Häufigkeit von Geburten, für die Entwicklung der Ehen, für die Alterspyramide etc. Das Privatleben ist ein neues Kapitel der Geschichte geworden, das günstig für die Bewertung des »Objekts« Frauen scheint. Das Hauptverdienst kommt dem 1997 verstorbenen Geschichtswissenschaftler und Medievisten George Duby zu, der mit seiner einfachen, gerade wegen ihrer Einfachheit so wirksamen Frage: »Les femmes, que sont-elles?« neue Perspektiven eröffnete. Seit dem Erscheinen seines Werkes »Le Chevalier, la Femme et le Prêtre« (1981) ist für Georges Duby die Geschichte der Frauen ein immer bedeutenderes Forschungsthema geworden.[7] Auch Michel Foucault, der den Frauen eine eher kastrierende Macht als Gattin und Mutter zuwies, änderte seinen Standpunkt und sein Desinteresse und näherte sich dem der Feministinnen an (»La Volonté de Savoir« 1976).[8]

Doch erst der 200. Jahrestag der Revolution hat endlich die Aufmerksamkeit auf den gesellschaftlichen Anteil der Frauen und ihre Handlungen in der Öffentlichkeit gelenkt und neu interpretiert. Dies wird auch durch eine völlig erneuerte Bibliographie veranschaulicht.

Frankreich beging diesen Jahrestag mit großem Pomp und Hunderten von Reden über Demokratie und Menschenrechte. Unter den 549 Kolloquien und »Runden Tischen«, die 1989 auf nationaler und internationaler Ebene stattgefunden haben (eine große Anzahl davon in den USA), waren die Frauen Hauptthema von acht und Sekundärthema von sechzehn Kolloquien im Bereich der Mentalitätsgeschichte.

Zwei Kolloquien fanden in Frankreich statt: »Frauen und Macht im Ancien Régime« (Paris) und »Frauen und die Französische Revolution« in Toulouse. Besonders in Toulouse wurde die Dynamik der Beziehungen Frau und Mann ins Visier genommen. Seit zwanzig Jahren arbeitet dort eine multidisziplinäre Forschungsgruppe über Frauen in der »Groupe de recherche interdisciplinaire d'études féministes (G.R.I.E.F.).

In Toulouse wurden unter anderem folgende Fragen gestellt: Wie können Frauen definiert werden? Als Individuum, als Person in ihrer Ganzheit, als Teil einer Frauenbewegung oder -gruppe? Wie steht es um den Feminismus, von dem wir wohl wissen, daß er in Diskrepanz zur Französischen Revolution entstanden ist, die die Rechte des Menschen proklamiert, die Frauen aber – zumindest aus den politischen Rechten – ausgeschlossen hat? Was hat die Bezugnahme auf die Französische Revolution in den feministischen Bewegungen und Schriften seit zwanzig Jahren zu bedeuten und auf welche Aspekte der Revolution beziehen sie sich?

Die Dokumente, die als Quelle dienten, waren fast ausschließlich von Männern geschrieben, um von Männern gelesen zu werden, wie beispielsweise Schilderungen des öffentlichen Lebens, das offiziell Frauen ignorierte, genauso wie das Archivmaterial der Polizei, Anzeigen, Verhöre, Prozesse, Berichte von Augenzeugen. So wurde die Rolle der Frauen meistens minimisiert oder auf ein bestimmtes Verhalten, auf bestimmte Episoden beschränkt. Dabei wurde fast immer der illegale Charakter jener Situationen, in denen Frauen und Kinder die Hauptrolle spielten, hervorgehoben, ihre Unzurechnungsfähigkeit, ihr Mangel an Verantwortungsgefühl. Die ihnen zugeordneten Rollen, Funktionen, Aufgaben und Räume waren über die männliche Autorität definiert, die Beziehungen zwischen den Geschlechtern wurden für komplementär gehalten, aufgehoben in einem »natürlichen« Gleichgewicht. Niemand weiß, ob das »Cahier de doléances féminin« nur von Frauen geschrieben wurde, genauso gilt das für die vielen Petitionen.

Ein glaubwürdigeres Dokument, um weibliche Reaktionen und Widerstandszusammenhänge in allen ihren Modalitäten auszuloten, ist die Untersuchung einer weiblichen Biographie. In der Vielfalt der Erfahrungen einer einzelnen Frau ist zu entdecken, welche Schwierigkeiten auch für andere, vielleicht für alle Frauen maßgebend waren. Im Pariser Archivmaterial über die 89er Revolution gibt es ungefähr 1500 von Augenzeugen verfaßte Schriften; vor zehn Jahren zählte eine Archivarin darunter 138 Memoiren von Frauen: Schilderungen verschiedenster Ereignisse, Lebenserinnerungen, Tagebücher, Korrespondenzen. Das ist fast 10 Prozent des gesamten Materials: eine hohe Zahl im Vergleich zur Literatur von Frauen am Ende des 18. Jahrhunderts.

Unter anderem ist diese Zahl auch dadurch erklärbar, daß Tagebücher und Briefe als literarische Form in der damaligen Zeit bei Frauen aus dem Adel und dem Großbürgertum Mode waren, bei den einzigen also, die ein Minimum an Bildung hatten. Doch Frauen aus dem Adel waren ja fast ausschließlich royalistisch gesinnt; nur 13 von diesen 138 Frauen hatten den Mut, ihre revolutionäre Gesinnung zu behaupten, 31 hatten keine Meinung. Die Archivarin fand die meisten Schriften zur Auswertung für eine allgemeine wie spezifische Geschichtsdokumentation als zu verworren, für zu schlecht und zu kurz. Sie geben ein Zeugnis vom Pariser Alltag der adeligen Familien, die umherirrten und einen Zufluchtsort suchten.

Infolge der Entwicklung dieser neuen historiographischen Bearbeitung ist ein wenig bekannter Roman von George Sand über die Revolution wieder »ans Licht gekommen«: »Nanon«, zwischen 1871 und 1872 geschrieben. Damals war George Sand 68 Jahre alt und von den Gewalttätigkeiten der Pariser Kommune (März bis Mai 1871) und von der von Versailles angeordneten Niederwerfung erschüttert. In ihrem »Tagebuch einer Reisenden während des Krieges« 1871, schreibt sie dazu: »Ich kann mir keine genaue Meinung machen über das, was sich zur Zeit in dieser geschlossenen Welt, die sich Paris nennt, ereignet [...]. Es gibt keine Verbindungen zwischen Paris und Frankreich, für uns also und alle anderen ein Verbot jeglicher Kommunikation auf dem Gebiete der Ideen ...«.[10]

Ein Jahrhundert später muten uns die Worte »keine Verbindun-

gen« wegen der großen Fortschritte im Bereich der Information und der Kommunikation eigenartig an. »Nanon« ist also in einem doppelten Abstand zu lesen: In einem räumlichen – Paris zur Provinz – und einem zeitlichen – Französische Revolution zur Pariser Kommune. Das Verblassen der historischen Ereignisse in den Mentalitäten wie des Bildes der Revolution im 19. Jahrhundert, die über einen historischen Roman vermittelt werden, schafft eine zusätzlichen Abstand.
Wichtig ist hier, daß George Sand einer Frau – einer Schäferin aus der Creuse, – die noch fast ein Mädchen ist, die Verantwortung gibt, die Revolution zu interpretieren. Gleichzeitig erhält Nanon eine zentrale Rolle als »Citoyenne« (Staatsbürgerin) und dies aufgrund ihrer wirtschaftlichen und sozialen Tätigkeit im revolutionären Prozess, dem Fundament des ganzen 19. Jahrhunderts. Nanon wird zur treibenden Kraft innerhalb dieses Prozesses. Daraus gestaltet George Sand ein historisches Thema. Aus einem Mythos der weiblichen Militanz macht sie eine feministische Utopie für die Zukunft. Originell ist, daß Nanons Erziehung und Bildung durch die Revolution motiviert wird. Angesichts der Exzesse der Konterrevolutionäre, sowie der Gegner der Aristokratie und des Klerus, weigert sie sich, sich für eines der beiden Lager zu entscheiden, bleibt ihrem christlichen Glauben treu und sucht immer wieder zu erklären, daß das Prinzip der Revolution ein gutes ist, obwohl die barbarischen Exzesse des Terrorregimes verwerflich sind und genau dies ist auch die Meinung George Sands.
Nanon kontrastiert das gemäßigt und patriotisch gesinnte Landvolk mit dem »Abschaum« des Stadtvolks, das die Revolution auf Abwege hat geraten lassen. Die Revolution ist nicht das Bühnenbild eines Idylls, sie ist entscheidendes Element der Handlung, in welche diese Frau aus dem Volke – obwohl sie rechtlos ist – als Leserin Rednerin und Handelnde eingreift. George Sand gibt hier ein utopisches Bild der natürlichen Allianz des Bauerntums und des Adels, die einzig und allein

die revolutionäre Wandlung des damaligen Frankreichs hätten bewirken können.
Wichtig ist nicht zu wissen, was in diesem Roman Wirklichkeit oder Fiktion ist, wichtig ist, daß eine Frau durch ihr Anrecht auf Wissen, auf Verstehen, auf Reden, auf dem Gebiete der Politik und der Pädagogik privat und öffentlich Macht ergreift, denn Nanon wird Lehrerin. So ist dieses Buch eine Art Lehrbuch für Frauen und zwar nicht als Aufstieg eines Aschenbrödels. Im Gegenschlag dazu geht hier ihr aristokratischer Freund den Weg zum bürgerlichen Bauernstand. Nanon ist die einzige Frauengestalt aus dem Volke im 19. Jahrhundert, die ihre Geschichte selbst in die Hand nimmt und zugleich Geschichte selbst ist.
Im Rahmen einer historiographischen Bestandsaufnahme weiblicher revolutionärer Teilhabe stellt auch der radikale Feminismus einer Olympe de Gouges in ihrem Roman »Le Prince Philosophe« 1792, eine Ausnahme dar, genauso wie die von Madame de Staël idealisierten Personen in ihrem Jugendwerk. In der Gattung Roman kehren die meisten Schriftstellerinnen aus Angst vor der Unordnung in den sicheren Raum des vertrauten Heims zurück und verlangen nicht einmal mehr das Recht auf bessere Bildung, obwohl die feministische Literatur des 18. Jahrhunderts ein Erziehungs – und Bildungsprogramm ausgearbeitet hatte, in welchem die Gleichheit der Geschlechter Erziehungsziel war. Hier kann als Beispiel die junge Revolutionärin Zulma gelten, die in Madame de Staëls gleichnamigem, 1794 erschienenen Roman keine andere Lösung als den Selbstmord sieht, wenn sie ihre Ideen nicht verleugnen will.
Zeitgenössisch aktuelle Themen und Anklänge sind auch im Theater der Revolution zu finden, doch sie sind kaum von Frauen bearbeitet, außer den patriotischen Stücken von Olympe de Gouges und dem sehr bekannten, »Les Montagnards«[11] der »citoyenne« Monnet. Doch sogar in diesen Stücken haben die Frauen eine sehr konventionnelle Rolle, sie verkörpern nur die

Gefühlsseite der Revolution. Die Männer hingegen verspotten die modernen Amazonen wie Théroigne de Méricourt. In dem sehr populären Stück »Théroigne et Populus ou le Triomphe de la Démocratie« 1790, kehrt die per Zufall zur Kriegerin gewordene Frau schnell an ihren Herd zurück, der Status der Amazone war nur ein »vorübergehender Irrweg«.

Sicher ist jedoch, daß zwischen 1789 und 1794 neben bekannten Frauen der »gehobenen« Schicht wie Pauline Roland, Isabelle Charrière und Germaine de Staël, viele Unbekannte, ohne irgendwelche literarischen Ansprüche, Gedichte, Pamphlete, Lieder, Petitionen in neuen Ausdrucksformen an neue Adressaten geschrieben haben. Hier muß die Übertragung der geschichtlichen Ereignisse auf literarischer Ebene mit den Zeugnissen der Ereignisse selbst in Bezug gebracht werden: Neben den zahlreichen historischen, politischen und pädagogischen Essays – im Archivmaterial von Marseille, Toulouse oder Lyon – sind auch Briefe aus dem Gefängnis und Rechtfertigungen zu finden.

Deshalb meine ich, daß sich der »Feminismus« viel stärker bei den Frauen behauptet hat, die nicht auf das Schreiben vorbereitet waren, als bei den sogenannten gebildeten Frauen. Das literarische Interesse dieser verhältnismäßig kurzen Periode besteht gerade in dieser neuen Beziehung gewisser Frauen zur schriftlichen Ausdrucksweise: Schreiben ist ein Mittel, um präsent zu sein, um intervenieren zu können. Schreiben bedeutet Handlung – wenn auch auf einer imaginären Bühne. Schreiben kann eine spontane Reaktion auf ein Ereignis sein, um sich in den Clubs, Vereinen, auf den Tribünen der »Constituante« (der gesetzgebenden Versammlung) Gehör zu verschaffen.

Schon einige Jahre später, 1803, hatte sich die Situation völlig verändert: So wurde für einen Wettbewerb der Gesellschaft für Kunst und Wissenschaft im Département Lot das folgende, decouvrierende Thema vorgeschlagen: »Welches ist für die

Frauen die beste Bildungsart, um die Männer bei einer Gesellschaft zu beglücken?« Der universale Charakter der Menschen- und Bürgerrechte ist demnach also wieder zur Illusion geworden. Ohne behaupten zu wollen, daß die Revolution einer der Höhepunkte der Frauenfeindlichkeit gewesen sei, muß versucht werden, zu verstehen, wie sich der Unterschied zwischen den Geschlechtern gesellschaftlich konstruiert hat, wie der doppelte Druck der Ereignisse und der Ideologien funktioniert haben könnte. Für eine solche Forschung bleibt die 89er Revolution ein aufschlußreicher Bereich: »Wir gehören auf dieser Erde derselben Gattung an wie ihr!«, kann man in vielen von Frauen geschriebenen lokalen Beschwerdebüchern, Klageschriften und Protokollen lesen. Sie veranschaulichen, wie jedes Geschlecht sich selbst und das andere sowie die Beziehungen zwischen Frauen und Männern sah. Auch einige Männer haben solche Schriftstücke unterschrieben. Hier ein Beispiel nur unter vielen: Am Schluss seiner Broschüre »Le partisan de l'égalité politique entre les individus« schreibt der Abgeordnete Guyomar im April 1793: »[...] doch ich begreife nicht, wie sich ein Geschlechtsunterschied in einen Rechtsunterschied verwandeln könnte ...«.
Dagegen endet am 30. Oktober desselben Jahres der Berichterstatter des Komitees für die allgemeine Sicherheit, der Abgeordnete Amar, seine schriftliche Darstellung über den Erlaß des Frauenclubverbots wie folgt: »Wir glauben also, daß eine Frau nicht außerhalb der Familie handeln und sich nicht in die Regierungsgeschäfte einmischen darf. Wir glauben also, [...] daß es unmöglich ist, den Frauen politische Rechte zu geben ...«.[11]
Weder die eine, noch die andere Meinung sind vereinzelt. Sobald das Thema »politischer und sozialer Stellenwert der Frauen« angesprochen wird, werden solche Sätze geschrieben und gesprochen: Der Geschlechterunterschied äußert sich einzig und allein in den Begriffen Überlegenheit und Unterlegen-

heit. Die Überlegenheit wird sichtbar durch Körperkraft, Mut und Energie: »... eine mutige Frau kann keine Frau sein [...]. Revolutionäre erkennen den Heroismus derjenigen Frauen an, die in der Armee kämpfen, [...] doch dann sind sie keine menschlichen Wesen mehr, [...] es ist die Freiheit selbst, die die irdische Erscheinung dieser Frauen angenommen hat.«[13]
Interessant ist hier der Vergleich mit der Personifizierung der Freiheit in Frankreich, die durch die Frau mit der Jakobinermütze, auch phrygische Mütze genannt, symbolisiert wird. Da die Republik »die Tochter der Revolution« ist, impliziert dieses Symbol eine mindestens doppelte Bedeutung, nämlich die Revolution und die Republik. Die Frau mit der Jakobinermütze, die Freiheit, wurde dann zum Symbol der französischen Republik. Sie blieb es auch, obwohl sie zwischen zwei natürlichen, wenn auch konkurrierenden Evolutionen hin- und hergerissen scheint. Dabei ging eine dieser Vorstellungen von der Republik auf Frankreich über: »la« France, »la« Nation, »la« Patrie, die andere bewahrte die anfängliche Dynamik der französischen Republik und ging über in die Demokratie, in den Kampf des Volkes – diese dynamische Richtung wurde dann 1883 von der sozialistischen Bewegung annektiert.
Für unser Thema ist die Beziehung zwischen der symbolischen und der realen Rolle der Frau interessant: Sie ist in der Familie rechtlos, in der Politik abwesend, in der Arbeitswelt unterworfen und trotzdem vorherrschend in der Repräsentation. Ist dies ein Paradox? Nein, ganz im Gegenteil, dies ist meiner Meinung nach nur logisch, denn repräsentative Rollen sind stumme Rollen.[14] Eine steinerne Frau (ein Denkmal) spricht nicht, eine fahnentragende Militantin ist nicht Anführerin. »Sois belle et tais toi« sagt man einem Mannequin. Die Revolutionäre hatten stets das Bild der Mutter vor Augen, mit der Muttermilch tranken die zukünftigen Soldaten der Revolution die Grundsätze der Verfassung, hieß es.
Am Ende eines Jahrhunderts, das sich das Jahrhundert der

Vernunft nannte, beanspruchte die innere Logik die Politik für Männer im Namen ihrer Körperkraft und die alleinige Obhut der Familie für Frauen. Die, die nicht in diese Form hineinpassen wollten, wurden vom Staatsanwalt und Abgeordneten Chaumette zu »femmes-hommes« zu Zwittergestalten gestempelt. Sogar eine Olympe de Gouges gab einer solchen Bezeichnung recht, als sie 1792 in einer Petition schrieb: »... Sie – die Frau – ist für das Vaterland zum Manne geworden und wird dessen Sinnesart, dessen Charakter annehmen«.[15]

Beim Lesen der Texte und Diskurse zur revolutionären Praxis – also zur Anpassung der Ideen der Revolution an das Alltagsleben, – die von Frauen verfasst wurden, stellten sich die französischen Historikerinnen und Historiker die Frage, wie die weibliche Praxis der Revolution zu einer revolutionären Praxis werden konnte. Was für eine neue Frau sollte gestaltet und von welchen Frauen sollte sie gestaltet werden? Welche Merkmale sollten betont, welche verwischt werden? In welcher sozialen Kategorie konnte sich dieser Frauentyp verwirklichen, in welcher Kategorie am besten identifiziert werden? Es traten ja nicht die Frauen des 3. Standes ins Rampenlicht, sondern die Frauen des Volkes in den Städten: Frau und Volk wurden zu einer Art Galionsfigur der Revolution.

Erkannten sich die Frauen in der Revolution als Volk oder als Frauen fragten sich die Geschichtsforscherinnen und -forscher. Und wie haben sie sich die neuen Räume angeeignet? Vorher war das Haus der einzige Bezugsrahmen. Das war er weiterhin, er blieb Orientierungsort und Privatsphäre. Doch immer mehr Bedeutung gewannen die Straße, die Tür, das Fenster – letzteres oft als Tribüne, um den Gegner herauszufordern. In einer Zeit und einer Gesellschaft, in der das Politische vorrangig war, war es für die Frauen schwierig, Konzepte zu entwickeln oder Begriffe richtig zu formulieren. Für sie war die Einmischung in die Politik immer eng mit der Erwerbsarbeit verbunden, mit wirtschaftlicher Identität, da sie ja sonst keine hatten. Doch trotz hoher weiblicher Arbeitslosigkeit, gab es nirgends eine Forderung nach dem Recht auf Erwerb, die mit Emanzipationsbestrebungen verbunden gewesen wäre. In der »Deklaration der Rechte« 1793 ist zwar das Recht auf Erwerb zu lesen, es wurde aber von den Arbeiterinnen oft als Recht eines jeden Menschen genannt. Der Kampf ging um bessere Löhne, beispielsweise auch um eine kostenlose Näherinnenlehre für arme Frauen, was durch die Aufhebung der Zünfte im März 1791 durchaus möglich wurde. Trotz der Krieges gab es – nicht wie im 20. Jahrhundert – keinen sprunghaften Anstieg der Frauenarbeit.

Viele Frauen beanspruchten, daß das, was der Stadt oder der Nation gehöre, auch ihnen gehöre, da es dem Volk gehöre – »wir sind ein Teil des souveränen Volkes« – und wenn man sie als »citoyennes« ansprach, fühlten sie ihre Verbundenheit mit der Polis und der Nation. Aber wo sollten sie sich informieren, wo sich artikulieren, wo sich Gehör verschaffen?

Das Verdienst der Forschungen zum 200. Jahrestag der Revolution ist es, diese Fragen zum größten Teil gelöst, einen völlig neuen Aspekt der Geschichte der Revolution ans Licht gebracht zu haben und weiter ans Licht zu bringen: Einen neuen Diskurs der direkten Demokratie zum Beispiel, der mit einer besseren Körperbeherrschung, mit weniger Gebärden einherging. Dies ist besonders während der Aufstände des Jahres 1795 festzustellen.

Über die neuen Informationsstrategien, sowie über die politische Tätigkeit der »Tribünenfrauen« in Paris, gibt das ausgezeichnet dokumentierte Werk der Historikerin Dominique Godineau [16] Auskunft. Später erhielten diese Tribünenfrauen den Spitznamen »Citoyennes Tricoteuses«, denn während der Verhandlungen der »Constituante« blieben sie keinen Augenblick müßig. Auch bei öffentlichen Hinrichtungen strickten sie während sie als Zuschauerinnen um die Guillotine versammelt waren. Sie kamen nicht etwa aus Blutrünstigkeit. Hier wurden

Feinde im Namen des Volkes, von dem sie ein Teil waren, vernichtet. Außerdem waren damals Gewalttätigkeiten auf den Straßen Gewohnheit. Im »Ancien régime« waren die Hinrichtungen qualvoll und dauerten lange. Dabei geben die Wortgewalt der Frauen, die Heftigkeit ihrer Haßgefühle oder ihrer Begeisterung Anlaß zur Verwunderung: Sind Stricken und Blut nicht eine Antinomie? Läßt Stricken nicht an Ruhe, Heim und Zärtlichkeit denken? Doch die starken Emotionen zeigen wohl auch ihre Angst vor der Zukunft, den Versuch sich zu schützen. Lärm zu machen, war für die Frauen das einzige Mittel, sich Gehör zu verschaffen: Zum Beispiel durch Beifall oder Auspfeifen der Abgeordneten, die mehr als einmal ihren Ausschluß verlangten.

Frauen waren auch als Zuhörerinnen in den Männerclubs und -versammlungen zugelassen (im »Club des Cordeliers«, im »Club des Jacobins«), doch um einen stärkeren, einen kollektiven Einfluß auf die Politik zu erreichen, hielten es viele Frauen für notwendig, ihre eigenen Clubs zu gründen. Der erste entstand in Paris, die 1791 von einer Holländerin gegründete »Société patriotique et de bienfaisance des amies de la vérité«. Einflußreich war auch der »Club des citoyennes républicaines et révolutionnaires. »Patrie« bedeutete damals Nation, »patriotique« war ein Synonym von revolutionär. Zwischen 1789 und 1793 wurden Frauenclubs in den meisten großen Städten gegründet (siehe Abbildung Seite 25), vor allem in Südfrankreich: In Marseille hatte der Begriff Republik einen hohen Wert behalten, etwas Echtes, Faszinierendes, was bei den Spaltungen in Paris verloren gegangen war. Die revolutionären Damen – meist aus dem mittleren Bürgertum – schworen, jeden Feind der Revolution anzuzeigen. Von den Damen der Stadt Arles sagt ein Sprichwort, daß sie heute noch die Nase hochhalten, weil sie vor 200 Jahren ständig den Männern ins Gesicht geschaut haben. Doch dieser Clubs harrten philanthropische Aufgaben: Dank den Frauenclubs konnten die »ehrbare« (honnête) Partnerin eines Soldaten und ihre unehelichen Kinder ordentlich essen. Frauen, deren Partner für »la« patrie kämpften, wurden jedoch in der »Constituante« und später in der »Convention« (Konvent) nie erwähnt. Ihre Tätigkeitsfelder wurden eben nicht als politisch bewertet, auch dann nicht, wenn sie Sammlungen für die Familien der Gefallenen organisierten oder wenn Frauenclubs versuchten, Prostituierte aus ihrer elenden Situation zu retten und zwar durch eine bessere allgemeine und politische Bildung, denn »ihr Herz sei gut«. Doch schon allein der Gedanke an eine bessere Bildung schien den Männern gefährlich, ein Türspalt zur politischen Macht zu sein.

Es gab aber noch andere Orte, sich politisch »auszubilden«, nämlich die seit Oktober 1789 ununterbrochenen Schlangen vor den Bäckerläden. Jeder kennt die wichtige Rolle der »Dames des Halles«, als sie Vermittlerinnen zwischen den namhaftesten Bürgern der Stadt, zwischen König und Volk waren. Schlange stehen für Nahrung und Kohle (manche Mütter stellten sich ab 1 Uhr morgens, ab 1793 sogar schon am Abend vorher an) war in einer Epoche, in der die Familie die Grundlage der vorindustriellen Gesellschaft bildete, wichtiger als alles andere; die Polizei fürchtete immer mehr die Auseinandersetzungen und Zornesausbrüche, besonders in den Jahren des Terrors 1794/95.

Ab Mai 1795 starb man vor Hunger in den Straßen der Großstädte, die Zahl der Selbstmorde, vor allem bei Frauen, stieg genauso ständig an wie Diebstähle und Plünderungen. Die Situation war erschreckend. Die Reaktion setzte ein. Die katholische Kirche verstärkte ihren Einfluß – den sie nie wirklich verloren hatte, – auf die Frauen, deren große Mehrheit sich stets der Verstoßung der Priester, der Säkularisierung und der Zerstörungswut widersetzt hatte. Und ganz allmählich wurde der König von den Frauen des Volkes immer mehr als Märtyrer verehrt. Solidarität gab es wenig, jede dachte an ihre

eigenen Kinder. In den Polizeiarchiven findet man Spuren einer relativen Milde gegenüber den Frauen in den Verhören und Urteilen.
Zum Schluß nun die Frage: Welche positiven Aspekte dieser Epoche voller Hoffnungen könnten hervorgehoben werden und wie werteten die Frauen zwei Jahrhunderte später diese Aspekte aus?
Wenn wir die frauenpolitische Praxis auf dem Weg von der Revolution zur politischen Gleichberechtigung betrachten, sind folgende Etappen für mich bezeichnend: 1792 wurde ein neues Scheidungsrecht, das auf gegenseitigem Einverständnis beruhte, in Kraft gesetzt. Es wurde öfter von Frauen als von Männern benutzt. Trotz der baldigen Rückkehr eines traditionelleren Verhaltens darf man die emanzipatorische Bedeutung dieses Gesetzes, die allmählichen Fortschritte der Mentalitätsgeschichte nicht unterschätzen. 1816 wurde es aufgehoben, 1884 wurde das Scheidungsrecht erneut, doch sehr restriktiv anerkannt. Der einzige Grund für eine Scheidung war der Ehebruch. Dies galt in jedem Fall für Frauen, für Männer nur, wenn sie in wilder Ehe lebten. Erst das Ehescheidungsgesetz des Jahres 1975 (das Gesetz Simone Veil) ist dem des Jahres 1792 gleich.
Im Bereich des Schutzes der ledigen Mutter, (der Ausdruck »fille-mère« entstand unter dem »directoire« 1803), ist die Bilanz viel zweideutiger. Die negative Seite besteht darin, daß allein der Vater die Initiative zur Anerkennung des Kindes ergreifen konnte und Frauen rechtlich machtlos gegen den Verführer waren. Positiv zu bewerten sind hingegen gewisse Maßnahmen, die Ledige dazu anregen sollten, ihre Kinder zu behalten. Es wurde auch versucht, die Schranken zwischen privatem und öffentlichem Leben abzuschaffen. Auf diese Weise ist Mutterschaft zur Pflicht der Staatsbürgerin geworden, Scheidungsrecht zum Ausdruck der Demokratie.
Noch stärker war die Diskrepanz zwischen den angekündigten

Grundsätzen und den konkreten Maßnahmen für das weibliche Dienstpersonal. Der einzige positive Punkt auf juristischem Gebiet war die Aufhebung der Todesstrafe wegen Diebstahls. Die erniedrigende Unterordnung der weiblichen Dienstboten wurde in Wirklichkeit nie aufgehoben, trotz des Artikels 18 der Deklaration des Jahres 1793: »... Das Gesetz erkennt kein Dienstverhältnis an, [...] nur einen Austausch von Dienst und Arbeit für eine bestimmte Dauer.«[17]

Im Zuge der Abwertung der Begriffe und Inhalte wandten unter dem »directoire« die sogenannten besseren Schichten die Bezeichnung »citoyenne« nur noch ironischerweise dem Dienstpersonal gegenüber an. Ab 1796 gab es nirgends mehr einen Platz für Frauen, selbst als Gruppe existierten sie nicht mehr. Im 19. Jahrhundert begann eine andere Geschichte, der Kampf der Arbeiter, der Frauenrechtlerinnen, die »pétroleuses«, traten an die Stelle ihrer Großmütter, der »tricoteuses«. Fortschritte und Rückschläge schienen vor allem in der dialektischen Beziehung zwischen Ordnung und Unordnung deutlich zu werden. Den politischen Willen der Revolutionärinnen, eine neue Ordnung zu schaffen, erkannte man auf einigen Gebieten wie dem der Familie als eine Art Antizipation an, doch die eroberte Freiheit wurde schnell als bedrohliche Anarchie aufgefasst, weil die Unterordnung der Frauen im gesellschaftlichen Bereich dadurch eventuell gefährdet gewesen wäre.

Hier sei abschließend noch eine provokante Frage gestellt: Gab es, gibt es eine notwendige Beziehung zwischen der Gründung der Demokratie und dem Ausschluß der Frauen oder zeichnet sich nicht in einer Demokratie noch deutlicher die Schwierigkeit für Frauen ab, wenn sie politische Macht wünschen? Françoise Collin, Philosophin und Feministin, stellt in ihren Arbeiten über Hannah Arendt folgendes fest: »Wenn die französische Revolution als ein Bruch im geschichtlichen Imaginären erscheint, hat sie nicht den Wert der

Gründung [von etwas Neuem, MW], den sie sich anmaßte. Die Demokratie ist kein Zustand, sie ist Tat, ständiges Handeln.« (La démocratie n'est pas un état: elle est une action incessante.) Die Autorin erinnert an Hannah Arendts kritische Analyse der 89er Revolution und ihre stete Bezugnahme auf das Schicksal der Juden im Dritten Reich, die von den sogenannten Demokratien nicht die notwendige Unterstützung bekommen hatten. Françoise Collin folgert weiter: »Solch eine kritische Analyse gilt für alle Revolutionen, die sich anmaßen, die Demokratie zu gründen, [...] ohne den Menschen durch die Staatsbürgerschaft in eine politische Gemeinschaft einzugliedern.«[18]

Welches Bild bleibt also von den Frauen der Revolution in der Geschichtsschreibung? Nur Symbole, Fantasmen, Virtualitäten? Wiederum andere sagen: Wenn sich die Frauen der sogenannten Industrieländer auch als Frauen einer Welt ansehen, in der die Dichotomie Nord–Süd – der Gegensatz hochentwickelter zu unterentwickelten Ländern – immer stärker betont wird, dann erkennen sie auch Begriffe wie Geschlechtergegensatz oder Gegensatz Reich–Arm wieder – wie dies auch zur Zeit der Revolution der Fall war. Dann werden auch Begriffe wie »Klassenkampf« oder »Kampf der Geschlechter« im Nachdenken über 1789 wieder aktuell und auch die Fragen, welchem der beiden Begriffe eine eventuelle Priorität gegeben werden sollte und welche komplementären Beziehungen darin verborgen sind? Oder ist das alles heute überholt?

Abschließen will ich mit einem Zitat von Geneviève Fraisse, einer der führenden Theoretikerinnen des heutigen Feminismus – sie ist seit Dezember 1997 interministerielle Delegierte für Frauenfragen in der Regierung Jospin. In ihrem Buch »La démocratie exclusive« ist dies zu lesen: »Il faut abandonner la question politique, celle de la démocratie et de son histoire et revenir à la question épistomologique, celle de savoir sur la différence des sexes et celle de la différence des sexes dans le champ du savoir. Ces deux questions sont intimement liées

quoi que tout-à-fait distantes.«[19]
(Man muß sich von der politischen Frage, der Frage der Demokratie und ihrer geschichtlichen Entwicklung abwenden und wieder zurück zur epistemologischen Frage finden, nämlich zur wissenschaftlichen Frage der Geschlechterunterschiede und zur Frage der Geschlechterunterschiede im Bereich der Wissenschaft. Beide Fragen sind, trotz ihrer klaren Verschiedenheit, eng miteinander verbunden.)

Emanzipationsdiskurse im Vormärz

Von Anne Eusterschulte, Corinna Heipcke und Leonie Wagner

Das politische Engagement von Frauen im Kontext der Revolution von 1848/49 in Deutschland zeigt sich in vielfältigen Formen und Aktionen, die am Prozeß gesellschaftlichen Wandels beteiligt sind. Hier wird ein veränderter Mitsprache- und Mitgestaltungswillen des weiblichen Geschlechts auf der Grundlage nationalstaatlicher, demokratischer Ideen deutlich, der sich in den angestrebten staatspolitischen Reformen artikulieren möchte. Ausdruck findet dies darin, daß Frauen direkt in das revolutionäre Geschehen involviert sind, beispielsweise an Barrikadenkämpfen, regionalen Aufständen, an Krawallen oder Revolutionsfeldzügen teilnehmen, sich in Vereinen organisieren und soziale, karitative sowie revolutionsunterstützende Funktionen übernehmen, durch demonstrative Präsenz bei Parlamentsversammlungen und Kundgebungen ihr politisches Interesse deutlich machen.

Neben solchen Formen aktiven Protests oder gar offensiven Eintretens für die Durchsetzung einer gesellschaftspolitischen Veränderung melden Frauen sich auch zunehmend auf theoretischem Gebiet zu Wort: Als Autorinnen politischer Literatur, durch die Veröffentlichung gesellschafts- und sozialkritischer Schriften, durch Beiträge in politischen Zeitungen und Monatsblättern bis hin zur Herausgeberschaft oppositioneller

Journalliteratur, treten sie im politischen Diskurs auf und beziehen Position innerhalb eines Spektrums widerstreitender Reform- und Restaurationsbewegungen.

Diese unterschiedlichen Weisen praktischer wie theoretischer Einflußnahme markieren das Durchbrechen bis dahin gültiger Geschlechterrollenzuweisungen und -schranken. Die darin zum Ausdruck gebrachten Ansprüche auf öffentlichkeitswirksame politische Partizipation und die sich darin manifestierenden Forderungen nach bürgerlicher Gleichberechtigung und intellektueller Anerkennung stießen keineswegs auf durchgängig positive Resonanz, sondern riefen in konservativen Kreisen mitunter heftige Abwehrreaktionen hervor. Nicht zuletzt an diesen Reaktionen wird deutlich, daß das Emanzipations- und Partizipationsbegehren die Rolle des weiblichen Geschlechts und seinen Status innerhalb der gesellschaftlichen Ordnung in Frage stellte und daß damit gleichermaßen die existierende Ordnung selbst in die Diskussion geriet.

Diese Problematik spiegelt sich in den Schriften zahlreicher politisch engagierter Vormärzautorinnen. Im Folgenden soll dies anhand der Publikationen von Mathilde Franziska Anneke[1], Louise Aston[2], Louise Dittmar[3] und Louise Otto[4] exemplarisch aufgezeigt werden. Das schriftstellerische Werk dieser Autorinnen umfaßt sowohl Schriften aus dem Bereich der »schönen Literatur« (Romane, Kurzprosa, Lyrik etc.), wie sozialkritische und politisch-theoretische Schriften. Daneben waren Anneke, Aston, Dittmar und Otto auf journalistischem Sektor als Herausgeberinnen und Autorinnen von Frauenzeitungen tätig und nahmen damit unmittelbar Einfluß auf das tagespolitische Geschehen. Aufschlußreich ist die vergleichende Interpretation und Analyse der Schriften dieser vier Publizistinnen nicht zuletzt deshalb, weil sich hier die politische Virulenz der Auseinandersetzung mit dem Geschlechterverhältnis dokumentieren läßt. Am jeweils unterschiedlich formulierten Selbstverständnis als politische Autorin, an Fragen ih-

rer politischen Selbstverortung oder etwa im Hinblick auf die Reichweite emanzipatorischer Forderungen wird offensichtlich, wie sehr die politischen Konzepte dieser vier Frauen voneinander abwichen.
Um dies zu verdeutlichen, thematisieren die beiden nachstehenden Beiträge aus je unterschiedlicher Perspektive die differierenden Auffassungen im Hinblick auf die Politisierung des Geschlechterverhältnisses innerhalb der Emanzipationsdiskurse im Vormärz.[5] Der erste Beitrag verfolgt die gesellschaftlich-politische Dimension der Auseinandersetzung mit dem Geschlechterverhältnis und die Frage, inwieweit die unterschiedlichen emanzipatorischen Modelle einen gesellschaftstheoretischen Reformansatz implizieren. Der zweite Beitrag untersucht die Teilnahme von Frauen am politischen Diskurs aus literarisch-ästhetischer Sicht und zeigt im Kontext einer für die Vormärzzeit kennzeichnenden Politisierung der Literatur, inwiefern die politische Autorschaft von Frauen eine emanzipatorische Dimension birgt.

Geschlechterpolitik: Ehe- und Institutionenkritik in Emanzipationsdiskursen um 1848[6]

Von Anne Eusterschulte und Leonie Wagner

Die Zeit des Vormärz und der deutschen Revolution von 1848/49 ist durch eine politische und soziale Aufbruchstimmung geprägt. Auf der Grundlage der Gedanken freiheitlicher Menschen- und Bürgerrechte richten sich die Reformbestrebungen der vorwiegend liberalen und demokratischen Bewegungen vor allem gegen das absolutistische Herrschaftssystem und dessen institutionelle Verankerung. Diese Institutionenkritik oder die Infragestellung der bestehenden Staats- und Gesellschaftsordnung steht im Zeichen der Forderung nach einer demokratischen Verfassungsgebung als Garant politischer Mitsprache- und Mitbestimmungsrechte, sozialer Gerechtigkeit und bürgerlicher Freiheiten. Im Kontext der geforderten gesetzlichen Gewährleistung politischer Partizipationsmöglichkeiten als Basis einer grundlegenden Veränderung der politischen wie sozialen Ordnung wird die Diskussion des Geschlechterverhältnisses und damit die Frage nach dem gesellschaftlichen Status von Frauen, ihren Partizipationsmöglichkeiten und -bedingungen, ihren Rechten und Pflichten virulent. Die prinzipielle Auffassung, daß das Verhältnis der Geschlechter innerhalb eines politischen Systems in unmittelbarer Beziehung zur Staats- und Gesellschaftsordnung steht, bestimmten nicht nur die Konzeptionen der verschiedenen politischen Reformbewegungen, sondern ebenso die theoretischen Positionen eher konservativer Kreise in entscheidender Weise.

So werden beispielsweise Stimmen laut, die vor einer »Rechtsgleichheit« und somit vor einer bürgerlichen Gleichberechtigung der Frauen warnen, da hierdurch die vorausgesetzte »natürliche Verschiedenheit« nivelliert und damit die gerade aus der natürlichen Geschlechterdifferenz abgeleitete harmonische Gesellschaftsordnung gefährdet werde. Dieser Auffassung stehen Ansichten gegenüber, wonach eine tiefgreifende Veränderung des politischen Systems mit einer Neubestimmung der Stellung der Frauen im gesellschaftlichen und sozialen Leben untrennbar einhergeht. Eine Reform der politischen Verhältnisse bedingt hiernach stets die der Geschlechterordnung und umgekehrt. Hierüber hinausweisend wird schließlich von anderen die Meinung vertreten, die Emanzipation der Frauen sei die Voraussetzung eines gesamtgesellschaftlichen Wandels.

So unterschiedlich die vorgestellten Ansätze auch in Hinblick auf die Radikalität ihrer gesellschaftskritischen Forderungen oder der emanzipatorischen Ziele ausgerichtet sind; wie sehr sie beispielsweise hinsichtlich des formulierten Weiblichkeitsverständnisses divergieren oder gar konfligieren: Die Diskussion des Geschlechterverhältnisses steht in direktem Zusammenhang mit den jeweiligen politischen Gesellschaftsmodellen und Utopien.

Aus diesem Grunde spielt die Auseinandersetzung mit dem Thema Ehe und Familie, sinnlicher respektive sittlicher Liebesgemeinschaft eine eminent wichtige Rolle. Über die Ordnung der Beziehung von männlichem und weiblichem Geschlecht, der sozialen, juristischen, moralischen oder religiösen Festschreibung dieses Verhältnisses wird korrelativ die Ordnung der Gemeinschaft, des Staates begründet. In der Organisation des privaten Zusammenlebens der Geschlechter repräsentiert sich gewissermaßen modellhaft die Struktur der gesellschaftlichen Geschlechterordnung. Aus dieser Perspektive betrachtet liegt es auf der Hand, daß emanzipatorische Ansätze einer Überwindung des traditionellen Eherechts und die Kritik an der Rollenfestschreibung eine enorme politische Sprengkraft enthalten.

Einführend werden deshalb in diesem Beitrag zeitgenössische Vorstellungen des Geschlechterverhältnisses sowie die eherechtlichen Voraussetzungen aufgezeigt, vor deren Hintergrund die Kritik der untersuchten Geschlechter- und Politikmodelle zu betrachten ist. Der Beitrag thematisiert dann die Schriften der vier Vormärzautorinnen. Im Blickfeld ist dabei vor allem die Problematisierung des Geschlechterverhältnisses, die durch eine Engführung mit der Kritik an der Institution Ehe und ihrer gesellschaftspolitischen Relevanz die unterschiedlichen Positionen und die daraus abgeleiteten politischen Forderungen darlegen soll.

1. Ehekritik und die politischen Dimensionen des Geschlechterverhältnisses

Fragen wir zunächst nach dem Verständnis und der politischen Relevanz der »Geschlechtsverhältnisse« im zeitgenössischen Kontext. Exemplarisch sei hierfür ein unter gleichlautendem Stichwort publizierter Artikel des von Carl Theodor Welcker und Carl von Rotteck im Jahre 1838 veröffentlichten »Staatslexikons« herangezogen.[7]

Aufschlußreich ist dieser Lexikonbeitrag in zweierlei Hinsicht. Einerseits dokumentiert sich hierin gewissermaßen eine historische Quintessenz der Auffassungen zur Geschlechterfrage und der unter zeitgenössischen Theoretikern vorherrschenden Meinung hinsichtlich einer »naturgemäßen« Verortung des weiblichen Geschlechts im gesellschaftlichen Leben. Andererseits begegnen wir den Begründungsmustern und den Charakteristika weiblicher Rollendefinition, wie sie in dem genannten Artikel angeführt werden, auch in den Schriften der untersuchten Vormärzautorinnen. Da das »Staatslexikon«, als Kompendium liberalen Gedankenguts der Vormärzzeit konzipiert, große Verbreitung fand, kann davon ausgegangen werden, daß die dort formulierten Überlegungen zum Geschlechterverhältnis den politisch interessierten Frauen entweder direkt oder indirekt vertraut waren. Louise Dittmar bezieht sich in »Das Wesen der Ehe« ausdrücklich auf dieses Werk. Zu achten ist jedoch darauf, welche Umdeutung diese »natürlichen Eigenschaften« in den Schriften der Vormärzautorinnen erfahren, oder inwiefern sie als Folie einer kritischen Revision des Geschlechterverhältnisses und seiner Festschreibung über Theoreme wie Naturbestimmung, Sittlichkeit, Religion usw. aufgegriffen werden.

Welcker problematisiert in dem erwähnten Lexikonbeitrag die »Geschlechtsverhältnisse«, und das heißt hier die rechtliche und politische Stellung der Frauen in der Gesellschaft. Er geht dabei von der Feststellung aus, daß es sich hierbei um das Verhältnis der menschlichen Gesellschaftsordnung schlechthin handele, denn »dieses geheimnisvolle Grundverhältniß ist die immer neue Lebensquelle für die ganze Gesellschaft, für die physische und moralische Bildung oder Verbildung der Gesellschaftsglieder, jeder neuen Generation derselben«[8]. Deshalb müsse das Verhältnis der Geschlechter in der Staatstheorie juristisch wie politisch in einer Weise bestimmt sein, die vor allem eine sittliche Ordnung menschlichen Zusammenlebens und den Fortbestand der Gesellschaft garantiere. Als Keimzelle der Gesellschaft verkörpere die Konstellation der Geschlechter gewissermaßen eine sittliche Norm und sei zugleich konstitutives Element des politischen Gesellschaftssystems.

Einerseits beruft sich die staatsrechtliche Theorie Welckers auf eine Gleichheit im Hinblick auf die Menschenrechte als Grundlage bürgerlicher Rechtsgleichheit. Andererseits ist für ihn aber die naturgegebene Geschlechterdifferenz eine unhintergehbare Voraussetzung. Diese natürliche Bestimmung und Veranlagung müsse ihren Niederschlag in der politischen Ordnung finden, denn es werde eine »so vielfache Ungleichheit zwischen dem Manne und der Frau, so große Verschiedenheit ihrer Lebensaufgaben und ihrer Kräfte, also auch ihrer Rechtsverhältnisse, schon durch die Natur selbst bestimmt«[9]. Vor diesem Hintergrund kritisiert er mit Nachdruck eine die weibliche Natur und ihre sittliche Integrität verletzende Rechtsgleichheit. Könnten es doch nur »unnatürliche weibliche Zwitterwesen, nur glücklicher Weise vereinzelte unglückselige Ausnahmen in ihrem Geschlechte« sein, die ihre »hohe naturgemäße Bestimmung«, ihre Weiblichkeit aufopfern und »eine andere Rechtsgleichheit verlangen«.[10]

Nach Welcker sind gerade die natürlichen Verschiedenheiten wie psychische, geistige und moralische Wesenseigenschaften[11] Voraussetzung dafür, daß sich in der harmonischen Verbindung der Geschlechter die Idee einer vollkommeneren Menschheit fortzeugen könne und sich in der innigen Verbindung der Individuen ein »höheres, vollkommneres Dasein«[12], ein sittliches Ideal verkörpere.[13] Institut zur Verwirklichung dieser Vernunftidee aber ist für ihn die Ehe. Deshalb soll die Frau als »Mitwesen« des Mannes den stillen häuslichen Lebenskreis hüten. »Hier soll sie Hohepriesterin seyn, auf dem häuslichen Altare das heilige Feuer unentweihter Liebe nähren, daß des Mannes Kraft für's Allwohl nie erlösche, er nur freudiger hinaus in's Lebensgewühl stürze, wie zum Siegesfeste, nach vollbrachter Arbeit zurückkehre zu häuslichen Freuden.«[14]

Sofern die familiäre Aufgabe des weiblichen Geschlechts stets im Kontext eines gesamtgesellschaftlichen Interesses steht, muß es geradezu als eine Bedrohung der politischen wie sittlichen Ordnung erscheinen, den Frauen tatsächlich eine »gleiche unmittelbare Theilnahme an unseren öffentlichen Wahl- und Parlamentsversammlungen und an den Staatsämtern«[15] einzuräumen, und damit zwangsläufig »die Unterordnung der Frau unter den Mann, und somit auch alle Festigkeit des Ehebandes und das wahre Familienleben« aufzugeben. Durch eine Reform des bis dato gültigen Eherechts und der männlichen Rechtsvormundschaft im Zuge der Forderung von Frauen nach einer bürgerlichen Gleichberechtigung geriete also nicht nur das »natürliche« Geschlechterverhältnis aus den Fugen, sondern mit diesem Grundverhältnis die Gesellschaftsordnung insgesamt. Betrachtet man die Rechtssituation im 19. Jahrhundert, so wird den Ehefrauen zwar seit der Einführung des im aufgeklärten naturrechtlichen Denken verankerten »Allgemeinen Preußischen Landrechts« ein größerer Spielraum an Mitbestimmungsmöglichkeiten zugebilligt, als dies nach den zuvor geltenden Codices der Fall war. Dennoch bestimmen »patriarchale Grundzüge«, in denen die »väterliche Gewalt« den Handlungs- und Rechtsspielraum von Ehefrauen einschränkt, diese Gesetzesreform.[16] Weiterhin gilt der Mann als das »Haupt der Familie«, ihm obliegt nicht nur die Entscheidungsbefugnis über Wohnsitz, Namen oder Gewerbe (auch seiner Frau), sondern er ist darüber hinaus auch ihr Rechtsvormund und damit berechtigt, beispielsweise Briefe zu öffnen oder »je nach Stand und Gewohnheiten« seine Meinung auch mit Gewalt gegen die Auffassung seiner Ehefrau durchzusetzen.[17] Ähnliche Funktionen und Rechte wie dem Ehemann in der Familie kommen nach dem »Allgemeinen Preußischen Landrecht« dem Landesvater oder seinen administrativen Vertretern im Staat zu, etwa sofern die Obrigkeit »im Prinzip schlechthin für alles sorgen und durch beständige Bevormundung, sowohl das Glück des Einzelnen, wie auch das Wohl des ›gemeinen Wesens‹ in Obacht nehmen [sollte ...] und zwar sollte es die Bürger nicht nur über ihre rechtlich erzwingbaren, sondern möglichst auch über ihre gegenseitigen moralischen Pflichten aufklären.«[18] Das Geschlechterverhältnis und die politisch-rechtliche sowie soziale Ordnung stehen also auch juristisch in enger Verbindung und in einem wechselseitigen Begründungszusammenhang.

Auf der Grundlage solcher Ansätze einer Festschreibung der natürlichen, das heißt sittlichen Rolle des weiblichen Geschlechts in Familie und Gesellschaft im Rahmen der skizzierten rechtlichen Situation setzt im Vormärz die Kritik von Frauen an der Institution Ehe und ihrem darin zum Ausdruck kommenden eingeschränkten gesellschaftlichen Status an. Eine Kritik, die sich damit stets auf die politisch-rechtliche Grundordnung des staatlichen Systems wie auf dessen Institutionen als Repräsentanzen gesellschaftlicher Konventionen richtet.

2. »An Euch liegt es« – Menschheit und Persönlichkeit

Mathilde Franziska Anneke kritisiert die aus ihrer Warte für das Verhältnis der Geschlechter kennzeichnenden Unterdrückungsstrukturen ausgehend von einer generellen Kritik an festgefügten Traditionen und einem konventionsgebundenen Verständnis der Geschlechterrollen, die für sie durch Institutionen wie Ehe, Kirche und Staat bewahrt und geschützt werden. Das Aufbegehren gegen politische und soziale Benachteiligung wie gegen rechtliche und religiöse Bevormundung steht daher für Anneke in direktem Zusammenhang mit einer Emanzipation von gesellschaftlichen Zwängen oder einer rigiden Beschränkung institutioneller Einflußnahme auf die weibliche Persönlichkeitsentwicklung. Diesen angestrebten umfassenden gesellschaftlichen Reformprozeß, in dem die Emanzipation der Frauen Voraussetzung einer Neukonstituierung der politischen Ordnung ist, begreift Anneke als ein »Werk für die Menschheit«.[19]

Gerade den Frauen kommt nach Anneke eine im Hinblick auf die Durchsetzung gesellschaftlichen Wandels maßgebliche Aufgabe zu, denn in ihrer Funktion als Erzieherinnen der Kinder beeinflussen sie die geistige Entwicklung der nachfolgenden Generation in entscheidender Weise. In diesem Sinne fordert Anneke ihre weibliche Leserschaft auf: »An Euch liegt es, sie [die Kinder] für die Wahrheit oder – für die Lüge empfänglich zu machen; an Euch, dem freien Vater den freien Sohn zuzuführen, damit er vollende, was und wie Ihr begonnen! – an Euch liegt es, Töchter zu erziehen, die keinen Sklaven jemals mit ihrem Lächeln beglücken werden!«[20] Voraussetzung hierfür ist jedoch, daß die »Herzen der Frauen« sich für die Wahrheit öffnen und sich der Forderung nach Gerechtigkeit und Gleichberechtigung gänzlich aufschließen.[21]

Gesellschaftspolitisches Gewicht erhält dieser Anspruch also gerade dadurch, daß dieser Austritt aus der vermeintlich biblisch legitimierbaren Unmündig- und Unselbständigkeit in die weibliche Erziehungstätigkeit Eingang findet, sofern es dem weiblichen Geschlecht obliegt, der heranwachsenden Generation weiterhin die »Ammenmilch der Lüge«[22] einzuflößen oder aber sie mit dem »Glauben an eine neue Menschwerdung zu nähren«[23]. Bereits innerhalb der Familie als Keimzelle gesellschaftlicher Entwicklungen liegt damit für Anneke ein nicht zu unterschätzender Entfaltungsbereich politischer Einflußnahme für das weibliche Geschlecht, ohne daß sie dies hierauf beschränken will.[24] Dennoch hat gerade die Erziehung eine in die Zukunft weisende, für die Reform der Gesellschaftsordnung maßgebliche Bedeutung. Als eine Form politischer Weichenstellung steht sie im Zeichen eines »geistigen Frühlings« und verhilft über die demokratische Umgestaltung des Regierungssystems zugleich einer Menschheitsidee zum Durchbruch.

Für Anneke ist die Befreiung des Herzens als Hort der Wahrheit damit Gradmesser einer Verwirklichung des Menschheitsideals in der Gesellschaftsordnung. Das Entwickeln der freien, geschlechtsspezifischen Identität als Persönlichkeit bahnt erst einer politischen Reform den Weg. »Wir alle sollten ins Heiligtum nicht eindringen und die Wahrheit erkennen, die nun auch die Herzen der Frauen mit Macht ergreift, und uns mit mutigen Händen den Vorhang zerreißen heißt [...]. Erringt Euch Überzeugung von der Wahrheit und durch sie helft rüstig das Werk für die Menschheit vorbereiten.«[25]

Anneke formuliert diese Kritik an einer Gesellschaft, in welcher dem Weibe von jeher zu denken verboten war[26], in ihrer Verteidigungsschrift für die als »frivol« und staatsgefährlich öffentlich attackierte Louise Aston.

Bereits in der dezidierten Parteinahme für das Schicksal einer Frau, die von den preußischen Behörden als Verfechterin sexuell freizügiger Lebensmaximen sowie aufgrund des Eingeständnisses ihrer atheistischen Auffassung verurteilt* und schließlich ausgewiesen wurde, zeigt sich Annekes Entschlossenheit, die Stimme gegen die Mißachtung der Rechte von Frauen zu erheben und eine Ungleichbehandlung der Geschlechter in bezug auf die freie Meinungsäußerung nicht länger hinzunehmen.

Im Unterschied hierzu hatte etwa Louise Otto sich von der »anstößigen Frivolität« einer Aston ausdrücklich distanziert[27] und sich damit auf die Seite bürgerlich-konservativer Kreise gestellt, die vor allem in Reaktion auf die Publikation von Astons »Meine Emancipation. Verweisung und Rechtfertigung« eine regelrechte Hetzkampagne gegen Louise Aston in der Presse in Gang setzten.

Annekes couragiertes Eintreten für Louise Aston ist nicht allein aus persönlicher Motivation zu verstehen. Manifestiert sich doch am »Fall Aston« für sie vielmehr exemplarisch eine restriktive Politik gegenüber dem weiblichen Anspruch auf freie Persönlichkeitsentfaltung. Das rigide Vorgehen gegen Aston zeugt für Anneke in prinzipieller Hinsicht davon, welche Gefahr die Lösung des Weibes von den Fesseln gesellschaftlicher Unmündigkeit offensichtlich aus der Sicht der regierungstragenden Institutionen darstellt und, positiv formuliert, über welches Machtpotential das weibliche Geschlecht im Zuge einer Reform der Geschlechterordnung und einer geistigen Emanzipation verfügen könnte. Aus dieser Einsicht resultiert Annekes energischer Appell an die Frauen, sich gegen das vorenthaltene Recht auf freie Meinungsäußerung aufzulehnen, Unterdrückung und Bevormundung nicht länger schweigend zu akzeptieren.

Wenn Anneke eine Befreiung des weiblichen Herzens einfordert, wendet sie sich insbesondere gegen die Unterdrückungsmechanismen institutionalisierter christlicher Heilslehre. Das biblische Motiv der duldsamen, opferbereiten »Magd des Herren« ist für Anneke einer vollständigen politisch ausgenutzten Pervertierung anheimgefallen. Das irdische männliche Geschlecht hat, sich hierauf berufend, seine Gewaltherrschaft über das weibliche Herz angetreten, die es zu stürzen gilt. Erst wenn dies durchgesetzt werden kann, ist das weibliche Geschlecht aus seiner Apathie und Fühllosigkeit, seiner persönlichen wie politischen Teilnahmslosigkeit befreit.

So setzt sich Anneke für eine von religiös-konfessionellen Beeinflussungen unabhängige Entwicklungsmöglichkeit der natürlichen Verstandesbegabung des Menschen ein. Dies belegen beispielsweise zentrale Postulate eines Artikels der von Anneke edierten »Frauen-Zeitung«. Unter dem Titel »Kirche und Schule«[28] plädiert dieser Beitrag für eine Reform des Schulwesens, als deren entscheidender Schritt die Trennung der Bildungseinrichtungen von kirchlicher Aufsicht benannt wird. Erst durch eine solche Entbindung des Bildungswesens von jeglicher Form religiöser Bevormundung und konfessioneller Vereinnahmung ist eine Erziehung aufgeklärter, zu freier Vernunftausübung befähigter Menschen gewährleistet, was wiederum die Grundvoraussetzung des politischen Friedens und einer von Prinzipien des »gesunden Menschenverstandes« gestalteten demokratischen Gesellschaftsordnung sei.[29]

3. Freiheit des Denkens und Fühlens

Während für Anneke der Sieg der »Wahrheit« und damit eine umfassende Änderung in allen gesellschaftlichen und politischen Zusammenhängen mit der Durchsetzung demokratischer Verhältnisse einhergeht, steht am Ausgangspunkt des Denkens von Louise Aston das »Recht der freien Persönlichkeit«. Dieses Recht sieht sie durch die Eingriffsmöglichkeiten bestehender Institutionen auf der Grundlage der im preußischen Landrecht codifizierten gesetzlichen Regelungen ebenso gefährdet wie durch gesellschaftliche Normierungen. In diesem Kontext formuliert sie ihre Ehe-Kritik: »Ich kann ein Institut nicht billigen, das mit der Anmaßung auftritt, das freie Recht der Persönlichkeit zu heiligen, ihm eine unendliche Weihe zu ertheilen, während nirgends gerade das Recht mehr mit Füßen getreten und im Innersten verletzt wird; [...] Ich verwerfe die Ehe, weil sie zum Eigenthume macht, was nimmer Eigenthum sein kann: die freie Persönlichkeit; weil sie ein Recht giebt auf Liebe, auf die es kein Recht geben kann; bei der jedes Recht zum brutalen Unrecht wird. In den Instituten liegt die Unsittlichkeit, nicht in den Menschen; in den Menschen nur in sofern, als ihnen Einsicht und Kraft fehlt, um bessere Verhältnisse zu schaffen.«[30]

Die Institution, die Aston vor allem für den Eingriff in das Recht der freien Persönlichkeit verantwortlich macht, ist der von ihr so bezeichnete »preußische Gewissensstaat«. Dieser habe sich die Methoden und Werte der Inquisition zu eigen gemacht und sie in den staatlichen Bereich übertragen. Aston greift damit in ihrer Kritik ebenso wie Anneke die Institutionen Staat und Kirche an, sofern diese für den Erhalt von Traditionen stehen und eine gesellschaftliche Veränderung verhindern. Während für Anneke der potentielle Handlungsspielraum von Frauen im Prozess der politischen und sozialen Reform insbesondere durch die Funktion als Erzieherinnen gegeben ist, stellt Aston, zunächst einmal unabhängig von einer geschlechtsspezifischen Differenzierung, das Recht auf die freie Persönlichkeitsentwicklung in den Vordergrund. Obwohl aus eher persönlichen Motiven als aufgrund einer politischen Ambition, einen gesellschaftstheoretischen Entwurf argumentativ zu begründen, unterstreicht Aston die Forderung nach freier Persönlichkeitsentwicklung als unantastbares Menschenrecht. Die »innere« Freiheit, die Freiheit des Denkens und Fühlens steht hierbei im Zentrum dieser Forderung.[31] Ihr Protest richtet sich gegen jegliche Form einer seelischen Enteignung, vor allem aber gegen die Institution Ehe, die das Persönlichkeitsrecht der Frau in tiefstem Maße verletzt.[32] Auch Astons »Programm« einer Frauenemanzipation ist somit indirekt die Kritik an der bestehenden Gesellschaftsordnung. Bedingung einer Veränderung der politischen Verhältnisse ist auch hier die Reform der Geschlechterordnung, die aber, dies unterstreicht Aston, vor einer »äußeren« Wandlung einer »inneren« Befreiung bedarf: Fernab religiöser, moralischer oder vermeintlich natürlicher Restriktionen ist für die Frau das Recht auf freie Entfaltung der Persönlichkeit, auf Bildung zu erkämpfen. An der Einlösung dieses Menschenrechtes entscheidet sich die Möglichkeit eines politischen Umbruchs.[33] Dies ist für sie die grundlegende Voraussetzung für gesellschaftlichen und politischen Wandel.

4. Sittliches Gesellschaftsideal als natürliche Harmonie

Kennzeichnend für die Schriften Louise Dittmars ist eine ausgesprochen starke philosophische Orientierung. Auf dieser theoretischen Basis entfaltet sie ihre gesellschaftstheoretische Kritik. Grundlage ihrer Konzeptionen ist die naturphilosophisch fundierte Vorstellung eines harmonischen Zusammenwirkens von Polaritäten. Danach sind die Geschlechter wesentlich voneinander geschieden und müssen gerade in dieser Verschiedenheit zusammenwirken, um ein harmonisches Verhältnis herzustellen,[34] ohne daß es äußerer Eingriffe bedarf. Nach Dittmar verwirklicht sich das Ideal menschlichen Zusammenlebens und einer sittlichen Gemeinschaft als Inbegriff einer Menschheitsidee, die einem natürlichen menschlichen Streben nach Vervollkommnung entspricht. Es geht also darum, diese »natürlichen Verhältnisse« zu erkennen und ihnen zur Durchsetzung zu verhelfen: »Der Mensch hat zu seiner Veredelung nichts zu tun, als die eigene Natur zu befragen, die sich erst in der Vereinigung beider Geschlechter offenbart. Von der Befreiung des Weibes hängt demnach der sittliche Zustand der ganzen Gesellschaft ab.«[35] Erst das gemeinsame Wirken beider Geschlechter ermöglicht das Erreichen des Idealzustandes.

Dittmar entwirft ein anthropologisches Modell, wonach die Geschlechterbeziehung richtungweisend ist für die Ordnung gesellschaftlichen Lebens und verwehrt sich entschieden gegen eine normative staatliche Regulierung der Geschlechterbeziehung und gegen religiöse oder moralische Reglementierungen. Vielmehr verbürgt ein allgemeines Naturgesetz die Komplementarität der Geschlechter, deren Zusammenwirken Bedingung der Verwirklichung einer sittlichen Menschwerdung ist.[36] Inbegriff dieses natürlichen Ausgleichs ist die Liebe. Sie ist »die« Triebkraft des gesellschaftlichen Wandels. »Liebe als die Anziehungskraft, ist offenbar die bewegende, die Schöpferkraft der Natur; sie ist das, was wir allmächtig nennen, eine Wahrheit, die schon in der Bibel erkannt wird, indem sie sagt: Gott ist die Liebe und Gott ist allmächtig. Mit der Verwirklichung der Liebe muß eine zweite Schöpfungsgeschichte beginnen, eine Schöpfungsgeschichte der menschlichen Seele.«[37]

Dittmar rekurriert hierbei auf ein physisches Kräftemodell, auf die Vorstellung eines natürlichen Ausgleichs notwendig konträrer Kräfte und Bewegungen und deren selbstregulative Dynamik. »Die Entwicklung der Physik, namentlich der Chemie, überzeugt uns, daß die Gesetze der Verwandtschaft der ganzen Natur zu Grunde liegen, und ein Schritt weiter in der Psychologie wird uns lehren, daß die Verwandtschaft der Seelen auf denselben Gesetzen beruht.«[38]

In der Natur selbst liegt der Keim zu einer sittlichen Gesellschaft, ja die freie Entfaltungsmöglichkeit der Geschlechter in ihrer natürlichen Polarität ist Garant für die zivilisatorische Entwicklung, setzt gewissermaßen eine zweite Schöpfungsgeschichte frei: Die Entstehung der sittlichen Kultur aus der sinnlichen Natur des Menschen. In dieser Setzung eines notwendig polarisierten natürlichen Geschlechterverhältnisses, das zugleich Grundlage einer ausgewogenen Geschlechtergemeinschaft ist, liegt nach Dittmar der Schlüssel zu einer natürlichen, zu einer sittlich entfaltungsfähigen Gesellschaftsordnung.[39]

Eine wichtige Voraussetzung hierfür ist die Aufhebung der Unterdrückung der Frauen und die Gewährleistung ihrer »natürlichen« Entwicklung.

Dittmar lehnt auf dieser Grundlage jegliche staatliche Einmischung in die Frage der Eheschließung und -scheidung ab. Das »natürliche Gleichgewicht« werde vielmehr dadurch erreicht, daß es jeweils der Entscheidung der Partner überlassen bleiben soll, in welcher Form sie ihre Verbindung eingehen wollen. Konkret fordert sie, daß statt der auf der Grundlage staatlicher oder kirchlicher Vorgaben geschlossenen Ehe ein öffentliches Treuegelöbnis abgelegt wird. Sie lehnt jegliche Form einer institutionell begründeten oder gesetzlich geregelten »Pflicht« ab und betont statt dessen das »Ideal« als »eine der menschlichen Natur entnommene Wahrheit«.[40] Die Menschen als Handelnde und der von ihnen selbst zu schaffende Raum der Öffentlichkeit werden damit zur Instanz, in deren Zuständigkeit die Verwirklichung sittlicher Ideale fällt. Der Staat und seine Institutionen werden in diesem Konzept auf die Funktion von Sachwaltern für das soziale Wohlergehen reduziert. In der Verantwortlichkeit staatlicher Instanzen liegt also vor allem die Gewährleistung sozialer Gerechtigkeit, der Schutz und die Versorgung aller bedürftigen Mitglieder der Gemeinschaft.[41]

Dittmars anthropologisches Konzept einer naturnotwendigen Ausgleichsbeziehung verbietet eine Unterdrückung des weiblichen Geschlechts nicht nur um der Wahrung der Menschenrechte willen, sondern vor allem in Hinsicht auf den sittlichen Zustand der Gemeinschaft. Die Befreiung des Weibes, des notwendigen Gegenpols zur männlichen Natur, ist unhintergehbare Voraussetzung für die »organische Einheit« sozialer Ordnung – oder anders betrachtet, die Unterdrückung der Frau führt letztendlich zu einer unausgeglichenen, selbstzerstörerischen Kulturentwicklung. Voraussetzung für ein natürliches Zusammenwirken der Geschlechter aber ist die Anerkennung der menschlichen Individualität, der Freiheit des Ich, der Individualseele. Diese Forderung muß insbesondere an der weiblichen Welt noch eingelöst werden. Auch darf das Zusammenleben freier Individuen keiner staatlichen Richtinstanz unterstehen. Als »Staat im Staate« und als Elementareinheit einer Gesellschafts- und Geschlechterordnung ist die Ehe vielmehr Prototyp einer natürlichen Geschlechterbeziehung und (ein utopisches) Modell für die Gesamtgesellschaft.

Schließlich sei auf eine Konsequenz aus Dittmars naturphilosophisch verankerter Theorie sozialen Lebens hingewiesen. Schließt beispielsweise Louise Otto durch ihren Moralbegriff und ihr Weiblichkeitskonzept gewaltsame Gesellschaftsveränderungen von vornherein als natur- und sittenwidrig aus, so kann Dittmar gerade aufgrund ihres Naturbegriffs einen politischen Umsturzversuch als natürliches Selbstheilungsverfahren billigen. Die Revolution ist eine heilsame Krise, gewissermaßen eine gewaltsame Kur der erkrankten Einheit und organischen Ganzheit der Gesellschaft. »Wir sehen alle Verhältnisse in Frage gestellt, wir sehen sie alle dem Einsturz nahe. Religiöse, politische und soziale Zustände müssen eine Umwandlung erfahren, da der sie belebende Geist entflohen ist; wir sehen, daß sich alle drei Richtungen im Menschen konzentrieren, wir sehen ferner, daß Mann und Frau die Bahnen des Lebens bilden; – was folgt daraus? War die Liebe bisher die zersetzende Kraft, so wird sie nach überstandener Krise die verbindende werden ...«[42]. Scheitern oder Vollendung gesellschaftlichen Zusammenlebens sind für Dittmar untrennbar mit der freien Persönlichkeitsentwicklung der Individuen in ihrer geschlechtlichen Eigenart verbunden.

5. Demokratie als Menschheitsidee und Bürgerinnenpflicht

Anders als Louise Dittmar, die gegen die »Pflicht« des Menschen ein natürliches Menschheitsideal setzt, spielt der Pflichtbegriff in Louise Ottos Konzeptionen eines gesellschaftlichen Wandels im Sinne einer Verpflichtung zur Beteiligung des weiblichen Geschlechts am politischen Geschehen eine wichtige Rolle: »Die Theilnahme der Frauen an den Interessen des Staates ist nicht ein Recht, sondern eine Pflicht.«[43] Louise Otto argumentiert im Unterschied zu Anneke, Aston und Dittmar nicht vorrangig auf der Grundlage der Menschenrechte, sondern unterstreicht die Pflicht jedes Gesellschaftsmitglieds, bürgerliche Verantwortung zu übernehmen und an der Gestaltung von Staat und Gesellschaft mitzuwirken und leitet daraus die Notwendigkeit ab, Frauen in den politischen Prozeß und damit in den öffentlichen Raum einzubeziehen. Die Möglichkeiten politischer Einwirkung und der Einflußbereich weiblicher Teilnahme am Staatsleben bestimmen sich aber für Otto gemäß den spezifisch weiblichen Wesenseigenschaften. Denn das Geschlechterverhältnis ist für Louise Otto durch eine grundsätzliche Differenz gekennzeichnet, die sich insbesondere durch ein dem weiblichen Geschlecht eigenes Verhältnis zum Religiösen ausdrückt. Während Männer sich durch »thatkrätiges Handeln« auszeichnen oder sich »auf den Pfaden der Wissenschaft« bewegen, ohne dabei durch ein »religiöses Bedürfnis« in besonderer Weise geprägt zu sein,[44] ist die Religiosität gleichsam Grundlage weiblicher Existenz: Wenn die Frau den religiösen Sinn »verloren hat, so hat sie damit auch ihren ganzen Halt im Leben verloren: sie hat einen Theil ihres Herzens, ihrer Weiblichkeit geopfert.«[45] Otto formuliert einen Weiblichkeitsbegriff, der geradewegs Grundlage einer naturgemäßen Berechtigung und einer sittlichen Verpflichtung einer Partizipation der Frau am Staatsleben ist. Frauen wird damit im Bereich der sozialen Geschlechterordnung eine Aufgabe und Zuständigkeit zugesprochen, die sich aus einer angenommenen Differenzierung zwischen »Herz« und »Verstand« ergibt. Hiermit begründet Louise Otto zwar einen eigenständigen Bereich und Beitrag von Frauen an den Interessen des Staates und der Gesellschaft, schränkt diese Handlungsräume aber zugleich ein.

Begründungsgrundlage ist die Setzung eines moralisch fest umrissenen Wesensbegriffs des »Ewigweiblichen«[46]. Das weibliche Wesen ist danach durch ein »Leben mit dem Herzen« und einen »religiösen Sinn« sowie durch eine besondere Affinität zur Religion als Form höherer Vergeistigung bestimmt, die das ganze äußere (politische und gesellschaftliche) Leben durchdringen soll. Die politische Aufgabe der Frauen ist gewissermaßen ein »Gottesdienst«, eine heilige Aufgabe. Die »heilige Sache« aber ist die Demokratie. Demokratie tritt an die Stelle von Religion, wird gewissermaßen zum Gottesreich, zur »großen Welt-Erlösung« zum nationalen Heilsgeschehen.[47]

Durch diese Weiblichkeitskonzeption legitimiert sich die besondere, gleichsam missionarische Aufgabe: Eine Welterlösung als Weise der »Theilnahme der weiblichen Welt am Staatsleben ...«.[48] Den Frauen kommt als Priesterinnen der Demokratie eine aktive, insbesondere die sittliche Ordnung der staatlichen Gemeinschaft wahrende Funktion zu, die im Zeichen der Verwirklichung einer noch zu erringenden Vollendung der Menschheitsidee steht. Die Bildung zur Selbständigkeit und die freie Entfaltung des »weiblich-fühlenden Herzens« ist hierfür notwendige Voraussetzung.

Hier liegt das emanzipatorische Potential von Ottos Weiblichkeitskonzept. Voraussetzung für die Entfaltung der wahren weiblichen Natur ist für Otto, Frauen aus allen Bevölkerungsschichten eine umfassende Bildung ihrer seelisch-geistigen Fähigkeiten, die Förderung ihrer wesenseigenen Berufung zu ermöglichen, die aber immer die Hebung des Gemeinwohles und nicht eine individuelle Emanzipation zum Ziel hat.[49]

Erst dann kann das Ewig-Weibliche in der Menschheit zur Geltung gebracht werden. Die Geschlechterbeziehung ist also auch hier Maß gesellschaftlicher Verwirklichung eines Humanitätsideals. Die Rolle der Frau ist damit nicht nur die eines sittlich veredelnden Prinzips, sondern zugleich Korrektiv und geradezu treibende Kraft für die Realisation eines idealen Staatsgefüges.

Louise Otto schlägt im Verhältnis zu ihren zeitgenössischen Mitstreiterinnen Aston, Anneke oder Dittmar eher moderate, vordergründig konservative Töne an, da sie einem traditionellen Weiblichkeitskonzept verpflichtet ist. Dennoch darf nicht übersehen werden, welches emanzipatorische Reformpotential sie – etwa im Kontrast zur vorgestellten liberalen Position Welckers – entwickelt, indem sie zwar Topoi weiblicher Rollendefinition (Innerlichkeit, Religiosität, Liebesfähigkeit usw.) aufgreift, diese allerdings nicht länger auf das Private, auf die Priesterinnenschaft am »häuslichen Altar« beschränkt. Die Verpflichtung der Frauen zu einer Teilnahme am Staatsleben wird gleichsam in eine staatsreligiöse Mission am »Altare der Nation« überführt.

Dessen ungeachtet ist für Otto eine Übertretung oder Verschiebung der von ihr gezogenen Grenze zwischen den Geschlechtern nicht oder nur unter Gefährdung wichtiger Grundlagen der Geschlechtsidentität möglich. Zwar kritisiert auch Otto bestehende Institutionen, die eine politische Aktivität, eine

Entwicklung der weiblichen Persönlichkeit verhindern, diese Kritik ist aber gegenüber derjenigen der anderen Vormärzautorinnen wesentlich abgeschwächt. In ihren Forderungen bleibt sie moderat, eher reformerisch als revolutionär.
So übt sie an der Ehe Kritik, sofern diese zu sehr als Versorgungsanstalt betrachtet wird und die Unselbständigkeit der Frauen sanktioniert. Otto lehnt damit zwar konventionelle »Formen«, althergebrachte, unkritisch übernommene Sitten ab, nicht aber die Institutionen wie die Ehe als solche, in der sich die wahre Sittlichkeit im »Verhältnisse der Geschlechter zu einander« zu verwirklichen habe. In diesem Sinne ist ihr Plädoyer zu verstehen, wonach »die Sittlichkeit hoch über die Sitte« gestellt werden müsse, jegliches Handeln sich am »Richterspruch höherer Sittlichkeit« zu orientieren habe.[50]
Die von Otto geforderte Veränderung der Stellung von Frauen soll letztlich deren Beziehung zum Vaterland intensivieren und dazu verhelfen, staatsbürgerliche Pflichten zu erkennen und auszufüllen. Weiblichkeit wird in feste Schranken gesetzt und im Religiösen verortet, Liebe ist nicht die geschlechtliche Liebe, sondern Liebe zum Vaterland, zur Menschheit. [51] Die Teilnahme der Frauen am politischen Leben ergibt sich letztlich aus dieser »Liebes«-Beziehung: Ähnlich wie ihre Pflichterfüllung in der Ehe soll die Frau ihre Pflichten gegenüber einem größeren Zusammenhang erfüllen.[52]

6. Resümee

Blickt man zusammenfassend nochmals zurück auf die anhand der Schriften von Anneke, Aston, Dittmar und Otto vorgestellten emanzipatorischen Konzepte, so zeigt sich, daß mit der Kritik und Neubestimmung des Geschlechterverhältnisses stets der Anspruch einer grundlegenden Reform der politischen Ordnung einhergeht. Die Auseinandersetzung mit normativen Sittlichkeitsvorstellungen, religiösen Legitimationsmustern oder einer in Berufung auf natürliche Verschiedenheiten begründeten Geschlechterordnung wird zur Grundlage einer kritischen Analyse der gesellschaftlichen, politischen und sozialen Verhältnisse, mit deren Infragestellung auch die politische Rolle und der bürgerliche Rechtsstatus von Frauen einer Revision unterzogen werden.

Auffällig ist zunächst einmal, daß alle vier in die Untersuchung einbezogenen Vormärzautorinnen ihre emanzipatorischen Forderungen und die daraus resultierenden politischen Ziele und gesellschaftstheoretischen Entwürfe im Rahmen der konventionell verankerten Weiblichkeitsvorstellungen entwickeln, die das 19. Jahrhundert bestimmen. So unterschiedlich die anhand der Schriften von Anneke, Aston, Dittmar und Otto dargelegten Konzepte einer politisch-rechtlichen und sozialen Emanzipation des weiblichen Geschlechts auch hinsichtlich ihrer argumentativen Grundlegung und ihrer theoretischen Reformansätze ausgerichtet sind, die Annahme einer grundlegenden Differenz der Geschlechter, sei sie biologisch, zivilisatorisch oder moralisch-religiös definiert, wird nicht in Frage gestellt. Vielmehr entwickelt sich die Kritik gerade in Auseinandersetzung mit bis dato geltenden, den Geschlechtern zugeschriebenen Wesenseigenschaften, wie etwa einer über die »natürliche Verschiedenheit« gerechtfertigten Bestimmung oder einer in moralischer Hinsicht »wesensgemäßen« Benennung von Grundeigenschaften und -aufgaben. Vermeintlich weibliche Wesenszüge wie Innerlichkeit, Fürsorgeverhalten oder Gefühlsorientiertheit, die bis dahin als Kennzeichen von »Schwäche« einer gesellschaftlichen Unterdrückung und Entrechtung von Frauen Vorschub leisteten, werden allerdings über eine Neubestimmung zu Stärken erklärt, deren Aufwertung im Kontext der gesellschaftlichen Neuordnung als notwendig oder unausweichlich postuliert wird. Die »weiblichen Eigenschaften« stellen in dieser Hinsicht im Verhältnis zu den dem männlichen Geschlecht zugeschriebenen Charakteristika ein wesentliches und ausgleichendes Gegengewicht dar: Sei es als eine dem weiblichen Geschlecht eigene Affinität zur Religiosität oder als ausgeprägtes sittliches Bewußtsein, sei es ein menschheitsfördernder Idealismus oder ein mit dem Herzen verbundenes Denken. Bei der Bewertung der in je unterschiedlicher Gewichtung von Anneke, Aston, Dittmar und Otto angeführten spezifisch weiblichen Eigenschaften und Wesenszüge ist die uneingeschränkte Entfaltung der weiblichen Persönlichkeit gleichsam Garant eines gleichberechtigten Zusammenwirkens der Geschlechter. Und an der Realisierung der Gleichberechtigung innerhalb des Geschlechterverhältnisses mißt sich die Möglichkeit eines politischen und sozialen Wandels und nicht zuletzt die Verwirklichung hiermit verbundener Vorstellungen von Menschheitsidealen.

Das Verhältnis der Geschlechter ist damit nicht nur konstitutiver Teil, sondern zugleich Spiegel gesellschaftlicher Verhältnisse sowie der entscheidende Maßstab für den erreichten oder zu erreichenden Grad von Freiheit und Demokratie.

Vor dem Hintergrund dieser in den untersuchten Schriften formulierten engen korrelativen Beziehung von Geschlechterverständnis und Gesellschaftsmodell war es Absicht, mit diesem Beitrag vor allem auf die Unterschiede der emanzipatorischen Konzeptionen und die daraus resultierenden Konsequenzen im Hinblick auf eine Reform der politischen Verhältnisse hinzuweisen. Wenngleich jede der vier Autorinnen die bestehende politische Ordnung kritisiert und grundlegende Veränderungen einklagt, kann doch nicht von einem einheitlichen Emanzipationsdiskurs gesprochen werden. Wird auch die bestehende Geschlechterordnung als Grundlage des Gesellschaftssystems – wie das am Beispiel der Kritik an der Institution Ehe erfolgte – in ihren Grundzügen in Frage gestellt, so ergeben sich hieraus dennoch differierende Emanzipationsstrategien und -ziele. Bedingt ist dies vor allem durch die

jeweils zugrundegelegte Bestimmung der »natürlichen« Aufgabe des weiblichen Geschlechts und deren mögliche Gleichberechtigung im Hinblick auf die Verwirklichung der Menschen- und Bürgerrechte.
So ist das von Mathilde Franziska Anneke formulierte Emanzipationsverständnis – die individuelle Ausbildung der Verstandeskräfte und die Befreiung aus der intellektuellen Unmündigkeit – grundlegende Voraussetzung für die Umsetzung einer freiheitlichen und demokratischen Gesellschaftsordnung. Louise Aston stellt die Unantastbarkeit der Person und das Recht auf freie Persönlichkeitsentfaltung ins Zentrum ihrer emanzipatorischen Überlegungen und fordert damit ein den Frauen verweigertes Grundrecht ein. Ausgehend von Vorstellungen eines naturgegebenen harmonischen Zusammenwirkens der Geschlechter und einer natürlichen Selbstregulation und sittlichen Vervollkommnung der menschlichen Gemeinschaft fordert Louise Dittmar die Auflösung der bestehenden politischen Herrschaftsverhältnisse. Louise Otto schließlich setzt sich auf der Grundlage ihres Weiblichkeitsverständnisses für die demokratische Reform der politischen Ordnung ein, wobei die Einbeziehung des weiblichen Geschlechts in die Staatsangelegenheiten insbesondere im Zeichen der Verwirklichung eines sittlich-religiösen Menschheitsideals steht.
Zwar wird das Geschlechterverhältnis in allen vorgestellten Konzepten zum Ausgangspunkt gesellschaftlicher Reform, doch ist es vor allem die politische, philosophische und religiöse Fundierung der Ordnung der Geschlechter, anhand derer sich – jenseits der Frage nach »Gleichheit« oder »Differenz« – die politische Stoßrichtung emanzipatorischer Diskurse formiert.

Die Selbstautorisierung als politische Autorinnen

von Corinna Heipcke

Literarische und politische Autorschaft ist kein geschlechterdiskursfreier Handlungsraum. In der deutschen Klassik, mit der sich auch die Autorinnen der Revolutionszeit auseinandersetzen, wurde die Hierarchie der Künste eng verbunden mit einer Geschlechterhierarchie gedacht. Demnach eigneten sich Frauen mangels Schöpferkraft nur für vermeintlich nachahmende Künste wie Schauspiel, Gesang und Tanz, für Künste also, in denen schon ein (männlicher) Schöpfer Text, Noten oder Choreographie niedergelegt hatte, den die Frau nur noch »nach«sprechen, -singen oder -tanzen mußte. Innerhalb der Literatur taugten sie entsprechend der klassischen Ästhetik – wenn überhaupt – zur Produktion literarischer Gattungen, die sich – beispielsweise im Gegensatz zur Tragödie – auf die Schilderung privater Ereignisse beschränkten und wenig formales Können zu verlangen schienen. Gedacht war hier vor allem an den bürgerlichen Roman, denn er galt als Gattung, die nur Menschenkenntnis und »natürliche« Sprache erforderte und sich nicht mit öffentlichen Angelegenheiten beschäftigte.[53] Eine bürgerliche Autorin, die sich mit politischen Belangen auseinandersetze, war in der Klassik nicht denkbar.

Die Autorinnen der Revolutionszeit veränderten diese Vorstellungen von weiblicher Autorschaft sowohl durch ihre Werke, als auch durch ihre Äußerungen über weibliche Autorschaft selbst. Sie erreichten im literarischen Leben, was in politischen und sozialen Bereichen nicht im gleichen Maße durchsetzbar war: Im literarischen Bereich beteiligten sie sich ebenso wie ihre männlichen Kollegen am politischen Diskurs und widersprachen damit supplementären Geschlechtermodellen, die Frauen auf begrenzte Mitspracherechte einschränkten. Allerdings weisen die Begründungen politischer Autorinnenschaft von Otto, Dittmar und Aston signifikante Unterschiede auf, die wir hier erörtern möchten. Von Mathilde Franziska Anneke liegen uns allerdings nicht genug Materialien vor, um sie in diesen Teil der Untersuchung miteinzubeziehen.

Louise Otto verwendet zunächst zeitgenössische Stereotype zur Beschreibung weiblicher Autorschaft. So schreibt sie in »Die Theilnahme der weiblichen Welt am Staatsleben«, daß bei den Frauen kürzlich der Drang zur geistigen Tätigkeit erwacht sei. Des »häuslichen Wirkungskreises« als einzigem Ort der Aktivität überdrüssig, wendeten sie sich teilweise auch ohne talentbedingte Berufung der Literatur zu, weil andere öffentliche Räume ihnen versagt blieben. Damit reproduziert Otto eine Ansicht, die schon Kritiker des 18. Jahrhunderts äußerten und die sich auch nach 1848 noch bei Literaturwissenschaftlern finden läßt: Frauen schrieben Literatur auch ohne qua Talent dazu berufen zu sein, weil sie ihrer »weiblichen Bestimmung« zum Hauswesen etwas entgegensetzen wollten.[54]

Auch in Bezug auf die für Frauen als Autorinnen geeigneten Gattungen äußert sich Otto traditionell. Sie erläutert, daß der Roman »Menschenkenntniß« erfordere und daß die Frauen diese gerade oft viel früher erlangten als die Männer.[55] Den Frauen wird hiermit wenigstens die Befähigung zur Autorschaft von Romanen zugesprochen und es wird ihnen auch im literarischen Betrieb ein Platz angewiesen. Soweit stimmt Otto mit der Ästhetik der Klassik überein. Dann allerdings wertet sie die an Romane gekoppelte weibliche Autorschaft um, indem sie den Stellenwert des Romans im Sinne des Vormärz neu definiert und erklärt, der Roman sei gerade in der Gegenwart diejenige »politische Gattung, durch welche es sich am Leichtesten auf Andere – und besonders auf die Frauen der höheren und mittleren Stände [...] wirken« ließe.[56] Indem sie so weibliche Autorschaft als durchaus geeignet für politische Autorschaft definiert, erweitert Louise Otto die bis in den Vormärz hinein einflußreichen Vorstellungen der Klassik. Sie

bedient sich dabei einer Rechtfertigung der Autorinnenschaft, die an die Ästhetik der Aufklärung erinnert.
Schon Wieland hatte die Veröffentlichung der Geschichte des Fräuleins von Sternheim, einem der ersten deutschen bürgerlichen Frauenromane, in seinem Vorwort unter anderem mit der pädagogischen Wirkung des Textes, der zur Tugendliebe erziehe, begründet. Den aufklärerischen Impetus der Erziehung nimmt Otto auf und erweitert ihn um die politische Dimension. Es ist nun nicht mehr die bloße Tugendliebe, zu der das eigene Geschlecht erzogen werden soll, jetzt geht es um die Erziehung zur Teilnahme am Staatsleben. Die Erziehungsaufgabe, auf die Otto sich und ihre Autorinnenkolleginnen einzuschwören versucht, als »typisch weibliches« Konzept Ottos abzutun, wäre hier falsch. Zum einen galt das Konzept des Autors als Erzieher seiner Zeitgenossen auch für Männer. Zum anderen liegt die Tatsache, daß Otto Autorinnen als politische Erzieherinnen »nur« für ihr eigenes Geschlecht konzipiert, nicht an einer unterstellten »natürlichen« Beschaffenheit des weiblichen Publikums oder der Autorin, die nur miteinander zu kommunizieren wissen, sondern, wie Otto erläutert, am banalen Faktum, daß Frauen andere Möglichkeiten der politischen Bildung versagt sind, während Männer diese zum Teil besitzen. Wo sie diese nicht haben, sind sie ebenso auf politische Autoren angewiesen, die ihre Interessen vertreten, wie die Frauen der Autorinnen bedürfen. So nennt sich Otto in einem Atemzug mit Lenau, Heine, Herwegh und anderen und spricht von sich und ihnen als »wir Schriftsteller«.[57]
Sie löst in der Beschreibung der Autorschaft den Geschlechterdiskurs von supplementären Modellen, die in der »natürlichen« Beschaffenheit der Geschlechter begründet scheinen, und schwächt, was die Selbstbeschreibung als Autorin angeht, ein dichotomisches Geschlechtermodell ab.
Ein anderes Bild der politischen Autorin entwirft Louise Aston. Sie betitelt ihren erste große, oft als Autobiographie

gedeutete Schrift »Aus dem Leben einer Frau«.[58] Katherine Goodman vermutet in diesem Titel eine Anspielung auf Goethes Autobiographie, deren voller Titel »Aus meinem Leben. Dichtung und Wahrheit« lautet.[59] Für diese Vermutung spricht auch das Vorwort Astons. Der erste Satz lautet: »Das Leben ist fragmentarisch; die Kunst soll ein Ganzes schaffen!«[60] Hier wird das ästhetische Programm der Klassik evoziert, allerdings nur, damit Aston sich schon im nächsten Satz wieder davon distanzieren kann. Sie schreibt über ihre Autobiographie: »Diese Blätter gehören in Dichtung und Wahrheit dem Leben an, und machen nicht Anspruch auf künstlerischen Werth!«[61] »Künstlerischen Werth« meint hier den Wert, den man Astons Autobiographie mit den Kriterien der Klassik zuspräche.

Dieser Ästhetik setzt sie eine andere entgegen und beschreibt ihre Autobiographie folgendermaßen: »Diese Blätter [...] sind [...] fragmentarisch, wie dies zersplitterte, moderne Leben. [...]. Wir schreiben flüchtige Zeilen; aber wir schreiben sie mit unserem Herzblut!«[62] Im Gegensatz zur Überzeitlichkeit eines klassischen Werkes handelt es sich bei Astons Biographie also um einen Text mit konkreten historischen Veranlassungen und Absichten. Das Fragmentarische an ihm ist dabei Merkmal seiner Authentizität, denn es ist Resultat der Verwebung des Textes mit dem ebenso fragmentarischen Leben. Im Gegensatz zu dem Lebensbericht des deutschen Dichters, in dessen Zentrum er selbst steht, tritt die Person der Autorin in ihrem Text in den Hintergrund. Sie berichtet nicht aus ihrem Leben, sondern aus dem Leben »einer Frau«, in dem die Autorin »das allgemeine Loos vieler Tausende erkannte.«[63] Auch scheint Aston anders als Otto, die selbst unter den Demokratinnen, zu denen sie sich auch zählt, scharfe Unterscheidungen vornimmt, zunächst das grundsätzliche Einverständnis ihrer Geschlechtsgenossinnen vorauszusetzen und politische Bildungsarbeit deshalb nicht für ihre Aufgabe zu halten. So erscheint

hier die politische Autorin nicht als überlegene Erzieherin ihrer Geschlechtsgenossinnen, sondern als deren Schicksalsgenossin und als literarische Streiterin der Frauen für »ein neues Recht; [... einen] Antheil an der Freiheit dieses Jahrhunderts.«[64] Das Bild der politischen Autorin als Kämpferin bemüht Aston auch später noch, als sie die Differenzen zwischen ihrer und anderen Emanzipationsauffassungen thematisiert und »Luzie Lenz, die große Emancipirte«, mit dem »Freischärler-Schwerte des freien Worts« traktiert.[65] Aber sie hat ihre schriftstellerischen Themen im Laufe der Jahre über die Emanzipation der Frauen hinaus ausgedehnt. Die in ihrer Zeitschrift abgedruckten und später als Freischärler-Reminiszenzen veröffentlichten Gedichte thematisieren Ereignisse der Revolution wie beispielsweise die Hinrichtung Robert Blums[66], und die Wiedereinrichtung des preußischen Landtages[67].
Ihr letzter veröffentlichter Roman, »Revolution und Conterrevolution«, verspricht der Leserschaft »Skizzen aus dem Revolutionsdrama des Jahres 1848.«[68] Barbara Wimmer hat aufgezeigt, daß Astons »Darstellung der revolutionären Ereignisse [...] bis in die Details weitgehend authentisch«[69] ist. Sinn dieser Detailgenauigkeit ist, so Aston im Vorwort, »eine Lücke im Intriguennetz der Conterrevolution« auszufüllen, die es »selbst manchem Politiker von Profession unmöglich machte, dem rothen Faden [...] unsrer Zeit [...] zu folgen.«[70] Damit schreibt sich die Autorin in die Gruppe der politisch kompetenten und informierten Revolutionsbeobachter ein. Das Versprechen, selbst einigen Politikern unbekannte Informationen zu liefern, erweckt darüber hinaus den Anschein ihrer aktiven Teilnahme an Revolutionsereignissen, zu denen nur Eingeweihte zugelassen wurden. Hieraus scheint eine Professionalität im politischen Diskurs zu resultieren, die selbst die einiger »Politiker von Profession« übertrifft. Mit dem korrespondiert auch der Entwurf der Heldin Alice von Rosen, die als politische Intrigantin sowohl in den Salons des Berliner

Hochadels als auch im illegalen Arbeiterclub der »Achtzehner« verkehrt. Sie kämpft für die Revolution, nimmt am Schleswig-Holstein-Feldzug teil und wird in Frankfurt Zeugin der Ermordung des Fürsten Lichninski. Dabei handelt es sich um eine Anspielung auf den Fürsten Lichnowski (1814–1848), der in der Frankfurter Nationalversammlung ein Führer des rechten Flügels war und beim Frankfurter Septemberaufstand von Mitgliedern der extremen Linken ermordet wurde. Über weite Strecken der Handlung hat Alice als Einzige den Überblick über politische Intrigen, während die sie umgebenden Männer die Politik vergessen, wenn sich eine attraktive Frau nähert. So werden die Frauen zum eigentlichen politischen Geschlecht, während einige Männer auf den Status von Dilettanten verwiesen werden.

Louise Dittmar entwirft ähnlich wie Louise Aston die politische Autorin als heroische Gestalt: In »Skizzen und Briefe« entgegnet sie unter anderem auf die Überlegung eines Freundes – die Deutschen bräuchten große Dichter, am besten einen Goethe mit Schillerschem Herzen, – sie wünsche Deutschland 38 Dichter, für jeden Bundesstaat einen. Dabei geht es ihr im Gegensatz zu Louise Otto weniger um den didaktischen Aspekt der Autorschaft, denn sie meint im weiteren, daß diese Dichter Menschen sein sollten, die »mit hinreißenden Dichtungen auch ergreifende Handlungen verbänden«. Das Hinreißen und Ergreifen durch Dichtungen und Handlungen gelingt weniger den Werken kaltblütiger Lehrer, als den vom Furor poeticus ergriffener Dichtergenies, die, nun nicht mehr von Gott, sondern vom demokratischen Zeitgeist gerufen, als Propheten ihrem Volk die neue Zeit singen.[71]

Als Beispiel eines solchen Dichters nennt Dittmar eine Dichterin: George Sand.[72] George Sand verbinde, so Dittmar, »Talent« und »Genie« mit »Muth« und »Thatkraft«, und es gebe wenige, die sich wie sie »ihrer Ueberzeugung opfern.«[73] Dittmar stellt George Sand so dar, daß sich in ihr literarisches und biographisches Tun zur politischen Praxis verbinden. Die »hinreißenden Dichtungen« und »ergreifenden Handlungen« machen die Autorin zur heldenhaften Vorkämpferin der Überzeugungen, für die sie sich opfert. Derart stilisiert wird sie richtungsweisend nicht nur für Frauen, sondern auch für Männer. Die Deutschland gewünschten 38 Dichter könnten sich an ihr ein Beispiel nehmen. Oder – so könnte man den Faden Dittmars weiterspinnen – Deutschland könnte, ohne den männlichen Umweg zu wählen, 38 Dichterinnen vom Format George Sands beschäftigen.

Der scheinbar leichtfüßige kleine Text Louise Dittmars ist auf den zweiten Blick eine Rarität unter den Überlegungen der Autorinnen der 1848er-Revolution. Sowohl Louise Otto als auch Louise Aston und Louise Dittmar betrachten die Teilnahme der Frauen am politischen Tagesgeschehen als Notwendigkeit. Politische Autorinnen übernehmen dabei eine unabdingbare Vermittlerrolle. Signifikante Unterschiede lassen sich allerdings in den entworfenen Selbstbildern und Argumentationsstrategien aufzeigen. Wie zu sehen war, stellt sich Louise Otto als Lehrerin ihres Geschlechts und damit in einem bürgerlichen Beruf dar und bedient sich auch der Ästhetik der Klassik, um ihrer politischen Autorinnenschaft Akzeptanz zu sichern. Louise Aston hingegen entwirft ein heroisches Selbstbild als Kämpferin und erteilt der klassischen Ästhetik ohne Rücksicht auf den Anteil der Leserschaft, deren Geschmack an Goethes Werken geschult ist, eine klare Absage. Sie stellt sich damit weitaus offensiver und – bedenkt man das herrschende Frauenbild – provozierender dar, als es Otto tut.

Louise Dittmar verfährt in dem hier zitierten Text anders. Sie setzt sich nicht wie ihre Kolleginnen mit der Literaturgeschichte oder mit gegenwärtigen politisch-sozialen Zuständen auseinander, um die Autorin zu rechtfertigen oder ihre Position zu verorten. Die Verweigerung einer Auseinandersetzung mit der Literaturgeschichte und den politischen Zuständen impliziert die Vorstellung, daß sie wegen derer mangelnden Relevanz für die Zukunft nicht mehr für wichtig gehalten wird. So erweckt Dittmar den Eindruck, hier bereits aus einem Ort jenseits der Gegenwart zu schreiben. Diesen Ort jenseits der zu überwindenden Zustände markiert die Position George Sands. Dem in der deutschen Literatur nicht existenten und durch das wolpertingerhafte Konstrukt eines Goethes mit Schillerschem Herzen nur ungenügend beschriebenen Autor, der als Orientierungspunkt und Vorbild der politischen Literaten dienen könnte, setzt Dittmar das – wenn auch überhöhte – Bild einer lebenden politischen Autorin entgegen. Damit geht sie weiter als Otto und selbst Aston, die zwar mit ihrer Heldin Alice von Rosen eine Frauenfigur entwirft, die politisch kompetenter als die sie umgebenden Männer ist, aber keine ihrer schreibenden Zeitgenossinnen, keine tatsächlich lebende Autorin wird so geschildert, als sei sie ihren männlichen Kollegen überlegen. Dittmar erhebt das von ihr konstruierte Bild George Sands zur Norm für politische Autorschaft: An ihr sollen sich nun die bisher von dieser (weiblichen) Norm abweichenden deutschen Autoren orientieren. Mit dieser Umkehrung der Geschlechterhierarchie liefert sie einen höchst erfreulichen Beitrag zur Geschichte der weiblichen Autorschaft.

Anna Blos, geb. Tomasczewska, Historiographin einer weiblich revolutionären Tradition

Geschichtsschreibung im Spiegel des eigenen Lebens

Von Mascha Riepl-Schmidt

> *»Die Geschichtsschreibung*
> *unserer Zeit, zum größten Theil*
> *in den Händen literarischer*
> *Leibhusaren ist bemüht,*
> *die Weltgeschichte zur*
> *Verherrlichung des jeweils*
> *herrschenden Systems umzumodeln*
> *und sie einzelnen ›großen Männern‹*
> *auf den Leib zu schreiben.«*
> *Wilhelm Blos 1922*[1]

Zwar ist es Anna (eigentlich: Berta Antonie) Blos, geb. Tomasczewska (1866–1933), die uns als Frauengeschichtsforscherin, Schriftstellerin, Journalistin, Frauenrechtlerin und Friedenspolitkerin mit ihrem Werk, ihrem Werdegang und ihrer Person beschäftigen wird – als ein beweiskräftiges »Paradebeispiel« für den diffizilen historischen und zeitgenössischen Umgang mit dem Thema »Frauen in der Revolution« und »Frauen in der Geschichte« überhaupt – begonnen habe ich jedoch mit einem Zitat ihres Mannes Wilhelm Blos, (1849 bis 1927), aus dessen Geschichtswerk über die Revolution

1848/49. Er assistierte ihr ganz männlich untypisch in ihrem Bestreben, historische Ungereimtheiten zu relativieren und eine »richtigere« (»Frauen«)-Geschichte nachzuschreiben. Denn von ihm[2], dem Journalisten, Schriftsteller, Revolutions»schreiber« und altgedienten sozialistischen Reichstagsabgeordneten, wurde sie dazu angeregt, die Geschichte der Frauen zu dokumentieren.

Vom März 1919 bis Juli 1920 war der fast Siebzigjährige ein Fünfvierteljahr lang der erste und bisher letzte »sozialistische« württembergische Staatspräsident gewesen und hatte sich dann resigniert über die nachrevolutionäre Entwicklung und die Rolle der Sozialisten ins Privatleben zurückgezogen, nicht zuletzt, um die deutsche Revolution von 1848/49 im Lichte der »Bewegung« erscheinen zu lassen.

Es war für die Witwe Auftrag und Überlebensstrategie nach dem Tode des geliebten Ehemannes, wie sie im Vorwort ihres 1929 erschienen Buches »Frauen in Schwaben« schreibt, »von diesen Frauen zu erzählen, zu zeigen, wie auch in früheren Zeiten schon Frauen mitgewirkt haben an der Entwicklungsgeschichte des Volkes.«[3] Vor dem Hintergrund der frauenpolitischen Rückschläge der Weimarer Republik und der aufscheinenden nationalsozialistischen Gefahren warnte so die politisch überaus wache Anna Blos indirekt die Frauen davor, diese Mitwirkung abzugeben.

Der geschichtliche und revolutionäre Entwicklungsbogen, in den Anna Blos die Frauen des Volkes setzt, die nicht »durch Geburt und Herkunft an hervorragender Stelle standen, sondern Frauen [waren], die sich ihre Stellung im Leben erkämpft haben, gegen Vorurteile und Widerstände«[4], erhellt gleichzeitig auch die dreifache – feministische, soziale und politische – vorsichtige Parteilichkeit der Autorin. Diese Parteilichkeit kann jedoch für die Erarbeitung der auch heute noch vernachlässigten Frauen- und »Gender«dokumentation der Revolutionsgeschichtsschreibung nur hilfreich sein. Erfahren wir doch hier von einer Frau, die sich in ihren Recherchen für die Märzrevolutionszeit noch auf Zeitzeuginnen stützen konnte, die sich 1918 inmitten des revolutionären Strudels befand und Entscheidungen auf höchster Ebene mittrug, gesellschaftliche Zusammenhänge und weiblich bestimmte Traditionslinien, die vom männlichen Forscherblick als nebensächlich abgetan wurden.

Neben der Person der Historiographin Anna Blos und ihrer oft subjektiv selektiv bestimmten, aufwertenden Annäherung an »Frauen«-Geschichte, wird uns das Problem der geschichtlichen Vielfalt, deren Deutung und deren gesellschaftlich legitimierten Weitergabe, die sich im Laufe der Geschichte der Geschichtsüberlieferung[5] immer wieder geändert hat, beschäftigen. Auch deswegen, weil die Interpretation besonders der Revolutionsgeschichte sich ganz besonders nach den jeweils herrschenden gesellschaftspolitischen Prioritäten, nach dem jeweils »vir«ulenten Zeitgeist richtete und richtet. Heute, im 150-jährigen Danach, scheint es schick, den Mythos Revolution zu dokumentieren, zu diskutieren: Strahlt doch der liberal demokratische Impetus, der die Märzrevolutionszeit charakterisiert, eine politische Lebendigkeit aus, die der heutigen Staatsmaschinerie und der sehr gebeutelten deutschen Nationsidee fehlt. Und die »Gewalt«, die damals vom Volke und vom relativ neuen Stand des Bürgertums ausging, konnte mit Obrigkeitsgewalt ja wieder erstickt werden.

Doch, auch wenn wir annehmen, daß mit den Märzjubiläen ein ehrenwerter Nachholbedarf signalisiert wird, der den Streit über die »richtigen« männlichen Erben[6] im Festjubel rückblickend ad acta legt, bleibt die Geschichtsschreibung, die den Frauen gerecht werden könnte, immer noch im Bereich der Schriftlichkeit einer »Minderheit«, im besten Fall einer »Bewegung« und das, obwohl wie sattsam bekannt »Frauen« mindestens die Hälfte der Bevölkerung ausmachten und ausmachen. Eine gesellschaftlich gerechte Dokumentation dieser

Zusammenhänge oder gar eine Beschreibung von Frauenzusammenhängen und Geschlechterverhältnissen gibt es immer noch nicht. Frauen gehören zu den »Verlierern«, und die verdienen nur eine marginale Überlieferung und genießen keine allgemein historisch festzuhaltende, gesellschaftliche Wertigkeit.

Die Prioritäten der geschichtlichen Überlieferung zusammen mit den Tendenzen der Unterschlagung oder des Verschweigens der Inhalte, seien sie nun revolutionsorientiert, sozialistisch, links oder gar feministisch, sind für mich deutlich.

Sie treffen alle die Person und die Arbeiten der Anna Blos, die nicht nur von der offiziellen Geschichtsschreibung vergessen wurde. Auch in der von der linken bis zur rechten Ecke reichenden sozialistischen Dokumentations- und deren Streitgeschichte wird sie gerne unterschlagen.

Diese mindestens dreifache historische Lücke in der Überlieferung und eine abwertende Umdeutungspraxis bezüglich ihrer Arbeiten und ihres politischen Mitagierens begründen die Schwierigkeiten, die Daten ihrer Biographie zusammenzufügen. Auch hier teilt sie das Schicksal vieler ihrer historischen Schwestern, die nun trotz des Defizits der Quellen dokumentiert werden, deren biographische Restdokumente in stimmigere Kontexte gesetzt werden müssen, um so in der Biographieforschung Rückschlüsse über »die« Frauen und ihren in diesem Fall revolutionär gesellschaftlichen Anteil machen zu können.

Hier will ich nun versuchen, die Biographie der Anna Blos, soweit ich sie nachvollziehen konnte, darzustellen. Die Kenntnis ihres Lebens dient dazu, ihre geschichtlichen Arbeiten zu relativieren. Leben und Werk einer der ersten »volksnahen« Historiographinnen können in einer Gegenüberstellung, aber auch im Aufzeigen ihrer Vorlieben für geschichtliche und aktuell politische Sujets deutlicher werden. Erschwert wird die Kontrastierung und Beschreibung nicht nur durch die geschichtliche Tradition des geschlechtsspezifischen und politisch begründeten »Vergessens«, sondern auch dadurch, daß im Dezember 1931 die im Stuttgarter Alten Schloß liegende Blos'sche Wohnung von einem Brand zerstört wurde, bei dem fast alle persönlichen Unterlagen und die große Bibliothek ein Raub der Flammen wurden.

Die biographischen Daten
Der Weg der Anna Blos von der Bewunderung der Großtante Antonia Tomasczewska[7] – sie kämpfte als Anführerin einer Reiterschwadron im Freiheitskampf der Polen 1830/31 gegen die Russen – zur sozialistischen Frauenpolitikerin

> *»Es ist doch recht schade, dass*
> *ich keine [Kinder] habe, ich wär*
> *sicher eine sehr gute Mutter geworden.*
> *Warum sind nur die Geschicke*
> *so ungleich verteilt?*
> *Die Mütter dieser Kinder sind doch*
> *schliesslich auch nicht so viel besser*
> *wie ich und haben alles, während ich*
> *einsam bei Seite stehen muss.«[8]*

Die lexikalischen Einträge über Anna Blos, geb. Tomasczewska, sind spärlich. Die Komplettierung ihrer Familiendaten ist mir aufgrund meiner Archivarbeiten im Bundesarchiv Berlin erst jetzt (1997) gelungen und wird hier im allerneuesten Stand wiedergegeben. Erwähnt wird ihre Mitgliedschaft bei der Verfassungsgebenden Nationalversammlung in Weimar in den Jahren 1919–1920, gewählt in Württemberg für die SPD. Berufsangabe ist: Oberlehrerin. Sie hat Glück, wenn ihr Mädchenname richtig geschrieben wird![9]

Geboren wurde Anna Tomasczewska am 4.8.1866 in Liegnitz[10] in Niederschlesien, dem Wohnsitz ihres Großvaters. Ihr Vater, der Oberstabsarzt Robert Tomasczewski (1839–1892), setzte die Familientradition des Arztberufs fort. Er war in Wahlstatt, Biebrich, Karlsruhe, Hannover und Görlitz stationiert. Verheiratet war er mit Marie Charlotte Schulz, die aus gutsituierten Familienverhältnissen in Oberschlesien stammte. Ihre Lebensdaten sind nicht mehr rekonstruierbar. Nach Anna kamen die Tochter Hedwig und der Sohn Egon zur Welt. Die Mutter muß früh, um 1870, verstorben sein. In ihrem Essay über Jenny Marx[11] schreibt Anna Blos in der einzigen autobiographischen Notiz zu ihrer Kindheit und Jugend, die ich je von ihr gefunden habe: »Frau Marx war die erste Frau, durch die ich die erzieherische Kraft und Macht der Frauen kennenlernte. Meine Mutter war so früh verstorben, daß ich von ihr nur schattenhafte, verschwommene Vorstellungen habe; und später fand ich mich auch – außer auf ganz kurze Zeit, und auch das in sehr früher Kindheit – von weiblicher Gesellschaft, die mich hätte emporheben und zur Milderung und Schleifung meines Wesens beitragen können, völlig ausgeschlossen. Ehe ich Frau Marx traf, hatte ich die Wahrheit des Goetheschen Wortes nicht begriffen: Willst Du genau erfahren, was sich ziemt, so frage nur bei edlen Frauen an! Sie war mir bald Iphigenia, die den Barbaren sänftigt und bildet, bald Eleonore, die dem mit sich Zerfallenen, an sich Zweifelnden Ruhe gibt – Mutter, Freundin, Vertraute, Beraterin. Sie war mir das Ideal eines Weibes, und sie ist es mir. Und – es sei hier wiederholt – wenn ich in London nicht zugrunde gegangen bin, geistig und körperlich, dann verdanke ich es zum großen Teile ihr, die, wenn ich dachte, in dem brandenden Ozean des Flüchtlingselendes zu versinken, mir wie Leukothea dem schiffbrüchigen Odysseus erschien und wieder Mut gab zu schwimmen.«[12] Rückblickend erhebt die Autorin 40 Jahre später das eigene Schicksal – in Analogie

zur griechischen Mytholgie – auf eine schöngeistige Ebene, die ihre damalige Hilflosigkeit um so deutlicher werden läßt. Vermutlich hat diese Flüchtlingsepisode ab 1881 stattgefunden. Das junge Mädchen war wohl von ihrer »höheren Töchterausbildung« aus dem Victoria Pensionat in Karlsruhe[13] ausgerissen, (hier findet sie sich nur in der Schülerinnenliste des Jahres 1880/81 in der vorletzten Klasse), sonst hätte sie die 1881 verstorbene Jenny Marx in London nicht mehr kennengelernt. Für das Schuljahr 1883/84 ist sie dann als Externe mit dem Wohnsitz Görlitz in der obersten Klasse des Prinzeß-Wilhelm-Stifts dokumentiert, dem ersten in Karlsruhe bestehenden Seminar für die Ausbildung von Lehrerinnen an Volks-, Mittleren und Höheren Schulen.[14] Im damaligen Frauenerziehungswesen für Töchter höherer Stände hatten beide Institute einen erstklassigen Ruf. Dann soll sie Geschichte, Literatur und Sprachen an der Berliner Universität studiert haben. Wann sie das genau tat, war nicht zu belegen. Die Zeit zwischen 1885 und 1902 käme dafür in Frage. Doch warum flüchtete sie nach London? Und wann und wo war sie in dieser Epoche als Lehrerin tätig?
In einer Art heimlichen Korrespondenz, einem Bündel von handschriftlichen Briefzetteln[15] aus Berlin, die an ihren Vertrauten Wilhelm Blos gerichtet sind, – ich konnte sie auf das Jahr 1903 datieren – spricht die noch Unverheiratete von einer schweren Krankheit, von einem Aufenthalt in Hirschfeldau bei der stiefmütterlichen Familie[16], von geplanten Publikationen, aber nicht von einer Lehrerinnentätigkeit. Als sie 1905 nach Stuttgart zieht und Wilhelm Blos nach dessen zweiten Scheidung (1905) am 4.10.1905[17] in Weinheim heiratet, ist sie unter dem Namen Blos als Journalistin der sozialistischen Schwäbischen Tagwacht, der von Clara Zetkin herausgegebenen »Gleichheit« und vielen anderen deutschen Zeitungen und Zeitschriften zu finden. Als Lehrerin betätigt sie sich hier ebenfalls: Vor dem Ersten Weltkrieg hielt sie innerhalb der

SPD kostenlose Kurse in Rechtschreibung und Stilistik für die parteilich organisierten Jugendgruppen[18] ab und arbeitete ab 1919 nach Gründung der Volkshochschule Stuttgart von Anfang an im Bereich der dortigen Frauenabteilung mit. Daß sie in Berlin innerhalb der bürgerlichen Frauenbewegung tätig war, kann ich nicht bestätigen.

Es ist dagegen offensichtlich, daß Wilhelm Blos ihr sozialistischer Mentor war. Wie sie selbst bekennt, »bedeutete für sie die Bekanntschaft mit dem hochbedeutenden Gatten Befreiung aus einseitiger Erziehung und vorurteilsvoller Umgebung.«[19] Sie war in einer Zeit zur SPD gekommen, in der eine Parteizugehörigkeit zwar nicht mehr aufgrund der Sozialistengesetze[20] verfolgt wurde und in der die Mitgliederzahlen stiegen. Die Partei verbreitete aber immer noch Revolutionsfurcht: »Das Sozialistengesetz, geschaffen, um eine der größten sozialen Umwälzungen, die die Welt erlebt hat, zu vernichten, diente nur dazu, diese Bewegung zu stärken, zu vertiefen. Und die Frauen, die all die verheerenden Wirkungen am eigenen Leib erfuhren, wurden Mitwisserinnen, Mitkämpferinnen [...]. Und die Männer lernten den Wert dieser Gefährtinnen schätzen, die einsprangen im Kampf um Erwerb, die Haupthilfskräfte der Agitation wurden. Das Verbotene reizt, und so besuchten lerneifrige Frauen die Männerversammlungen in Männerkleidung oder erzwangen sich als geschlossene Masse Eintritt. Für die Proletarierin galt nun nicht mehr das Reich, das man ihr aufzwingen wollte in Kirche, Küche, Kinderstube. Die Pflichten trieben sie heraus aus diesem Reich, und sie erkannte, daß sie, die Verfolgte und Unterdrückte, nur durch die politische Partei der Entrechteten zu Rechten gelangen konnte.« So schreibt sie 1930 im Kapitel »Die Geschichte der sozial demokratischen Frauen Deutschlands«.[21]

In diesem viel zu wenig bekannten Abriß der proletarischen Frauenbewegung, dokumentiert sie die Arbeiterinnenbewegung von ihren Anfängen bis zum Ersten Weltkrieg, beschreibt die nicht immer leicht erkämpfte und durchzuhaltende Stellung der SPD-Frauen innerhalb der Partei in Theorie und Praxis, beleuchtet die gesellschaftlichen Verhältnisse besonders auch in ihrer Frauenfeindlichkeit.[22] Am Ende hält sie fest, daß: »Zu den Namenlosen, die in jener Zeit verzweifelten Kampfes die größten Opfer gebracht haben, [...] auch unendlich viele Frauen«[23] gehören. Es sei nur am Rande erwähnt, daß auch Wilhelm Blos nicht zurücksteht, die Rolle der Frauen während der Verfolgungszeit zu dokumentieren. Aber es klingt gemächlicher und fast schon nostalgisch verklärt, wie er in seinen »Denkwürdigkeiten eines Sozialdemokraten« den »zuverlässigen Wachtdienst« der Frauen am Beispiel der im Wald des Kappelbergs illegal abgehaltenen Landesversammlung der württemberigschen Sozialdemokratie und »bei sehr vielen geheimen Versammlungen« beschreibt.[24]

Obwohl Anna Blos ebenso wie ihr Mann dem gemäßigten Flügel der SPD angehörte – den sogenanten Mehrheitssozialisten – trug sie den Widerstand gegen die gesellschaftlichen Verhältnisse klar und eindeutig mit. Der Frauenpolitik mit den Schwerpunkten Gleichberechtigung, Verbesserung der Bildungsmöglichkeiten und Wahlrecht für Frauen galt ihr Hauptinteresse. Ihre Mitarbeit bei der »Gleichheit« wurde erst durch die »Radikalisierung« Clara Zetkins schwierig, die sie immer wieder um Beiträge zu kommunalen Schulfragen und zur Frauengeschichte aufgefordert hatte: »Aus persönlicher Erfahrung kann ich betonen, daß die Arbeit mit Clara Zetkin als Schriftleiterin sehr angenehm war [...], als sie nach Kriegsende die Haltung meines Mannes heftig angriff, stellte ich meine Mitarbeit ein.«[25] Hiermit umschreibt sie, daß die Regierung Blos nicht uneingeschränkt getragen wurde. Und dies besonders von Seiten der USPD, zu der Clara Zetkin inzwischen gehörte und deshalb von der SPD der Redaktion der Gleichheit enthoben worden war. Wilhelm Keil (1870–1968), der sich als SPD-Politiker 1918 an die Spitze der revolutionären Bewegung gesetzt hatte, äußerte sich zu dem auch heute noch umstrittenen Thema der Regierungsbildung so: »Frau Blos war Mitglied des Landesvorstandes, ihr Mann gehörte keiner der hier vertretenen Körperschaften an. Man ließ den erfahrenen Mann jedoch gerne mitberaten in diesem Kreis [...]«.[26] Blos war nicht gerufen worden, er war einfach im richtigen Augenblick da. »Er stimmte der Errichtung einer provisorischen Regierung zu und mahnte, dafür zu sorgen, daß die öffentliche Gewalt, die der Bewegung in den Schoß gefallen sei, nicht wieder von den anderen an sich gerissen werde. Es wurde nicht mehr lange geredet. Man schritt zur Tat.«[27] Wilhelm Blos wurde zum Ministerpräsidenten[28] gewählt, nachdem er ein halbes Jahr lang Chef der provisorischen Regierung gewesen war. Um die Zerstrittenheit der Linken jener Nachrevolutionszeit zu vermitteln, hier noch ein Zitat aus dem Lebensbericht von Ferdinand Hoschka (USPD, Jahrgang 1872): »Mit zittrigen Worten sagte der alte Herr [Wilhelm Blos] zu. Es war das ein Teil des großen Verhängnisses jener Tage. Seine Hauptleistungen als Staatspräsident waren schnoddrige Bemerkungen gegen uns von der USPD, wofür er stets den Dank der Bürgerlichen erntete. Im Übrigen war er eine Puppe anderer Leute und eine Puppe seines ruhmsüchtigen Weibes Anna Blos ...«[29] Daß Anna und Wilhelm Blos sich inmitten der Sozialisten oft nicht anerkannt wußten, wird hier und auch noch in späteren Zeugnissen deutlich. Anna Blos »blieb« sicher, wie das DDR-Lexikon der Geschichte der deutschen Arbeiterbewegung noch 1970 für Wilhelm Blos orthodox klassenkämpferisch konstatiert, »in kleinbürgerlich-demokratischen Vorstellungen befangen«,[30] das heißt, ihre gepflegte Häuslichkeit, ihre Bildung, ihre »jourfix« mit Musikern, Literaten und Politikern waren für sie in ihren sich wechselnden Wohnungen in Cannstatt, in Degerloch, dann von 1919–1933 im Alten Schloß – wie für Clara Zetkin in ihrem Haus in Sillenbuch – neben dem sozialen/sozialistischen Engagement der notwendige Rahmen. Ein

Refugium, das es der oft kränkelnden, zarten Frau ermöglichte, neben der aufreibenden politischen und journalistischen, eher analysierenden Tätigkeit, Gastfreundschaft, Kultur und Herzlichkeit miteinander zu verbinden.

Ihre politische Karriere zeigt aber auch, daß sie gerade wegen dieser »bürgerlich gebildeten« Qualitäten, trotz ihrer frauenpolitischen Militanz ein ausgeprägtes Gespür für politische Möglichkeiten und verbindliche Strategien hatte und wohl auch deswegen nicht nur innerhalb der SPD reüssierte: Sie wurde als erste Frau im deutschen Reich 1910 Ortschulrätin in Stuttgart und agierte tatkräftig als Aufsichtsbeamtin im Bereich der »Volks«schulen[31], war in der Schulverwaltung erfolgreich in der Bekämpfung der Mißstände, die von Krieg und Armut der Bevölkerung herrührten und forderte bessere Bildungschancen.

Sie engagierte sich in der Kriegsfürsorge, für Kriegerheimstätten, war seit 1918 Gründerin und Vorsitzende des Verbands Stuttgarter Hausfrauen und hat über diese Funktion zum Beispiel beim Finanzministerium erreicht, daß gleich nach Kriegsende und nach der Auflösung des Hofhaushalts die Hofküche für hauswirtschaftliche Kurse schulentlassener Volksschülerinnen oder arbeitsloser Mädchen genutzt werden konnte. Für eine monatliche Kursgebühr von 30 Mark wurde dort ausgebildet, waren die Absolventinnen versichert und verköstigt.[32]

In der verfassungsgebenden Nationalversammlung war Anna Blos als einzige aus Württemberg gewählte Frau eine von 19 Frauen der 165 Mitglieder starken SPD Fraktion, die fast 40 Prozent der Stimmen auf sich vereinte (USPD 3 Frauen bei 22 Mitgliedern und 7,6 Prozent Stimmenanteil), war Mitglied des Ernährungsbeirats und der Deutschen Wohlfahrtsstelle in Berlin.

Breitgefächert waren weiterhin ihre kommunal(kultur)politischen Aktivitäten. Sie unterstützte als Mitglied den »Rat der

geistigen Arbeiter und Arbeiterinnen« in Stuttgart, den »Württembergischen Goethebund« usw. Ihre frühere Mitarbeit im »Württembergischen Verein für Frauenstimmrecht« und im »Propagandausschuß zur Aufklärung über das Frauenwahlrecht« war ja nun seit 1918 von Erfolg gekrönt und konnte auf andere frauenpolitsche Schwerpunkte umgelenkt werden.
Als die Nationalsozialisten sich der Regierung bemächtigt hatten und frauenpolitische Aktivitäten im Keim erstickten, war Anna Blos seit langem schwer krebskrank. Noch im Krankenhaus aber erkannte sie über Zeitungslektüre und in Gesprächen mit ein paar wenigen Getreuen sehr klarsichtig die Zeichen der Zeit. Sie ist am 27. April in 1933 Stuttgart gestorben. An ihrem 60. Todestag wurde sie auf Beschluß des Stuttgarter Gemeinderats die Namensgeberin des 114 Meter langen Anna-Blos-Wegs, einer Sackgasse, im Stuttgarter Osten ...

Anna Blos – Gedanken zur Frauen- und Revolutionsbewegung und der Märzrevolution im besonderen – aus gegebenem Anlaß

Während ihres Wahlkampfs für die Nationalversammlung Ende 1918 hat Anna Blos immer wieder versucht, ihr Publikum für die Wichtigkeit frauenpolitischer Aufgaben zu »agitieren«, indem sie die lange Tradition der revolutionären Mitarbeit von Frauen darstellte. Im Bundesarchiv Berlin liegt im Anna-Blos-Nachlaß eine Mappe mit der Beschriftung: »Frau Staatspräsident Blos«. Darin befindet sich unter anderem eine maschinengeschriebene Wahlkampfrede, deren Anfang ich zitieren möchte, um mit der dort kurzgefaßten Definition des Komplexes »Revolution und Frau« ihre Ansichten darzulegen. In ihren beiden »Revolutionsbüchern« über die 48er Frauen[33] und die Sozialistinnen[34] vertritt sie diesselbe These, allerdings ausführlicher belegt und unterfüttert: »Die schwere Zeit, die wir durchlebt haben, hat den deutschen Frauen ein unerwartetes Geschenk gebracht: Das Wahlrecht, um das sie so lange gekämpft haben, ist ihnen schon am Tage der Revolution gegeben worden.

Alle früheren Revolutionen waren bürgerliche Revolutionen, darum hat man niemals das weibliche Geschlecht dabei bedacht. Die Französische Revolution war eine Revolution des Bürgertums gegen Aristokratie und Kirche. Nur wenige Frauen rührten sich und verlangten ihr Recht, trotzdem eine ihrer Führerinnen die Forderung stellte: die Frau ist frei geboren und den Männern an Rechten gleich.«

Anna Blos kannte – wie sich hier schon zeigt – die ersten weiblichen Revolutionstheoretikerinnen und -praktikerinnen der verschiedensten »couleurs«, angefangen von Olympe de Gouges,[35] von der das letzte Zitat stammt, über die amerikanischen Vorkämpferinnen – sie nennt beispielsweise Mercy Otis Warren und Abigail Smith Adams[36], die sich unter anderem für eine schriftlich fixierte weibliche Gleichberechtigung in der amerikanischen Verfassung einsetzten – über die englische Wortführerin Mary Wollstonecraft[37] mit ihrem Werk »Verteidigung des Rechts der Frauen«, über Mme de Condorcet,[38] bis zu Rosa Lacombe,[39] die den Zug der Frauen nach Versailles mitanführte und zu den »Enragés« den extremen Sozialisten gehörte und in ihrer Nachfolge Flora Tristan,[40] die Gründerin der ersten Arbeitervereine in Frankreich, um nur einige zu nennen.

Mit einem Zitat des Staatsrats Hippel[41]: »Frankreich, das alles gleich macht, hat das weibliche Geschlecht vergessen,« belegt Anna Blos des weiteren ihre Kenntnis der weiblichen Emanzipations- und Bildungsgeschichte und folgert daraus: »Die bürgerlichen Frauen überliessen den Kampf um den Erwerb dem Mann, zogen sich im Haus zurück und haben deshalb wenig oder kein Interesse an Politik. Auch die Revolution von 1848 war eine bürgerliche Revolution. Hier erhob Frau Luise

Otto ihre Stimme und verlangte für die Frauen das Recht und die Pflicht, an den Interessen des Staates teilzunehmen, und Malvidia von Meysenbug verlangte eine bessere Bildung für die Hausfrauen und Mütter, damit sie bessere Staatsbürgerinnen würden, aber auch damals dachte man der Frauen nicht.
Das 19. Jahrhundert, das Jahrhundert der Maschine wurde auch das Jahrhundert der Frau. Die Maschine trieb die Frau aus dem Haus. In dem Erwerb mit dem Mann zusammen wurde die Arbeit Unterdrückerin der Frau, und die Frau war bereit, überall unter den schlechtesten Arbeitsbedingungen mit der geringsten Bezahlung zufrieden zu sein. Aber die Arbeit, die Unterdrückerin der Frau, brachte ihr Erwachen und Sinn für Organisation. Auch in der Frau begann sich die Sehnsucht nach Freiheit zu regen.
Seit fünfzig Jahren führen Sozialdemokratie[42] und Gewerkschaften den schweren gemeinsamen Kampf um die Befreiung der Geschlechter. Der Ausbruch des Krieges 1914 schien die wenigen Erungenschaften zu zertrümmern. [...] Vielleicht war dieser Krieg nötig, um die Freiheit herbeizuführen, in der die Sehnsucht nach Frieden und Freiheit des Volkes sich erfüllen sollte.
Diese Revolution ist eine Volksrevolution. In ihr zeigt sich die Grösse unseres Volkes, denn fast überall verlief die Revolution unblutig. Hier wurden nicht Frauen zu Hyänen, sondern sie halfen, die Ordnung aufrecht zu erhalten. Aber weil es eine Revolution des Volkes war, brachte sie auch den Frauen die Befreiung. Man kann nicht mehr mit den alten Märchen kommen, die Frauen gehörten ins Haus. Schon vor dem Krieg waren 9 Millionen Frauen erwerbstätig; während dieser Zeit ist diese Zahl auf 12 Millionen gestiegen. Auch die Heimarbeit entreisst die Frauen der Familie, denn bei der schlechten Bezahlung wird das Heim nicht nur Wohnung, sondern auch Werkstätte und Kinderstube, und selbst die Kinder werden zum Erwerb herangezogen. Aber die Arbeit hat zur Folge, dass

die arbeitenden Frauen auch politisch weit aufgeklärter sind als die bürgerlichen Frauen. Der neue Staat ist ein Volksstaat. Man stellt ihn sich am besten vor als ein grosses Haus mit vielen Wohnungen. Im Haus hat die Frau die Aufgabe für Ordnung und Behaglichkeit zu sorgen. Das wird auch ihre Aufgabe im Volksstaat sein.«[43]

Soweit Anna Blos, der es – wie wir sehen – überaus wichtig ist, zu betonen, daß die revolutionäre Teilnahme der Frauen 1918 »unblutig« und gewaltlos war. Deren revolutionäres Gewissen scheint emanzipiert, mit dem diskriminierenden Schillerschen Topos der »Weiber, die zu Hyänen« wurden, können sie nicht mehr desavouiert werden. Die Wahlrednerin führt im weiteren auf, in welchen Bereichen Frauen neben den »klassischen« Rollenverpflichtungen im Berufsleben neu zuzulassen sind. Sie meint, hauptsächlich in der Bildung und im Sozialbereich seien sie wichtig: »Die Politik des Volksstaates ist Sozialpolitik, darum ist sie eine Friedenspolitik. Der Volksstaat will Ordnung im Innern, deshalb will er Frieden. Der Volksstaat will die rechtliche Gleichheit aller, darum will er Freiheit. Der Gedanke des Völkerbundes ist ein sozialistischer Gedanke. Weil wir international sind, darum sind wir national. Jetzt sind die Frauen wählbar und haben das Wahlrecht.«[44] Im Klassenstaat sei die Frauenbegabung unterdrückt worden, konstatiert sie: »Es ist kein Zweifel darüber, dass nur die Sozialdemokratie dem Volke selbst helfen will.«[45]

Und damit den Frauen des Volkes, muß wohl in ihrem Sinne hinzugesetzt werden. Doch wer konstituiert das »Volk«? Anna Blos läßt in ihren Ausführungen, bedingt auch durch die einfache Logik einer Wahlrede, einiges aus. Die sogenannten »bürgerlichen« Revolutionen 1789 und 1848 sind ja nicht über einen Kamm zu scheren, sondern sind über den historisch gewordenen, unterschiedlichen Bürgerstand zu definieren. In Frankreich hatten andere Bürger und Bürgerinnen gegen Aristokratie und Kirche opponiert als die schon länger mit dem

Begriff der Revolution vertrauten Bürgerschaft der 1848er Generation.
In Frankreich war 1789 über die Abschaffung der Feudalordnung und die Bauernbefreiung der Weg vom Ständestaat zum Klassenstaat initiiert worden. Die Erklärung der Menschenrechte, die persönliche Freiheit (liberté), Rechtsgleichheit (égalité) und Weltbürgertum (fraternité) zumindest für den männlichen Menschen einklagte, hatte nicht nur als Idee die Zughörigkeit des Dritten Standes zur Nation im Sinn, sie ist der Anfang der bürgerlichen Gesellschaft im modernen Sinne. Die Aufhebung der ständischen Privilegien bedeutete, daß nunmehr jeder »citoyen«, aber viel weniger die »citoyenne«, als unmittelbar zum Staat gehörig gelten oder zumindest gedacht werden müssen. Daß das weibliche Geschlecht zwar mitagierte, nicht nur im Zug der sogenannten »Fischweiber« die »masse« mit konstituierte, aber dann nichts mehr zu sagen hatte, pointiert Anna Blos mit Recht.
Die Nation als bürgerliche Gesellschaft kann für Sozialisten und Sozialistinnen seit Marx als »mythischer Hoffnungsträger, als revolutionäres Subjekt nicht mehr gedacht werden,«[46] da seit 1789 die politische Emanzipation der bürgerlichen Revolutionen nur die Entzweiung von Staat und Gesellschaft hervorgebracht hat, nicht aber die Menschen von ihren realen Fesseln befreite.[47] Auch 1848 war dies nicht zu erreichen, weder von den sogenannten Radikalen, den Kleinbürgern und den Bauern, die zumeist für eine Nation als demokratische Republik kämpften, noch vom liberalen Besitz- und Bildungsbürgertum, das nicht einmal die Nationalversammlung dauerhaft umzusetzen vermochte. Die »menschliche Emanzipation stand« noch aus, sie wird nach Marx und Engels als soziale Revolution verstanden.[48]
Die Anfänge einer solchen Verwirklichung durch die »Revolution des Volkes« hat Anna Blos zumindest kurzfristig um 1918/1919 gesehen. Dieses »Volk« nennt sie nicht analog der

marxistischen Ideologie »Proletariat« und definiert es auch nicht als Negation der bürgerlichen Werte. Im Volk geschieht – so Anna Blos – die soziale Umwälzung durch die Arbeiter und noch mehr durch die Arbeiterin, die endlich über ihre Arbeit, das Haus verlassen und so ihre Pflichten und Rechte im »Volks«staat einbringen kann. Und ihn stellt sie sich in der internationalen Völkergemeinde als friedliebende, sozialgerechte Nation »wie ein großes Haus mit vielen Wohnungen« vor.

Daß dieser »Volks«staat und damit die Lösung der »Frauenfrage« ihrer Meinung nach nur über die Sozialdemokratie zu bewerkstelligen ist, sagt sie deutlich genug. Umso mehr war sie in der Folge auch vom Mißlingen der Weimarer Republik und des sozialistischen Anteils besonders im Bereich der Frauenpolitik enttäuscht und zog sich wie ihr Mann auf das Altenteil und in die »Geschichtsbeschreibung« zurück, einer Geschichtsschreibung, die den Versuch unternimmt, im Erinnern gesellschaftliche Zusammenhänge »gerecht« zu beurteilen und Machtverhältnisse objektiv darzustellen.

In dieser Zeit ist ihr Buch, »Frauen der deutschen Revolution 1848«[49] entstanden und wurde 1928 veröffentlicht. In zehn Lebensbildern würdigt die Autorin das indirekte und direkte politische Engagement der von ihr beschriebenen Frauen. Hier wirkt sie ganz einig mit sich selbst, streut eigene Lebensweisheiten ein und sieht ihr eigene Biographie durch die beschriebenen Schicksale bestätigt. Sie erinnert an Louise Otto-Peters, Mathilde Franziska Anneke, Luise Aston, Malvida von Meysenbug, Johanna Kinkel, Jenny Marx, Emma Herwegh, Amalie Struve, Wilhelmine Schröder-Devrient[50] und Marie Kurz und schildert diese Frauen, die fast ausschließlich aus dem gebildeten Bürgertum stammen, als Mitkämpferinnen der Männer für »das höchste Ideal der Menschheit, für die Freiheit, nicht nur ihres Geschlechts, sondern auch für die Freiheit des Volkes, ja der ganzen Menschheit.«[51] Sie will mit diesen bekannteren Frauen aber auch das »große Heer der Unbekannten, Ungenannten« nennen: »Achtzig Jahre sind vergangen, seit die Sturmglocken von 1848 in Deutschland läuteten. Was wir an Freiheit errungen haben, wäre nicht möglich gewesen, wenn damals nicht unter schwersten Opfern die Wege gebahnt worden wären für die neue Zeit. Am Bahnen dieser Zeit haben auch die Frauen von 1848 geholfen.«[52] Dabei ist sie immer bemüht, die von ihr beschriebenen, durch bürgerliche oder sogar adlige Privilegien geschützte, aber auch behinderte Frauen, die zumeist über ihre Männer »politisch-revolutionäre« Außenseiterinnen wurden, zum Beispiel Jenny Marx[53], Johanna Kinkel[54] oder Marie Kurz[55] (als einzige Württembergerin) als seelenvolle und außergewöhnliche Ehe- und Hausfrauen, fast als überirdische Wesen zu stilisieren und zu verklären. Valentin Veit, der in seiner zweibändigen Geschichte der deutschen Revolution von 1848/49 »der deutschen Frau«, die die »Revolutionszeit, mindestens zu Beginn, als die Eröffnung neuer Möglichkeiten«[56] empfand, immerhin fünf Seiten widmete, hat diese Sicht der Dinge nicht zuletzt auch von Anna Blos übernommen: »Vielleicht darf man die Zeit bis 1850 als die erste große Heldenzeit der deutschen Hausfrau bezeichnen. Später wurde der Typus einer häuslich schaffenden, alles anpackenden mütterlichen Frau viel seltener, die dazu noch ihren Kindern Schillersche Gedichte vorsprach und dem Manne die Korrekturen las oder die Bücher führte.«[57]

Im Vergleich damit vergißt Anna Blos nicht, trotz dieses, auch von ihr so idealisierten Frauenmodells, zu betonen, daß die individuelle Ausformung – die »Rebellennatur« dieser doch sehr verschieden agierenden Frauen – einen Rollenbruch mit dem damaligen »normalen« Frauendasein begünstigten. Diejenigen ihrer beschriebenen »Revolutionärinnen«, die weniger durch ihren sozialistischen oder demokratisch republikanischen Umkreis gesellschaftliche Abwertung erlebten, sondern durch ihre Alleinleben – sei es als Junggesellin oder in freier

Kameradschaft wie Malvida von Meysenbug[58], nach mehrmaligen Scheidungen wie Luise Aston[59], als Barrikadenkämpferinnen, Mitkämpferinnen oder Miteingekerkerte wie Mathilde Franziska Anneke[60], Amalie Struve[61] oder Emma Herwegh[62], stellt sie ganz selbstverständlich, ohne Rücksicht auf die offizielle verächtliche Rezeption, als besonders tapfer und würdevoll dar.

Auch hier folgt Valentin der realistischen Einschätzung der Historiographin Anna Blos, deren Anliegen es auch war, die von ihr geschilderten Außenseiterinnen nachträglich emanzipatorisch zu unterstützen: »Immer wieder war ja der Gedanke eines neuen Frauenrechts von einer doppelten Phalanx bedroht, die aber auf eine merkwürdige Weise einheitlich operierte: Von der Meinung des Durchschnittsmannes, der, halb mitleidig, halb zynisch, im Bewußtsein unerschütterlicher Überlegenheit sich solche Bestrebungen anschaute, und von der Meinung der Durchschnittsfrau, die aus der Geborgenheit sicheren Ehe- und Familienstandes das Streben der Mitschwestern mit einer Mischung von Verachtung und Eifersucht bekrittelte.«[63]

Die Historiographin ist angesichts solcher festverankerter Abwertungen immer darum bemüht, auch bei den von ihr geschilderten Außenseiterinnen, die Qualitäten einer von ihr als genuin erkannten Weiblichkeit aufschimmern zu lassen: »Trotz der Entschiedenheit im Handeln, trotz dem männlichen Mute, fehlt es ihr [Emma Herwegh] nicht an sanfteren Tugenden des Weibes. Sie war eine treffliche Gattin und zärtliche Mutter, [...]. Als die Legion der Deutschen aus Paris über den Rhein ging, zogen Herwegh und seine Frau an ihrer Spitze [...]. Letztere in Männerkleidung. Sie trug schwarze Tuchpantalons und eine schwarze Sammetbluse mit einem Ledergürtel, in welchem zwei Terzerole und ein Dolch steckten, wahrscheinlich um den Dichter zu beschützen, der nur eine Doppelpistole mit sich führte [...]. Als Kopfbeckung trug Frau Herwegh einen breitkrämpigen schwarzen Hut ohne Kokarde oder Feder.

Das blondbraune Haar war nach Männerweise geordnet. Ihre äußere Erscheinung war nicht eben auffallend; [...] man hielt sie für einen halbwüchsigen Jungen.«[64]

Alle diese Frauen wirkten für Anna Blos in der Familie und über die Familie hinaus, so wie sie es am Beispiel der selbstlosen, nie verheirateten Erzieherin und Idealistin Malvida von Meysenbug zeigt, »im schönsten Sinne des Wortes, erfüllt von einem reinen Wollen und dem unablässigen Bemühen, dieses Wollen zur Tat werden zu lassen.«[65]

Anna Blos besingt diese Frauen in pathetisch rührendem Ton. Sie beginnt den Reigen mit Louise Otto-Peters[66], die hier als Beispiel ihrer biographischen Arbeit stehen soll. Sie hat klassenübergreifend am deutlichsten die Forderung nach Demokratie und Frauenrechten vertreten und ebenso wie Anna Blos selbst, die Arbeiterinnen nicht vergessen: »Bei Luise Otto, der Lerche der deutschen Frauenbewegung, ist es besonders bemerkenswert, daß der Ausgangspunkt ihres Kampfes die traurige Lage der damaligen Arbeiterinnen war und daß sie die Befreiung des weiblichen Geschlechts von der Arbeiterschaft erwartete, trotzdem deren Organisation in der vormärzlichen Zeit noch eine verhältnismäßig geringe Rolle spielte. Das ist um so bemerkenswerter, als Luise Otto selbst bürgerlichen Kreisen entstammte und die Kluft zwischen diesen und der Arbeiterschaft noch sehr viel größer war als heute.«[67] So Anna Blos am Beginn dieses Lebensbildes, in dem sie exemplarisch einen weiblichen Werdegang aufzeigt, der, geprägt von persönlichen Mut und sozialer Neugierde, auf dem Weg zur eigenen Emanzipationsentfaltung auch politische Emanzipation ist, – der trotz der Geschlechterungleichheit die weibliche Pflicht zu staatlicher Mitarbeit einklagt und sich immer wieder dafür einsetzt, daß auch Arbeiterinnen »unter gleichen Verpflichtungen gleiche Rechte« besitzen sollten. Und nicht zuletzt, daß Männer und Frauen gleichberechtigt sind. Für die Journalistin, Schriftstellerin und Lyrikerin Louise Otto-Peters war diese Pflicht trotz aller Rückschläge lebensbestimmend. Die von ihr begründete »Deutsche Frauenzeitung«, die als erste Frauenzeitung gelten kann und mit dem Motto: »Dem Reich der Freiheit werb ich Bürgerinnen« die Vorstellungen der Herausgeberin deutlich macht, wurde ebenso ein Opfer der Reaktion wie viele ihrer Hoffnungen und ihrer Freunde: »Robert Blum wurde in Wien erschossen. Nach dem Maiaufstand in Dresden und der Erhebung in Baden und der Pfalz kam im Juli 1849 der Fall Rastatts. Die Reaktion setzte aufs schärfste ein [...]. Auch Luise Otto traf das Los, aus vielen Städten ausgewiesen zu werden.«[68]

Anna Blos sieht und findet in der Biographie Louise Otto-Peters viele Parallelen zu ihrem eigenen Leben. Jahrelang muß Louise Otto auf ihren späteren Mann August Peters warten, der als Freischärler sieben Jahre im Zuchthaus saß: »Die Einsamkeit füllte die tapfere Braut durch eifrige historische Studien aus.«[69] bis Peters 1858 entlassen wurde. In Leipzig gründete Peters dann die demokratische »Mitteldeutsche Volkszeitung«, an der Luise Otto, nun verheiratete Peters, laut Anna Blos »mitarbeitete« und »besondere Artikel über Frauenfragen« verfaßte. Der heutige Forschungsstand bezeichnet diese Mitarbeit als Mitherausgabe der Zeitung.

Mit dem Tod Peters ist die biographische Würdigung durch Anna Blos fast abgeschlossen. In einem letzten Absatz streift sie nur kurz die weitere Karriere ihrer Protagonistin von der ersten Frauenkonferenz in Leipzig bis zur Gründung des »Allgemeinen Deutschen Frauenvereins« 1865. Mit dem lapidaren Satz: »Der politischen Auffassung der Frauenfrage wurde Luise Otto-Peters in diesem Verein mehr und mehr entrückt«,[70] charakterisiert Anna Blos diese Fraueninteressen bündelnden Aktivitäten der vom Schicksal nicht geschonten Louise Otto-Peters und unterschlägt, daß dieses Datum, die Trennung der »bürgerlichen« von der »proletarischen« Frauenbewegung bedeutet.

Auch wenn die »Brille« der Historiographin Anna Blos eine heute geforderte wissenschaftliche Sachlichkeit und geschichtliche Unparteilichkeit verschwimmen läßt, werden biographische Details und gesellschaftliche Zusammenhänge trotz des Rasters des angewandten Wertesystems deutlich, machen erzählend lebendig vertraut mit vergessenen Schicksalen, entdecken aber auch in der wohlmeinenden Distanzlosigkeit der Autorin deren eigene Verwobenheit in diese, auch 80 Jahre später immer noch gültige von ihr aufgezeigten bürgerlichen Ideale und Zwänge, mit denen sie sich wohl selbst auseinanderzusetzen hatte. Vor allem in der Ehe sieht sie die Natur der Frau gestützt und gefordert: »Und doch, erst wenn die Gattin Freundin und Geliebte ist, verwirklicht sich das Ideal der Ehe. Denn dann erst ist die Ehe, was sie sein soll, Verschmelzen von Leib und Seele, kein Nebeneinanderleben. Die wahre Ehe kann auch der Tod nicht scheiden.«[71] Oder als Abgesang im Lebensbild der Luise Aston: »Daß die Ehe, aber das Höchste sein kann, wenn Herz und Geist sich finden im Verhältnis der Geschlechter, zu diesem Ergebnis war auch die Dichterin der freien Liebe gekommen.«[72]

So zeigt sie mit sich selbst, die sie durch ihre Herkunft zwar eingeengt, aber doch in ihrer Bildung privilegiert war, im Werben für eine geschichtliche Beachtung der Frauen einen schöngeistigen Weg auf, der in ihrem Fall in die politische Arbeit mündet: Nämlich der »Agitation« für die »neue« Rolle der Frauen im Volk, der Arbeiterinnen. Besonders für sie forderte sie das Recht auf Gleichberechtigung, Bildung, Arbeit, Wohnen und Familienplanung. Für sie mühte sie sich öffentlich und in der – trotz aller frauenemanzipatorischer Anstöße – patriarchalisch bestimmten Parteihierarchie, ohne wirklich zu ihnen, geschweige denn zu den gesellschaftlich Einflußreichen zu gehören. Für die Politikerin Anna Blos war diese Erfahrung sicherlich schmerzlich, für die Historiographin jedoch war sie eine wichtige Voraussetzung. Sie konnte sich so

– ohne in die aktuelle Politik verwickelt zu sein – an der Dokumentation einer weiblichen – auch weiblich revolutionären – Traditionsbildung versuchen, um hier, im Aufzeigen der gesellschaftlichen Bedingungen und Zwänge, die Teilhabe an politischen »Räumen« und »Epochen« für Frauen zu proklamieren. Das müßte ihr einen Platz in der noch jungen Tradition geschichtsschreibender Frauen sichern – trotz oder wegen – vieler ihrer subjektiven Deutungen.

»Wenn nicht die Leidenschaften der Lebendigen die Schatten erglühen lassen«

Geschichte und Erzählung im Werk Ricarda Huchs

Von Heide-Marie Lauterer

Ricarda Huchs Werk »Alte und neue Götter« erschien erstmalig 1930 im Atlantisverlag in Berlin und Zürich. Die Dichterin hatte den Titel einem Wort Heinrich Heines entnommen, der 1830 während der Julirevolution der französischen Bourgeoisie prophezeit hatte, sie werde abdanken müssen, um den Weg freizumachen für die unteren Klassen. Diese würden dann mit »einem klareren Bewußtsein, mit neuen Doktrinen, mit neuen Göttern, mit neuen Erd-und Himmelskräften« an deren Stelle treten.[1] Der Metapher der Überschrift hatte Huch den erklärenden Untertitel hinzugefügt: »Die Revolution des 19. Jahrhunderts in Deutschland.«

Noch im letzten Kriegsjahr 1944 veröffentlichte der Verleger Martin Hürlimann, der seit 1931 alle Werke Huchs im »Atlantisverlag« herausgab, in Zürich das Buch erneut. Ein Jahr später, nach Kriegsende, bemühte sich Hürlimann noch einmal um eine deutsche Neuausgabe. Da die deutsche Dependance des Verlags inzwischen von Berlin nach Freiburg in der französischen Besatzungszone verlegt worden war und die französische Militärregierung von Ricarda Huch verlangte, das Werk von allen franzosenfeindlichen Äußerungen zu säubern, mußte der Plan scheitern.[2] Ricarda Huch lehnte ab. Nicht nur, weil die

berühmte Dichterin dieses Ansinnen als unzumutbar empfinden mußte,[3] sondern weil – wie ich zeigen werde – diese Auflage den Inhalt und die politische Tendenz ihres Werkes entscheidend verändert hätte. Hürlimann übertrug schließlich dem Verlag Kiepenheuer und Witsch in Köln in der britischen Besatzungszone die Lizenz für eine Neuausgabe. Sie erschien im Jahre 1948, dem hundertsten Jahrestag der 1848er Revolution. Ricarda Huch hatte für die Neuauflage den vormaligen Untertitel zum Haupttitel bestimmt und »1848« hinzugesetzt. Mit der neuen Überschrift: »1848. Die Revolution des 19. Jahrhunderts in Deutschland.« stellte sie einen Bezug auf das Säkularjahr der Revolution her, der ursprünglich nicht ihrer Absicht entsprochen hatte. Der Titel vermied aber auch jegliche Anklänge an eine wagnerianische Diktion, an die Götterdämmerung des Dritten Reiches, die die Metapher von den »alten und neuen Göttern« in der Nachkriegszeit nahegelegt hatte.
Aus Anlaß der Hundertjahrfeier der Revolution war in Frankfurt die im Krieg zerstörte Paulskirche wiederaufgebaut worden. An diesem Ort, wo 1848 die erste deutsche Nationalversammlung getagt hatte, fanden am 18. Mai 1948 die Hundertjahr-Feierlichkeiten statt. Die Paulskirche galt jetzt als Symbol des Rechtsstaates und als Wiege der deutschen Demokratie schlechthin. Ricarda Huch sollte die Feier freilich nicht mehr miterleben – sie war am 17. November, kurz nach ihrem Entkommen aus der sowjetischen Besatzungszone,[4] im Alter von 83 Jahren in Schönberg bei Frankfurt gestorben.
Ricarda Huchs Buch stand 1948 neben historischen Würdigungen der Revolution, die deren politische, soziale und gesamteuropäische Bedeutung hervorhoben. Ich nenne nur einige: Rudolf Stadelmann: Soziale und politische Geschichte der Revolution von 1848.[5] Wolfgang Mommsen: Größe und Versagen des deutschen Bürgertums. Ein Beitrag zur Geschichte des Jahres 1848/49.[6] Friedrich Meinecke: 1848. Eine Säkularbetrachtung[7]. Hans Rothfels: 1848. One hundred years after.[8]

Theodor Schieder sah in diesen Werken, die in der Nachkriegszeit geschrieben worden waren, ein zweifaches. Sie seien »auf den Trümmern einer zerbrochenen Welt« entstanden und blickten zurück »auf das Rasen der Dämonen revolutionärer Leidenschaft.«[9] Damit waren freilich nicht die revolutionären Kräfte gemeint, die die Revolution von 1848 bewegten, sondern Schieder hatte die auf Zerstörung gerichteten nationalsozialistischen Geister im Blick. Die genannten Betrachtungen gingen deshalb von einer dreifachen Fragestellung aus. Sie beabsichtigten erstens eine Auseinandersetzung mit der Tradition und zweitens mit den Möglichkeiten eines neuen demokratischen Staatswesens im Nachkriegsdeutschland. Drittens fragten sie nach dem »sittlichen Recht der Revolution«, nach den Verstrickungen von Freiheit und Notwendigkeit, von Schuld und Schicksal. Überlegungen, die angesichts des Selbstverständnisses des NS-Regimes als revolutionäre Bewegung, mehr als berechtigt waren.

Ricarda Huchs Werk fehlte eine solche Auseinandersetzung mit den Erfahrungen der nationalsozialistischen Revolution, weil es bereits 1930 erschienen war. Huch hatte das Buch darüber hinaus nicht eigens für einen Gedenktag der Revolution geschrieben und Ende der 20er Jahre kein aktuelles, demokratisch-politisches Anliegen damit verbunden.

Dies wird an einem Vergleich mit der ebenfalls zu Beginn der 30er Jahre erschienenen Darstellung der Revolution von Veit Valentin deutlich.[10] In dieser Zeit, in der sich antirepublikanische Kräfte in Parlament und Regierung mehr und mehr von den demokratischen und rechtsstaatlichen Ideen sowie der Verfassung entfernten[11], setzte sich Valentin zum Ziel, die demokratischen Traditionen der 1848 Revolution sichtbar zu machen, um ein Anknüpfen an das Erbe des Kaiserreiches, den nationalen und militaristischen Machtstaat, zu verhindern.

Ricarda Huch dagegen wollte mit ihrem Buch »Alte und neue Götter« keineswegs die Weimarer Demokratie auf der Folie der 1848er Revolution verteidigen, ja es ging ihr nicht einmal um eine Darstellung der Geschichte der revolutionären Bewegungen.[12] Wie es bereits in dem Heine Zitat anklang, beabsichtigte Huch mehr, als nur den gesellschaftlichen Wandel im 19. Jahrhundert zu erfassen. In Deutschland, so schrieb Huch im Vorwort zur Neuauflage 1948, habe eine allgemeine Umwälzung das »wesentlich agrarische Deutschland in ein wesentlich industrielles verwandelt, und dies bedeutete zugleich eine Verwandlung der Weltanschauung.«[13] Die Ebene der Sozial- und Wirtschaftsstruktur in einer solchen Übergangsgesellschaft interessierte sie nicht vorrangig, und sie überließ es den Fachhistorikern, die Geschichte der Demokratie und deren Fruchtbarmachung für die Nachkriegszeit zu studieren. Sie wollte statt dessen die Ideen und Mentalitäten darstellen, die mit dem gesellschaftlichen Wandel im 19. Jahrhundert verbunden waren oder diesen überdauerten.

Geschichte stellte für Huch ein Doppeltes dar. Sie sah in ihr auf der einen Seite »göttlich-natürliche Kräfte«, das heißt eine Struktur und auf der anderen Seite das Werk handelnder Menschen. Weil die Struktur nur faßbar in den Menschen war, schien ihr »der Mensch in seinem persönlichen Denken und Verhalten« das »wichtigste und das Interessanteste zu sein, das, was unvergänglich lebendig und lebenerzeugend bleibt, wenn die Verhältnisse, in denen er sich bewegte, gleichgültig oder unverständlich geworden sind.«[14]

Die Dichterin versuchte, diese Entwicklung am Beispiel von Individuen zu zeigen; sie wollte »die Menschen begreifen, die diese Umwälzung teils herbeiführten, teils ihr widerstrebten oder von ihr mitgerissen wurden.«[15] Mit diesem Interesse stellte sich Huch an die Seite der Lebensphilosophie Wilhelm Diltheys und Friedrich Nietzsches, die das »Leben« durch Einfühlung und geniale Intuition ohne Dazwischenkunft bestimmender und verändernder logischer Künste abbilden wollten.[16] Kritik und Forschung bedeuteten für diese Erkenntnistheoretiker – genau wie für Ricarda Huch – die mehr handwerksmäßigen Voraussetzungen der Einfühlung, mit denen es die einzelnen unterschiedlich genau nahmen[17] und dies den Fachhistorikern überließen.

In den Menschen, die Huchs Interesse fanden – das waren vor allem diejenigen, die die Geschichte aktiv gestalteten –, traf für sie Struktur und Individuum zusammen. »Große Menschen«, so schrieb Huch im Schlußkapitel, »wirken aus und für sich selbst, zugleich vertreten sie die Mächte, die durch sie zur Herrschaft gelangen wollen.«[18] Als Beispiel nannte sie »Stein und Radowitz«, in denen »das agrarische Reich unterging« und Bismarck, durch welchen »Kapital und Industrie zur Herrschaft gelangen wollen.« Huch interessierte vor allem das Fortwirken der Strukturen, der »Mächte«, in den einzelnen. Sie begab sich wie Jakob Burckhardt auf die Suche nach dem »Konstanten«,[19] und forschte, wie sie selbst sagte, nach den »Traditionen«,[20] die sie im Denken und Handeln der Individuen fortwirken sah.

Mit diesem Erkenntnisinteresse, das auf die Erforschung von Mentalitäten gerichtet war, war Huch auf den ersten Blick in die Sparte der Kulturgeschichte einzureihen, wie sie Gerhard Ritter 1951 in seinen Überlegungen zum Begriff und Inhalt von Kulturgeschichte formulierte.[21] Ritter verglich »Kulturgeschichte« mit politischer Geschichte und kam im Hinblick auf Jakob Burckhardts »Kultur der Renaissance in Italien« zu dem Schluß, daß dieses Werk nicht eigentlich Geschichte im üblichen Sinn des Wortes wiedergab, sondern historische Analyse sei.[22]

Solche Schilderungen müßten, wollten sie nicht ein loses Nebeneinander heterogener Dinge darstellen, nach den Zusammenhängen zwischen den einzelnen Kulturgebieten fragen und ergründen, »wie das eine auf das andere wirkt.« Ritter zählte folgende Beispiele auf: »Ideen auf das politische Leben, politische Ereignisse auf das Denken der Menschen, auf ihre wirtschaftliche Lage, auf die Struktur der Gesellschaft, oder wie sich die religiösen und politischen Vorstellungen einer Zeit in der Kunst, Literatur, Philosophie widerspiegeln.« Erzählt werden könne eine solche Analyse jedoch nicht. Nur die politische Geschichtsschreibung könne, so Ritter, für sich in Anspruch nehmen, Geschichte als »Geschehen« darzustellen und damit zu erzählen. Nur sie könne von der Vergangenheit wie von dem Ablauf eines ungeheueren Dramas sprechen. Im Gegensatz zur Philosophie, Kunst- oder Musikgeschichte, deren Verständnis eine profunde Kenntnis der jeweiligen Disziplin voraussetzte, fordere die Darstellung der politischen Geschichte nur »einen natürlichen Sinn für politische Ursachen und Folgewirkungen, weil die politische Geschichte vor allem in ihrem zeitlichen Ablauf verstanden werden wolle.«

Wenn Ricarda Huchs Interesse an Strukturen und Traditionen zu Ritters Überlegungen inhaltlich paßte, so gingen ihre Ansichten über die Art und Weise der Darstellung in eine andere Richtung. Huch war, obwohl sie zur Historikerin ausgebildet und in Zürich promoviert worden war,[23] in Deutschland seit der Jahrhundertwende als Dichterin bekannt und legte wenig Wert auf eine Geschichtsdarstellung, die sich auf die Recherche und chronologische Darstellung politischer Tagesereignisse und Fakten beschränkte. Sie wollte im Gegenteil das erreichen, was Gerhard Ritter für unmöglich hielt: Zusammenhänge aufdecken und dabei erzählen.

Deshalb ließ sie sich in der Auswahl des historischen Stoffes von ästhetischen Gesichtspunkten leiten. Weil sie erzählen wollte, suchte sie nach solchen Geschichten, die sich dramaturgisch gestalten ließen. Und sie fand sie – im Gegensatz zu Ritters Ansicht – gerade nicht in den Tagesereignissen und deren zeitlichem Ablauf. Bei der Materialbeschaffung und kritischen Sichtung der Quellen verließ sich Huch auf die Arbeiten anerkannter Fachwissenschaftler, ohne sich selbst auf eine langwierige Quellensuche zu begeben oder sich auf das Stu-

dium ungedruckter Quellen einzulassen und meist ohne diese namentlich zu erwähnen.
Ein Stoff so recht nach ihrem Sinne bot sich beispielsweise in der Geschichte der Gefangenschaft des Bonner Theologen und Professors für Literatur, Gottfried Kinkel.[24] Huch schilderte sie in einem der Schlußkapitel mit der Überschrift »Vae victis«. Sie gestaltete die Kluft zwischen Kinkels guter Absicht und seinem unverdienten Schicksal: »Daß ein Dichter, der nicht Haß, sondern Liebe gepredigt und Schönheit ausgesät hatte, in der kahlen Zelle eines preußischen Zuchthauses Wolle spulen mußte, entrüstete auch Unbeteiligte.«[25] Sie begeisterte sich für die Einsatzbereitschaft Johanna Kinkels für ihren Mann und für dessen Rettung durch seinen Studenten und Freund Karl Schurz. Darin sah sie »eines der anmutigsten, spannendsten und gerundetsten von den verwegenen Abenteuern des Revolutionsjahrhunderts.« Es sei auch dadurch anziehend, daß der junge Befreier in vielen Zügen dem Bilde des Helden gleicht, wie es deutsche Geschichte und Sage aufstellt.«[26] In dieser Geschichte wirkten geschichtsmächtige Kräfte in und durch die Menschen: »Da die Rettung glückte, war es wie eine Komödie, in der der König von Preußen der Geprellte war, ein heiteres Gelächter des gebundenen Volksriesen, der wohl weiß, daß er eines Tages die Ketten sprengen wird.«[27]
Dem Bauprinzip – der Verknüpfung von Individuum und Struktur – ordneten sich alle 69 Kapitel des Werkes über die Revolution von 1848 mehr oder weniger unter. Insgesamt folgen die Kapitel einer groben chronologischen Gliederung. Der Stoff ist recht traditionell eingeteilt in drei Phasen: Vormärz, Zeit der Paulskirche und Scheitern der Revolution. Das Buch beginnt mit einem vergleichsweise langen Kapitel über »Stein«, den Huch als den Wegbereiter der Revolution in Preußen darstellt und es schließt mit einem Vergleich zwischen dem Freiherrn vom Stein und Otto von Bismarck ab, der mit »Ende« überschrieben ist. In Bismarck, so Huch, siegten

»Mächte, die großartige Erscheinungen erzeugten und denen vielleicht noch großartige Entwicklungen vorbehalten sind. Aber sie waren materieller Art und rasselten auf metallischen Rädern über die Erde.«[28] Zwischen dem ersten und dem letztem Kapitel breitete Huch in voneinander unabhängigen Stücken Begebenheiten und Geschichten der deutschen Revolution von 1848 aus.
Huchs Sprache ist poetisch, reich an Bildern. So etwa schreibt sie im Kapitel »Vae victis«: »Als Ludwig Bamberger[29] und Franz Zitz die miteinander geflüchtet waren, ziellos in den Straßen Basels umhergingen, beide noch in guten, Zitz sogar in glänzenden Verhältnissen, nun gezwungen den Kreuzer zu sparen, unsicher, was der nächste Tag bringen würde, wie sie künftig das Leben fristen sollten, erfüllt von dem Bewußtsein gescheiterter Hoffnungen, fiel Bamberger eine Stelle aus Hauffs Märchen vom Kalifen Storch ein: Stumm und traurig wanderten die Verzauberten durch die Felder.«[30] Im Kapitel »Industrialismus und Armut« beschäftigte sie sich mit einem gleichnamigen Buch, das 1844 in Charlottenburg erschien. Huch, die in künstlerischer Freiheit den Namen des Autors nicht nennt, beschreibt es wie folgt: »Es hat, so vornehm schlicht im Ton es gehalten ist, etwas Apokalyptisches. Wie die Seher alter Zeiten das große Tier aus dem Meer aufsteigen sahen, das alle auf Erden wohnten, anbeteten und das Großen und Kleinen, Armen und Reichen, Freien und Knechten ein Malzeichen aufdrückte, ohne das man nicht kaufen oder verkaufen konnte, so sah der Verfasser einen neuen Abgott, dessen Dienst sich unwiderstehlich über Europa ausbreitete. Industrialismus hieß der Drache, dem ein Schweif von Furien und Würgern dienend folgte: Krieg, Armut, Sklaverei, Verbrechen, Haß und Tod.«[31]
Zum Erzählen gehört die Einfühlung, das phantasievolle Sich-Hineinversetzen in ein anderes Ich. Hier lag freilich eine Spannung zwischen rationaler Geschichtsschreibung und Roman,

der sich Huch wohl bewußt war. In ihren Jugenderinnerungen, die 1938 erschienen, gab sie Rechenschaft über ihre Art, Geschichte zu schreiben und thematisierte damit noch einmal das Programm der Lebensphilosophie, das sie auf die Geschichtsschreibung übertrug. Obwohl sie weit davon entfernt war, aus der Geschichte einen Roman zu machen, fragte sie sich dennoch: »Zu was die Stücke da wären, wenn nicht, um zu einem lebendigen Ganzen gemacht zu werden, wenn nicht die Leidenschaften der Lebendigen die Schatten erglühen lassen, wenn wir uns nicht in sie, sie sich nicht in uns verwandeln?«[32] Gertrud Bäumer, liberale Spitzenpolitikerin und Wortführerin der liberalen Frauenbewegung in der Weimarer Republik, die während des Dritten Reiches, in der sogenannten »Inneren Emigration«, selbst historische Romane schrieb, bewunderte an Ricarda Huchs Schreibweise gerade diesen lebensphilosophischen Aspekt, nämlich die Fähigkeit: »Geschichte nicht mit den üblichen summarischen Beschreibungen, sondern als Leben selbst« zu schreiben.[33] Deshalb greife Huch, »in die zahllose Fülle der Begebenheiten ohne äußerlich erkennbare Ordnung hinein, da jede konstruiert und erzwungen erschiene.[34] Diese künstlerische Freiheit, die nur scheinbar ungeordnet gleichwohl einer inneren Ordnung folgte und den Stoff danach aussuchte, wird auch in »Alte und neue Götter« sichtbar. Ein Großteil der Kapitel befaßt sich mit Persönlichkeiten, die maßgeblich an der Vorbereitung, der Durchführung oder der Verhinderung der Revolution beteiligt waren. So etwa für den Vormärz: Der Freiherr vom Stein, Moritz Arndt und Turnvater Jahn, die Familie Gagern; Friedrich List, Hoffmann von Fallersleben, Herwegh und Freiligrath; für die Zeit der Nationalversammlung 1848 die badischen Politiker Bassermann, Hecker, Itzstein, sowie Friedrich Engels; für das Scheitern der revolutionären Ideen etwa Friedrich Wilhelm IV., Radowitz und Bismarck. Bei diesen Skizzen handelt es sich jedoch nicht etwa um biographische Porträts, um den Versuch, das Leben,

die Entwicklung dieser einzelnen in einer Zeit revolutionärer Umbrüche den Tatsachen entsprechend in allen Einzelheiten darzustellen. In den meisten Fällen nennt Huch nicht einmal das Geburts-und Sterbedatum ihrer Helden, ja nicht einmal ihren Vornamen. Es sind impressionistische Bilder, die die Helden an einer Station ihres Lebens festhalten, die sie in irgendeiner Weise mit den Ideen und Geschehen der Revolution und dem Leitmotiv der Autorin in Verbindung brachte.
Es ist gerade dieses Leitmotiv, das alle Stücke miteinander verbindet und der fehlenden erkennbaren Ordnung eine innere Struktur verleiht.
In einer Rezension von Ricarda Huchs »Geschichten von Garibaldi« hat der Romanist Viktor Klemperer – uns heute vor allem bekannt durch seine Analyse der Sprache des Dritten Reiches »LTI« sowie seine Tagebücher im Dritten Reich – auf Inhalt und Bedeutung dieses Leitmotivs in einem anderen historischen Werk der Dichterin hingewiesen. Klemperer kam darauf zu sprechen, als er die Art und Weise beschrieb, wie die Dichterin in ihren Geschichten, die den Kampf um Italiens Einheit schildern, Menschen darstellte. Sie wolle die Schicksale der Helden nicht bis in Einzelheiten auszumalen, sie wolle keine Anteilnahme oder Mitleid erzeugen. Klemperer kam zu dem Fazit: Der Held, in diesem Falle Garibaldi, sei nur dazu da, »Italiens Einheit zu machen«, und nur davon habe das eherne Epos zu singen.[35]
Bevor ich auf dieses Strukturelement der politischen Reichseinheit und den damit verbundenen Werten eingehe, die eng mit Huchs politischer Grundhaltung verbunden sind und die auch das Buch über die deutsche Revolution prägen, möchte ich noch eine Bemerkung zu Huchs Protagonisten anführen.
Betrachtet man die Namen der Helden, so fällt deren männliches Geschlecht auf. Es scheint, als ob für Ricarda Huch der Anteil der Frauen an der Revolution von 1848 so gut wie verborgen blieb. Sie nannte Louise Otto als »die einzige Frau,

die in der Revolution selbständig hervorgetreten« ist.[36] Wenn diese Erkenntnis auch dem Forschungsstand der etablierten akademischen Geschichtswissenschaft der 20er und 30er Jahre entsprochen haben mag, so hatten doch Schriftstellerinnen wie die sozialdemokratische Abgeordnete Anna Blos schon früher auf eine breitere Beteiligung von Frauen an der Revolution hingewiesen.[37] In der Zeitschrift »Die Frau« hatte Helene Nathan 1914 ein Lebensbild von Luise Aston veröffentlicht. Von der Seite der Fachhistorikerinnen hatte sich Hedwig Hintze, die später als Spezialistin für die Geschichte der französischen Revolution hervortrat, mit der Frage des Frauenwahlrechtes in der Französischen Revolution beschäftigt. Ihr Text erschien 1919 in der von Friedrich Naumann herausgegebenen »Hilfe«, einer Zeitschrift, die dem Kreis um den sozial-liberalen Politiker Naumann entstammte, dem Ricarda Huch nahestand. Hintze stellte Frauen wie Olympe de Gouges heraus, die 1789 die »Erklärung der Rechte der Frau und Bürgerin« in Anlehnung an die Menschenrechte veröffentlicht hatte.[38]
Mit ihrem Verweis auf Louise Otto als einziger Frau der Revolution blieb Ricarda Huch schließlich auch hinter den Ergebnissen des Historikers Veit Valentin zurück. Dieser widmete sich in einem Abschnitt seines 1931 erschienen zweiten Bandes der »Geschichte der deutschen Revolution« den Frauen, die so Valentin, die Revolutionszeit »als die Eröffnung neuer Möglichkeiten« empfanden.
Doch im Gegensatz zu den genannten Historikerinnen und Historikern war Ricarda Huch weder daran interessiert, Frauen in der Revolutionszeit sichtbar zu machen, noch ihren vergeblichen Kampf um die Beteiligung der Frauen an politischen Entscheidungen darzustellen. Hinter diesem Desinteresse stand eine ästhetische und eine politische Position.
Als Dichterin vertrat Huch die Ansicht, daß jedes Kunstwerk unabhängig vom Geschlecht des Künstlers oder der Künstlerin weibliche und männliche Anteile enthalten müsse. Dabei teilte

sie männlich und weibliche Eigenschaften durchaus nach traditionellen Vorstellungen ein: »Männlich ist die hervorbringende Kraft, das Gestalten und Formgeben; das Ausfüllen und Beseelen des Bildes ist weiblich. Männlich ist das Architektonische und Plastische, weiblich das Malerische und Musikalische, und innerhalb dieser Künste ist männlich wieder das Konstruktive, weiblich das dekorative. In der Poesie ist es männlich, Menschen zu schaffen, die allem Widerspruch zum Trotz leben und sich bewegen, weiblich, den Gestalten innerliche Wahrheit zu geben, den Blick in ihre Seelen zu öffnen.«[39]
Auf das Politische übertragen, wandte sie sich dagegen, daß sich Frauen im Kampf um ihre Rechte den Männern anglichen. »Möchten die Frauen weniger auf den Mann schwören und sein Wesen und seine Einrichtungen nachahmen, dagegen mehr aus sich selbst schöpfen, damit die Schlagkraft des gesunden Menschenverstandes wieder mehr zur Geltung komme.« Noch im Dezember 1918 hatte sie sich grundsätzlich gegen das Frauenstimmrecht ausgesprochen. Da es jedoch von der provisorischen Regierung, dem Rat der Volksbeauftragten eingeführt worden war, sollten die Frauen versuchen, das beste daraus zu machen. Nach Ricarda Huchs Ansicht sollten die Frauen jedoch nicht »nach dem Beispiel des Mannes in das politische Parteiwesen eintreten«. Sie sollten von ihrem Wahlrecht zwar Gebrauch machen, sich aber nicht zu Vertreterinnen einer einzigen Partei machen lassen, sondern »zu Vertretern der Sorgen« werden. Bei Wahlen sollten sie diejenige Partei unterstützen, die »das am meisten vermittelnde Programm« und damit die beste Zukunftsaussicht habe. Wie Marie Baum berichtete, hatte Huch sogar eingewilligt, für die DDP im Wahlkreis Frankfurt zu kandidieren. Doch der Plan »zerschlug sich bald, was Ricarda dann auch als richtig für sich erkannt« habe.[40]
Ähnlich wie Huchs Denken und Verhalten während der »zweiten« deutschen Revolution 1918 erscheint ihr Zugriff auf die Ereignisse und Personen der ersten deutschen Revolution

merkwürdig unpolitisch. Vor allem dann, wenn man die konkreten politischen Anliegen der 1848er Revolutionäre betrachtet, die für Einheit und Freiheit, für Parlament und Republik eintraten, Grundrechte und Verfassungen erarbeiteten und Parteien gründeten, die für kurze Zeit in emsige politische Tätigkeit verfielen, wirkt etwa Huchs Darstellung des Zusammentritts der Nationalversammlung allzu theatralisch und pathetisch: »Wie Träumenden mag ihnen gewesen sein, als sie Arm in Arm unter schwarzrotgoldenen Fahnen, die wie Flammen in die blaue Luft loderten, der festlich geschmückten Paulskirche zuschritten, vergleichbar den großen Kaisern, die einst in derselben Stadt vom Römer hinüber in den Batholomäusdom zur Krönung gingen. Nicht geringerer Beifall begleitete sie als einst die Nachfolger der Cäsaren, nichts Geringeres war ihnen befohlen und wurde von ihnen erwartet, von ihnen, die sich vor kurzem in der Verbannung mühselig fristeten oder in Gefängnissen einsam erstarrten.«[41]

Und doch verbirgt sich gerade hinter ihrem individualisierenden und idealisierenden Ansatz ein politisches Interesse, das auf die Gegenwart gerichtet ist. Im Kapitel: »Burckhardt und Deutschland« im Buch über 1848, kommen Elemente von Ricarda Huchs eigener politischer Grundhaltung zum Ausdruck. So versetzte sie sich, die eine wichtige Zeit ihres Lebens in der Schweiz verbracht hatte, ganz in ihren Helden hinein, wenn sie schrieb: »Dem Schweizer, der um sich her nur lebendige Tradition kannte, in der Vergangenheit verwurzelt und fortwachsende Einrichtungen, ein staatliches Leben, in dem noch mittelalterliche Mannigfaltigkeit und Persönlichkeit vorherrschte, der zwischen Berg und Tal, rauschenden Wassern, blühenden Obstbäumen aufgewachsen war, kam Berlin wie eine steife, mühsam aufgezogene Häuserparade vor, das Leben darin ohne die Fülle und Überraschungen des Lebens, arm und doch aufgeblasen, wie ein trostloses Schuften im Sande.«[42] Mit Jakob Burckhardt teilte sie die Ablehnung von Großstädten wie Berlin, sowie die Verachtung der Masse. Wie der von ihr geschätzte Kulturhistoriker, der sich ihrer Ansicht nach dazu berufen glaubte, »der Erforscher und Darsteller der großen Epoche des germanischen Mittelalters zu werden«,[43] fühlte auch sie sich zum mittelalterlichen Deutschland hingezogen.[44] Burckhardts politisch konservative Auffassung und seine Zurückhaltung in politischen Dingen sowie seine Skepsis gegenüber dem politischen Fortschritt, der sich in Konstitutionen verkleidet präsentierte, entsprachen ihren eigenen Anschauungen. Wenn sie ihrem Helden die folgenden Worte in den Mund legte, so sprach sie selbst mit: »Und was erhofft Ihr von der Konstitution? Glaubt ihr, sie werde euch mehr Freiheit, mehr Glück bringen, als ihr jetzt habt? Ich höre die Schritte derer, denen ihr den Weg bereitet, die eure Fürsten verdrängen werden, ich höre den zermalmenden Schritt der Plutokratie, den öden Regimenterschritt der Masse, das Stampfen der Maschine. Wird die Schönheit Abschied nehmen, wenn kein Gläubiger mehr sie anbetet?«[45]

Daß es in ihrem Werk »Alte und neue Götter« weniger um die Entstehung politisch-revolutionärer Ideen ging, als um den Versuch, traditionelle Werte mittelalterlicher Bürgerlichkeit mit neuem Leben zu füllen, zeigt bereits die Entstehungsgeschichte ihres Buches.

Am Anfang stand Huchs Auseinandersetzung mit dem Werk Siegmund Rubinsteins: »Romantischer Sozialismus«.[46] Sie widmete ihm 1921 eine Rezension in der Literaturbeilage der Vossischen Zeitung. Die Dichterin zeigte sich fasziniert von diesem Buch, weil es »um die Lieblingsidee der romantischen Denker und Dichter« kreiste, nämlich um »die Wiedererweckung germanisch-mittelalterlicher Lebensformen, nichts mehr und nichts minder.«[47] Ihnen liege ein Gemeinschaftsideal zugrunde, wie es sich in den romanisch-germanischen Ländern ausgebildet habe. Es beruhe auf genossenschaftlicher Gliederung und auf persönlichen Beziehungen. In diese Gemeinschaftsform habe sich das unpersönliche System des modernen Staates eingeschlichen. In der Umbruchszeit, nachdem Napoleon dem Heiligen Römischen Reich ein Ende gesetzt habe, trat, so Ricarda Huch weiter, ein Mann auf, der an der alten Reichsidee festhielt und die alten organischen Formen in den neuen Boden pflanzen wollte. Dieser Mann war der Freiherr vom Stein.

Auf ihre eigene Zeit, der Zeit der Weimarer Republik übertragen, beinhalteten diese Ideen, die Ablehnung des Parteiwesens, die Ablehnung des modernen Staates, die Ablehnung des Klassenkampfgedankens der Sozialdemokratie. Nur eine völlige Neuordnung könne, so Huch, den Ausgleich, die Versöhnung bringen. Sie müsse auf Selbstverwaltung, auf unmittelbare Teilnahme aller am öffentlichen Leben gegründet sein.[48] Eben diese Ideen sah Ricarda Huch in der Schweiz verwirklicht. In der Eidgenossenschaft glaubte sie das »wahre, das unverstellte Deutschland« zu erkennen. Sie sah hier die »beiden großen Tendenzen des mittelalterlichen Reiches, die universale und die föderalistische Idee« verwirklicht und schätzte die »eigentümliche Mischung von demokratischen und aristokratischen Elementen«, die das deutsche Mittelalter gekannt habe.[49]

Im Jahr 1923, als die Weimarer Republik in der Frankfurter Paulskirche den 50. Jahrestag der Revolution feierte, beschäftigte sich Ricarda Huch eher indirekt mit der 1848er Bewegung. Damals schrieb sie ein Buch über das Leben des russischen Anarchisten Michael Bakunin. Dieser hatte an den Aufständen in Sachsen teilgenommen und war dafür nach dem Scheitern der Revolution zu Kerkerhaft verurteilt worden.[50]

Aus ihrer Sympathie für Bakunin Wertschätzung aller revolutionärer Volksbewegungen heraus war Huch zu dieser Zeit noch durchaus bereit, in der NS-Bewegung positive Elemente zu sehen, obwohl sie noch zu keinem abschließenden Urteil gelangt war. Im März 1923 hatte die Dichterin zum ersten Mal eine Versammlung der Nationalsozialisten besucht. An Marie

Baum schrieb sie: »Manches von dem was gesagt wurde, war vernünftig und sympathisch, aber in dem einen Punkt sind sie verbohrt. Und wenn sie nur verbohrt wären! Ich fürchte immer, Hitler selbst könnte von den Großindustriellen bestochen sein, um durch die Juden von ihnen selbst abzulenken. Ach Gott, ich habe Momente, wo mir der Ekel bis an den Hals geht. Und dann wieder kommt es mir jetzt besser vor als früher, – wir sind jetzt in dem Chaos, aus dem etwa hervorgehen und sich bilden kann.«[51]

In demselben Jahr ließ sie sich von Siegmund Rubinsteins Buch zu einer Biographie über den Reichsfreiherrn vom Stein anregen. Es erschien 1925 als zweiter Band der kulturgeschichtlichen, von Max Kemmerich herausgegebenen Reihe: »Menschen, Völker, Zeiten«. Nach Abschluß dieses Bandes entschloß sie sich, über die Revolution von 1848 zu arbeiten. Sie glaubte jedoch, dieses Vorhaben bald wieder aufgeben zu müssen, »weil ich einfach die Form dafür nicht finde«.[52] Es mag sein, daß sich ihr diese Form erst dann erschloß, als sie einen Strukturierungskern und einen Namen für das Werk gefunden hatte: »Alte und neue Götter«. Die alten Werte – Sittlichkeit, Freiheit und Selbstbestimmung – für die der Freiherr vom Stein seinerzeit eingetreten war, sah Huch im Kampf mit den »neuen Göttern« liegen. Jene galt es in den Umbrüchen der Zeit darzustellen, vor allem deshalb, weil sich die »neuen Götter«, wie Huch im Schlußkapitel ausführte, im neuen Staat allein auf die Erzeugung materieller Güter richteten.

Vor diesem Hintergrund wird deutlich, warum die Ideen der Französischen Revolution »Gleichheit, Freiheit, Brüderlichkeit« in Huchs Werk über die deutsche Revolution von 1848 kaum eine Rolle spielten.

Nach Huchs Auffassung leitete sich der Kampf um Einheit und Freiheit in Deutschland zur Zeit der 1848er Revolution nämlich gar nicht aus der Französischen Revolution her. Der alten Generation der Revolutionäre, allen voran dem Freiherrn vom

Stein, habe nämlich, so Huch, der Haß gegen Frankreich, das Deutschland beraubt und verwüstet hatte, im Blute gelegen.[53]
Die französische Revolution konnte schon deshalb keinen prägenden Eindruck auf die deutschen Revolutionäre hinterlassen, weil sie nicht in der Geschichte des eigenen Landes wurzelte. Stein dagegen habe sich auf das Mittelalter berufen, wenn er von Freiheit sprach und habe diese positiv von der Freiheit der modernen Franzosen abgehoben. Das Thema »Stein« sowie dessen vom Mittelalter gewonnenen politischen Ideen ziehen sich in Huchs Werk über die Revolution von 1848 durch fast alle Kapitel.
Ricarda Huchs Werk über die 1848er Revolution beruhte auf konservativer politischer Ideologie. Das neue, ja revolutionäre an ihren Werk lag jedoch in ihrem kultur- und mentalitätsgeschichtlichen Interesse, verbunden mit ihrer ästhetischen Darstellungsweise. In den Erinnerungen an die Zeit ihres Studiums in Zürich entwarf sie in einer Kritik an Leopold Ranke die Grundzüge ihrer ästhetischen Geschichtsauffassung. Rankes Welt, so schrieb sie, sei ihr zu geglättet erschienen: »Ich glaubte, die wirkliche Welt sei viel wilder, grausamer, böser und gemeiner, und doch auch wieder viel schöner.« Bei dem Historiker Ranke habe sie »das unterirdische Rauschen der übermenschlichen Mächte« vermißt. Sie fügte hinzu: »Dieses Rauschen könne vielleicht nur durch die Musik der Worte mitgeteilt werden, vor dem auch das lauteste Weltgeschehen plötzlich entleert in sich zusammenfallen kann«[54]
In ihrem Text über 1848 wird diese Macht der Wörter mehr als deutlich. Obwohl die einzelnen Kapitel von Menschen handeln, kommen Menschen, die aus eigenen Antrieb agieren, eigentlich nicht vor. Immer wieder übernehmen es die Wörter, die Handlungen der Menschen in Gang zu setzen. Huchs Helden werden nämlich vielfach durch Bücher zu ihren Handlungen motiviert und von ihnen lassen sie sich zu ihren Taten anleiten. Das Wort steht also am Anfang der revolutionären Tat.[55]

Huch ging es stärker um die Darstellung von überdauernden Ideen, um das, was sie als Leitmotiv der Geschichte erkannt hatte und darstellen wollte. Deshalb dekonstruierte sie die historische Wirklichkeit und fügte sie nach einer neuen Ordnung zusammen. Gertrud Bäumer hatte dieses Prinzip erkannt und festgestellt, daß Huch sogar davon absah, eine folgerichtig scheinende Ordnung zu konstruieren. Historiker wie der eingangs erwähnte Gerhard Ritter, gingen davon aus, daß politische Geschichte von ihrem zeitlichen Ablauf verstanden werden wolle und Ursachen und Folgewirkungen dargestellt werden müßten.

Huch wollte dagegen den tieferen Sinn erfassen, der ihrer Meinung nach hinter solchen Oberflächenstrukturen sowie hinter den Menschen und ihrer Geschichte stand. Für ein solches Geschichtsverständnis war es nicht notwendig, die gesamte Forschungsliteratur zu einem Thema, so wie es Valentin anmahnte, einzubeziehen. Huch beschränkte sich auf weniger, aber sie las die Texte neu und stellte sie in neue Kontexte. Aus diesem Grunde wählte sie die Form der Erzählung, die der komplexen und mehrdimensionalen Vergangenheit am besten gerecht wurde. Fragwürdig war dabei die Rolle, die sie sich selbst, als der Dichterin und eigentlichen Schöpferin von Geschichte, zusprach. Diese beschrieb sie 1931 folgendermaßen: »Ob die Geschichte eine Wissenschaft sei, darüber läßt sich streiten; wichtig ist sie als der Zauberspiegel, aus dem dem Volke in großen Gesichten und Verkörperungen sein tiefster Wille entgegentritt, eine Flamme und eine Wolke, die vor ihm hergeht.«[56] Huch übertrug hier die Methode der psychologischen Einfühlung, die sie für die Darstellung historischer Individuen gebrauchte, auf ein ganzes Volk. Diese Definition war freilich mehr als problematisch, denn die Dichterin machte sich damit zur selbsternannten Seherin und Prophetin des nationalen Schicksals.

3. Teil: Revolution in den Medien – Frauenperspektiven

Théroigne de Méricourt, anonymes Portrait, Bibliothèque Nationale Paris.

»Alles wegen einer Frau«

Zur Interaktion von Revolutionsbild und bürgerlichem Weiblichkeitsmythos im Film

Von Gudrun Loster-Schneider und Sylvia Schraut

»Einmal eine Predigt von Jesus miterleben, einige Tage an einem mittelalterlichen Hof zubringen oder mit Karl Marx über die historische Rolle des Proletariats debattieren – das ist eine faszinierende Vorstellung [...].«[1] Folgt man Hans-Arthur Marsiske,[2] dann war es der britische Filmpionier Robert William Paul, der sich als erster 1895 die Idee für eine Zeitmaschine patentieren ließ, die mit Hilfe von Dia- und Filmprojektionen den Zuschauern die Illusion einer Zeitreise ermöglichen sollte. Er brachte damit Zeitreise oder Geschichte und Film im gleichen Jahr zusammen, in dem in Berlin die erste öffentliche Filmvorführung des Deutschen Reiches stattfand. Zahlreiche Historienfilme entstanden in der Nachfolge solcher Ideen. Ähnlich wie historische Romane in der Literaturwissenschaft fristen sie in der Filmwissenschaft als Unterabteilung des Genrefilms ein reichlich nebensächliches Dasein. So sehr das Publikum den historischen Spielfilm schätzen mag, Geschichts- und Filmwissenschaft tun sich eher schwer mit verfilmter Geschichte.[3]

Dabei liegt die enge Verbindung zwischen Film und Geschichte nicht nur im Historienfilm für den filmbegeisterten Historiker auf der Hand. Kein Thema ist in der einschlägigen Literatur so unterbelichtet wie die angesprochene enge Verzahnung zwischen Film- und Geschichtswissenschaft, zweier Fachbereiche, die beide mit »Geschichten erzählen« manches zu tun haben. Eher noch wird die Nähe zur Literaturwissenschaft konstatiert. Werner Faulstich beispielsweise beschreibt den Spielfilm als »fiktionale Literatur im Medium Film«[4] und will ihn, sich großzügig über die geschriebene Form des Mediums Literatur hinwegsetzend, schlechthin als »Literatur« verstanden wissen. Damit ist nicht in erster Linie die Verfilmung literarischer Vorlagen gemeint, sondern die grundsätzliche Narrativität des Mediums Spielfilm angesprochen.

Doch eine ins Bild gesetzte Erzählung bedarf der historischen Verortung in Zeit und Raum. Spielt der Film in der fiktionalen Gegenwart seiner Entstehungszeit, dann mögen sich die ins Bild gesetzten Gesellschaftsbezüge als Untersuchungsgegenstand von Soziologie und Zeitgeschichte eignen. Wählen Drehbuchautor und Regisseur als Hintergrund für große Gefühle und Leidenschaften vergangene Zeiten, dann wird unmittelbar mehr oder minder fundiertes historisches Wissen bildhaft verarbeitet, es werden Geschichtsbilder verbreitet und publikumswirksam. Insbesondere in Stummfilmzeiten, in denen auf das gesprochene Wort zur Erläuterung der Handlung vollständig, auf den geschriebenen erläuternden Kommentar möglichst weitgehend verzichtet werden mußte, erlaubte der Bezug auf historische Stoffe, den Film auf kollektives Wissen aufzusetzen. War die Rahmenhandlung bekannt, so brauchte sie im Film nicht mehr eigens eingeführt oder pantomimisch erklärt werden. Viele Stummfilme arbeiteten daher mit historischen Stoffen, häufig bearbeiteten sie literarische Vorlagen. Doch auch nach der Erfindung des Tonfilms blieben historische Themen als Filmstoffe beliebt.

Zeitbezüge sind bei der Filmanalyse daher gleich mehrfach zu berücksichtigen: Vordergründig kann sich der Historiker mit der Frage beschäftigen, ob die Rekonstruktion der historischen

Ausstattungsgegenstände und Fakten »seriös« ist, das heißt dem Forschungsstand entspricht. Darüber hinaus läßt sich die jeweils zugrunde liegende Geschichtsinterpretation analysieren. Dies gilt für den Film, der Geschichte thematisiert, genauso wie für den Film, dessen eigentliche Handlung vor einer scheinbar nebensächlichen historischen Folie abläuft. Zwar stellen geschichtliche Ereignisse im Film häufig nur den Hintergrund für das eigentliche Thema dar, die gleiche Handlung ist in einem anderen historischen Raum durchaus vorstellbar, doch das zugrunde liegende Geschichtsbild verkommt dabei nicht zur Nebensache. So marginal seine Bedeutung für den Handlungsverlauf des Filmgeschehens sein mag, so wirkungsmächtig sind symbolhafte, scheinbar nebensächlich inszenierte historische Zeichen für die Popularisierung von Geschichte, und die bebilderte unterhaltsame Vergangenheit läßt sich überdies dazu verwenden, »mehr oder weniger assoziierbare aktuell-politische Botschaften« an ihr zu demonstrieren.[5] Wie Helmut Korte zweifellos zurecht betont, war gerade »das Genre des Historienfilms mit seinen publikumswirksamen Attributen – die Pracht längst vergangener Reiche, die heroischen Taten, Intrigen, erfolgreichen Schlachten der Herrscher etc. [...] von Beginn des Mediums an ein bevorzugtes Objekt zur Vermittlung auch aktuell-politischer Botschaften«.[6]
Genau besehen, bringt Geschichte im Spielfilm damit mindestens vier Zeitebenen zusammen: Erstens die im Film behandelte Epoche, zweitens die Entstehungszeit des Films und drittens die Gegenwart, in welcher der jeweilige Spielfilm zum Untersuchungsgegenstand wird. Spielfilme sind zudem viertens gemeinhin intertextuell einzuordnen, sie stehen in einer filmischen Tradition der motivischen und gattungsspezifischen Behandlung des Themas, Geschichtsbezüge werden damit zum Gegenstand einer eigenen Geschichte des Films. Insbesondere bei Neuverfilmungen, bei »remakes« alter historischer Filmstoffe, ist diese Dimension historischer Filmforschung von

großem Interesse. Quellencharakter besitzt der Film, auch der Spielfilm, jedoch in erster Linie auf der zweiten Zeitebene, der Entstehungszeit. Bekanntlich versteht sich Geschichtswissenschaft als quellenorientierte Zugriffsmethode auf vergangene Gesellschaften. Bei der Analyse von Geschichte im Film unter historischen Fragestellungen muß die Entstehungszeit des jeweiligen Films daher gleichgewichtig mitbehandelt werden. Die Fülle historischer Filmthemen und möglicher Zugriffe auf gesellschaftliche Befindlichkeiten zum Zeitpunkt der Filmentstehung zwingen notwendigerweise zur Reduktion auf exemplarische Filmstoffe und punktuelle Erkenntnisinteressen.

Uns geht es hier um die Verknüpfung von Gesellschaftsgeschichte mit dem modernen wissenschaftlichen Genderdiskurs: Als Beispiel für Geschichte im Film wird im folgenden die Französische Revolution dienen, als Bezug zur Entstehungszeit des Films das auf Zelluloid gebannte Frauenbild der Filmemacher. Daraus ergeben sich Fragen wie: Welche Gestaltungsmöglichkeiten, Handlungsspielräume und geschlechtsspezifischen Merkmale weist der historische Spielfilm Frauen zum Zeitpunkt der Französischen Revolution zu? Was läßt sich gleichermaßen über das Revolutions- und Frauenbild des Films aussagen, und wie hängen Revolutionsbewertung und Frauenbild miteinander zusammen?

Das gewählte geschichtliche Thema wie der geschlechtsspezifische Gesellschaftsbezug ermunterten in Vergangenheit und Gegenwart zu »Diskussionsbereitschaft« und provozierten eindeutige Stellungnahmen im historischen wie im Genderdiskurs.[7] Überdies bringt auch die unvollständige Filmrecherche an den Tag, wie häufig die Französische Revolution tatsächlich im Spielfilm Eingang fand. Einige notwendigerweise knappe Anmerkungen zur Bewertung von Französischer Revolution, zu ihrer Behandlung im Spielfilm und zur historischen Diskussion um Weiblichkeit und Männlichkeit mögen in die geplante Filmanalyse einführen.

Die Bewertung der Französischen Revolution

Die Auflösung der von Gott gewollten tradierten Ordnung oder die Herstellung der guten neuen? Kein anderes politisches Ereignis erregte europaweit um die Wende zum und im 19. Jahrhundert solche Aufmerksamkeit und solch leidenschaftliche Parteilichkeit pro und kontra wie die Französische Revolution.[8] Ursprünglich der Astronomie entlehnt, wo der Begriff den regelmäßigen Umlauf und die Rückkehr der Gestirne an ihren Ausgangspunkt bezeichnete, hatte »Revolution« schon im 18. Jahrhundert den Bedeutungsgehalt angenommen, gesellschaftliche, als radikal bewertete Wandlungsprozesse zu charakterisieren.[9] Als Fortschritt benannte Veränderungen, aber auch die Rückkehr zu althergebrachten gesellschaftlichen Systemen attributierte man zustimmend oder ablehnend gleichermaßen mit »Revolution«. Der Begriff verlor seine Nähe zur kosmischen Ordnung indes nie. Dies ist auch in der Auseinandersetzung mit der Französischen Revolution in Frankreich wie im Ausland durchaus spürbar. Der Kampf des französischen Dritten Standes um die Durchsetzung der Bürgerrechte und die verfaßte Monarchie wurde zwar vom zeitgenössischen aufgeklärten europäischen Bürgertum als Bemühen um die gesellschaftliche Umsetzung der eigenen Ideale, als Kampf um eine neue bürgerlich geprägte Ordnung und als Widerstand gegen aristokratische Willkür begriffen, spätestens 1792 jedoch ließ die Begeisterung angesichts von Gewalt und Terror der Straße sichtlich nach. Für einen Großteil der Kommentatoren wurde die Französische Revolution so rasch zur negativ bewerteten »Pflanzschule künftiger Revolutionen«,[10] zum Inbegriff von Unordnung und gesellschaftlichem Chaos.

»Der Meister kann die Form zerbrechen
Mit weiser Hand, zur Rechten Zeit;
Doch wehe, wenn in Flammenbächen
Das glühende Erz sich selbst befreit!«

So Friedrich Schiller im Jahr 1800, und damit ihn auch wirklich jeder verstand, führte er weiter aus:

»Wo rohe Kräfte sinnlos walten,
Da kann sich kein Gebild gestalten;
Wenn sich die Völker selbst befrein,
Da kann die Wohlfahrt nicht gedeihn.«[11]

Insbesondere die deutsche bürgerliche Geschichtsschreibung bis zum Ersten Weltkrieg ist in ihrer Mehrheit dem Bild des aufgeklärten zeitgenössischen Bürgertums gefolgt, das Schiller in seinem Gedicht »Die Glocke« so rezeptionsmächtig in Reime goß. Zwar gestanden Geschichtswissenschaft und Staatstheorie der Französischen Revolution durchaus zu, daß sie den Menschenrechten, dem allgemeinen Wahlrecht und der Nation und damit einer gleichsam natürlichen, nämlich der bürgerlichen Ordnung Ausdruck verliehen habe, doch schien der dafür gezahlte Preis (zu) hoch. Wie beispielsweise selbst der liberal geprägte Historiker Friedrich Christoph Schlosser 1844 hervorhob, »mußten Moral und Recht suspendiert werden«, mußten »die rohe Gewalt und der blinde Schwindel der fanatischen Masse« wirksam werden, um die republikanische Verfassung des Sommers 1793, »das vortrefflichste« System, »welches erdacht werden konnte«, zu erkämpfen. Die Revolution steht damit für ihn »zwischen politischem Recht und moralischem Unrecht.«[12]
Den Konservativen, wie Friedrich Julius Stahl, erschien die Revolution als die Aufhebung der legitimen Ordnung schlechthin: »[...] Revolution ist Umkehrung des Herrschaftsverhältnisses selbst, daß Obrigkeit und Gesetz grundsätzlich und permanent unter den Menschen stehen, statt über ihnen [...]«. Den Kräften der »Entgliederung der überkommenen Gesellschaft«, der Empörung und des Umsturzes setzt Stahl die Parteien der Legitimität entgegen, »all diejenigen, welche ein Höheres, unbedingt Bindendes, eine gottgewollte Ordnung anerkennen,

[...] welche nach einen Grund und Maßstab der Staatsordnung gelten lassen, außer dem Rechte und Nutzen des Menschen und der Freiheit des Volkes [...]«.[13] Zwar gilt den Historikern des 20. Jahrhunderts die verfaßte Monarchie gemeinhin nicht mehr als gesellschaftliches Leitbild. Insofern ist es um konservative, legitime Ordnung fordernde Verschwörungstheorien und ähnliche Revolutionsmodelle inzwischen still geworden. Doch das Erschrecken vor Chaos, Unordnung und Gewalt durchzieht bis heute die Auseinandersetzung mit der Französischen Revolution.

Die sozialistische Geschichtsschreibung, insbesondere die französische, die mit Louis Blanc 1847 begann und ihren Höhepunkt unter Albert Soboul erlebte, versuchte, die Französische Revolution aus dem Spannungsverhältnis von »politischem Recht und moralischem Unrecht« zu befreien. Sie wies der Revolution die Rolle zu, die neue bürgerliche Ordnung im Kampf gegen den Feudalismus aufgebaut zu haben. Demnach zwangen die Widerstände des alten Systems, gegenrevolutionäre Attacken im Ausland und in den Provinzen, die Protagonisten der Revolution zur Verbindung mit den städtischen und bäuerlichen Unterschichten und zu Gewaltanwendung, zu terreur und Diktatur. Die Revolution habe mit der Menschenrechtsdeklaration das bedeutendste Dokument bürgerlicher Freihheitsrechte hervorgebracht, Anstrengungen zur Erreichung einer sozialen Demokratie unternommen und den Franzosen die Nation beschert. Insgesamt stellt sie demnach einen wesentlichen Schritt zu einer bürgerlichen, besseren sozialen Ordnung dar, eine Stufe auf der gesellschaftlichen Fortschrittsleiter, die zumindest das in den Medien repräsentierte Frankreich 1989 begeistert feierte.

Ist demnach das revolutionäre gewaltvolle Chaos Ausdruck des gesellschaftlichen Umsturzes, des revolutionären Geschehens schlechthin oder läßt sich die Französische Revolution als Bemühen um ein naturrechtlich begründetes, neues gesellschaftliches bürgerliches Ordnungssystem interpretieren? Der jeweilige geschichtliche Entwurf von den Jahren 1789 bis 1814, von der Französischen Revolution und ihrem »Vollstrecker« Napoleon, prägte und prägt nicht nur den historisch-politischen Disput, sondern auch die Darstellung des Geschehens im Spielfilm.

Die Französische Revolution im Spielfilm

Eine rechtzeitig zum Jubiläumsjahr 1989 erstellte deutsche Filmographie erfaßte für den Zeitraum von 1897 bis 1988 229 gedrehte Spielfilme, die sich mehr oder weniger ernsthaft mit der Französischen Revolution und der napoleonischen Ära befassen.[14] Die Liste ist keineswegs vollständig.[15] Eine spanische Filmographie aus dem gleichen Jahr nennt 287 Titel.[16] Da eine zentrale Sammelstelle fehlt, die, ähnlich wie die Deutsche Bibliothek in Frankfurt das für Druckerzeugnisse beanspruchen kann, von jedem neuen Filmprodukt eine Kopie erhält, wird sich die genaue Zahl nur schwer ermitteln lassen. Überdies stehen viele der frühen Filme für eine wissenschaftliche Analyse nicht zur Verfügung, wenig mehr als die Namen von Produzenten, Regisseuren oder Schauspielern ist von ihnen bekannt.

Dennoch bleibt eines offensichtlich: Die Französische Revolution erfreut sich erstens als eigenständiges Thema großer Beliebtheit bei Filmemachern seit den ersten Jahren des Stummfilms. Zweitens dient sie als historischer Hintergrund für Degenabenteuer, mehr oder weniger tragische Schicksale im Angesicht der Guillotine oder zeitspezifische Antworten auf die Legitimität gewaltsamer Gesellschaftsveränderung. Zusammenhänge mit dem Anwachsen sozialer Konfliktpotentiale in der Entstehungszeit der Filme lassen sich durchaus vermuten, bot doch die Französische Revolution eine passende

Hintergrundsfolie für viele aktuelle politische Fragen. Um so erstaunlicher ist es, daß gemeinhin der Revolutionsfilm, anders als beispielsweise Western, Kriegsfilm oder Science fiction, nicht als eigenständiges Genre begriffen wird.[17]
Auf die Französische Revolution, ihre Vorgeschichte und die Ära Napoleon bezogen sich bereits zahlreiche, häufig französische Spielfilme in der Frühphase des Stummfilms. Viele der Filmstoffe, die später jeweils mindestens drei Neuverfilmungen erlebten, waren schon bis 1910 dem Publikum nahegebracht: So etwa das Leben Napoleons,[18] Aufstieg und Fall Robespierres,[19] die Geschichte von den zwei Waisen, die in die Wirren der Französischen Revolution geraten,[20] das Schicksal Marie Antoinettes,[21] die Halsbandaffäre,[22] die Entstehung der Marseillaise,[23] das Leben der Dubarry,[24] »Madame Sans-Gêne«, die Wäscherin Napoleons[25] oder die »Revolutionshochzeit«,[26] die Geschichte einer tragischen Liebe zwischen einer Adeligen und einem bürgerlichen Offizier der Revolutionstruppen. Als neue einschlägige, später vielfach wiederholte Erzählstoffe kamen 1911 die Verfilmung von »A tale of two cities«[27] und die Biographie von »Madame Tallien«,[28] 1914 die Darstellung »Dantons« als Gegenspieler Robespierres,[29] 1917 schließlich mit »Scarlett Pimpernel« die story des britischen Gentleman als Retter des verfolgten französischen Adels hinzu.[30] Die Liste der Filmthemen im Umkreis der Französischen Revolution dürfte keineswegs vollständig sein, sie erfaßt jedoch diejenigen Filmstoffe, die Filmproduzenten und Regisseure immer wieder aufgriffen und die in ihrer großen Mehrheit auf literarische Vorlagen oder Schauspiele zurückgehen.
Die gesamte Menge von Spielfilmen, die sich mehr oder weniger intensiv mit der Französischen Revolution beschäftigen, in die hier geplante Analyse vom Frauen- und Revolutionsbild der Filmemacher einzubringen, war im Rahmen eines vertretbaren Forschungsaufwands und Zeitraums schlechterdings nicht möglich. Wir haben uns für exemplarisches Vorgehen in

mehrerlei Hinsicht entschieden und nach folgenden Kriterien ausgewählt: Als Gegenstand der Untersuchung wurden erstens Filmproduktionen zweier Länder herangezogen. Dies sollte ermöglichen, die jeweilige Nationalgeschichtsschreibung und ihre jeweils kulturspezifischen Revolutions- und Geschlechtersstereotype in ihrer filmischen Wirksamkeit zu überprüfen. Da es sich um französisches historisches Geschehen handelt, mußte Frankreich selbstverständlich miteinbezogen werden. Daß als zweites Land Deutschland gewählt wurde, erklärt sich pragmatisch aus der kulturellen Verortung der Autorinnen dieses Beitrags. Die auszuwählenden Filme sollten zweitens eine möglichst breite Aufnahme beim Publikum gefunden haben, was nicht zu verwechseln ist mit filmischer Qualität. Sie sollten drittens die historischen, ideologischen und geschlechtsideologischen Transformationen insbesondere in den 20er und 30er Jahren mit abbilden. Viertens sollten die Filmstoffe dem von Filmemachern geschätzten, durch häufige remakes belegten Kanon von Revolutionsthemen entstammen.

Als älteste Produktionen, die Eingang in die intensivere Analyse fanden, sind die heute noch bekannten Stummfilme von Ernst Lubitsch »Madame Dubarry« (Deutschland 1919) und von Abel Gance »Napoleon« (Frankreich 1925/27) zu nennen. Beide Filme schrieben Filmgeschichte. Mit »Madame Dubarry« schaffte Ernst Lubitsch den Sprung nach Amerika. In »seiner kunstvoll gestalteten und seinerzeit sehr erfolgreichen Stummfilmgroßproduktion«[31] lieferte er durchaus nicht nur seine Interpretation der Entstehungsgeschichte der Französischen Revolution, sondern gab auch gleich eine Antwort auf die deutsche revolutionäre Situation von 1919. »Napoleon« von Abel Gance, ein Film mit hohem filmhistorischen Wert, erregte in seiner Entstehungszeit aus filmtechnischen Gründen Aufsehen. Er transportierte ein präfaschistoides Führerbild vom »Retter des Volkes«, Vollstrecker und legitimen Erben der Französischen Revolution.[32] Zwei weitere Produktionen aus

dem Jahr 1938, die berühmt gewordene »Marseillaise«[33] von Jean Renoir (Frankreich) und die vergessene »Revolutionshochzeit«[34] von Hans Zerlett (Deutschland) lassen sich sichtlich im politischen Geschehen ihrer Entstehungszeit verorten. Steht die mit Unterstützung von Regierung und Gewerkschaften und dem finanziellen Beitrag zahlreicher »Kleinstaktionäre« gedrehte »Marseillaise« als »Film der Arbeiterklasse« ganz im Zeichen der französischen Volksfrontbewegung,[35] so läßt sich an der »Revolutionshochzeit« das »revolutionäre« Konzept des Nationalsozialismus wie das Rollenverständnis, das er dem Adel zuwies, bestens veranschaulichen.
Die Gelegenheit, den etwaigen Wandel des Revolutions- und des Frauenbilds in der Nachkriegszeit anhand eines gleichen und gleichzeitig in beiden Ländern abgedrehten Filmstoffes zu analysieren, bot »Madame Sans-Gêne«. Es handelt sich hierbei um zwei Verfilmungen des gleichnamigen »vielfach bühnen- und fernsehbewährten Amüsierstücks«[36] von Victorien Sardou und Emile Moreau, entstanden 1893.[37] Das auch als Operette und Oper bearbeitete Theaterstück wurde als Stummfilm mindestens viermal verfilmt[38] und erlebte in den 60er Jahren gleich zwei remakes, 1960 als deutscher Fernsehfilm mit Inge Meysel in der Hauptrolle unter der Regie von John Olden und 1962 als französisch-spanisch-italienische Kinoproduktion, bei welcher der in den 50er und 60er Jahren in Frankreich bekannte französische Unterhaltungsfilmer und filmische Bearbeiter zahlreicher Historienstoffe Christian Jaque die Regie übernahm.[39] Letztere Version mit Sophia Loren in der Hauptrolle hat zweifellos größere Verbreitung gefunden als die deutsche mit weitaus sparsameren Mitteln gedrehte Variante. Die in der jeweiligen Entstehungszeit der Filme verortete Kombination von Revolutions- und Frauenbild sollte abschließend in ihrer etwaigen Weiterentwicklung bis in die nahe Gegenwart anhand einiger aus der Fülle des Materials, mehr zufällig, denn gezielt ausgewählter populärer Spielfilme

überprüft werden. Als Beispiel sei hier die mit Jean-Paul Belmondo gedrehte französisch-rumänisch-italienische Koproduktion »Musketier mit Hieb und Stich« genannt. Unter der Regie von Jean-Paul Rappeneau entstand 1971 ein so trivialer Film, daß er beispielsweise keine Aufnahme in der genannten Filmographie fand, obwohl er während der Französischen Revolution spielt und zahlreiche Informationen und Interpretationsmuster zur Revolution bietet.[40] Die Zweihundertjahrfeier zur Französischen Revolution 1989 brachte in ihrem Vorfeld eine Vielzahl von einschlägigen Filmen in die Medien. Ausgewählt wurden insbesondere Filme, die für das französische Fernsehen gedreht, die aber auch in Deutschland rezipiert wurden. So der ursprünglich sechsteilige Fernsehfilm »Bleu Blanc Rouge« aus dem Jahr 1981, unter der Regie von Andrei Yannick, nach dem Roman »Sophie mon coeur« von Françoise Linares. Unter dem Titel »Unter der Trikolore« war er 1981 auch im deutschen Fernsehen zu sehen. Gleiches gilt für die sechsteilige französische Spielfilmreihe »Die Unterröcke der Revolution« von Monique Annaud aus den 1980er Jahren, die 1989 auch in Deutschland ausgestrahlt wurde. Sie widmet paritätisch je drei Filmtitel Männern und Frauen der Revolutionszeit, nämlich Marat, Talleyrand und Mirabeau, Marie Antoinette, Madame Tallien und Théroigne de Méricourt.

Zur Interaktion von Revolutionsbild und Weiblichkeitsmythos

Nicht nur diejenigen Produktionen, in denen wie in »Madame Dubarry« oder den zuletzt genannten, eine Frau dem Film zu einem Titel verhalf, auch in den anderen ausgewählten Beispielen werden selbstverständlich Frauen, Revolutionärinnen und Adelige, Bürgerinnen und weibliche Angehörige des Volkes ins Bild gesetzt. Und selbst wenn es an weiblichen Rollen fehlt, wird auf die Darstellung des »weiblichen Prinzips« nicht verzichtet. Doch welche Zusammenhänge zwischen Revolutions- und Frauenbild der Filmemacher lassen sich herstellen? Die Frage, welche Rolle die Frauen in der Revolution zu übernehmen hatten, beschäftigte bereits die Akteure von 1789. Schon unter den Beschwerdeheften, die für die geplante Nationalversammlung erarbeitet wurden, finden sich Forderungskataloge aus der Feder von Frauen, die davon ausgehen, daß die politische Freiheit und die Gleichheit der Rechte beiden Geschlechtern gemeinsam gehören sollten. So läßt sich beispielsweise auch die explizite Forderung nach dem Wahlrecht von Frauen nachweisen.[41] Frauen diskutierten nicht nur in den ihnen traditionell zugestandenen Salons, sie bildeten eigene politische Clubs, beanspruchten Rederecht in der Nationalversammlung und trugen nicht wenig zur Eskalation der Revolution bei.

Erwähnt sei hier stellvertretend für zahlreiche andere Aktionen der Frauenmarsch nach Versailles im Oktober 1789, der zum wenig freiwilligen Umzug des Königs nach Paris führte. Auch an den Kämpfen waren offensichtlich Frauen beteiligt. Unterstützung fanden sie mit ihren Forderungen zunächst vor allem bei den radikalen Revolutionären, den Jakobinern. Doch im Kontext der jakobinisch-girondistischen Lagerkämpfe, als diktatorische Vollmachten wieder für Ordnung statt für Terror sorgen sollten, wurden die weiblichen politischen Handlungsspielräume bereits wenige Monate nach ihrer Durchsetzung im Herbst 1793 wieder eingeengt. Unumstritten waren sie insbesondere im gemäßigten Lager und beim Adel ohnehin nie gewesen. Mit der Rückkehr der Girondisten in die Politik 1794 begann sich immer mehr das Bild der politischen Frau als zwangsläufig unnatürliches Wesen und als Furie durchzusetzen. Es folgte das geschlechtsontologisch begründete Verbot politischer Aktivität. »Wenn wir berücksichtigen, daß die politische Erziehung der Männer in den Anfängen steht, daß alle Prinzipien noch nicht entwickelt sind und daß wir das Wort

Freiheit erst zu stammeln vermögen, dann gilt dies noch mehr für die Frauen, deren moralische Erziehung fast völlig bedeutungslos ist. Ihre Anwesenheit in den Societés populaires würde daher Personen einen aktiven Anteil an der Regierung geben, die in besonders hohem Maß dem Irrtum und der Verführung ausgesetzt sind«, hieß es in der Begründung des Verbots.[42] Auch revolutionäre Frauen waren eben schwache Weiber.

Die Rolle, die man den Frauen nun zuwies, und die über alle Revolutionslager hinweg konsensfähig schien, war das rousseauistische Konzept biologischer und mentaler Mütterlichkeit, der sorgenden Mutter, die ihre Kinder nun freilich im Sinne der Revolution erzieht und die verwundeten Kämpfer pflegt. Das interessierte Ausland folgte den französischen Vorgaben in enger Verbindung mit der eigenen Haltung zur Revolution. Die Sachlage war eindeutig, wenn sich das Bild der Revolutionärin mit dem Abscheu vor gewaltsamen Umsturz, vor dem Aufruhr der Masse mengte. Unversehens wurden politisch aktive Frauen zu zerstörerischen, ja zu Kannibalismus neigenden Ungeheuern. Mit

»Die Straßen füllen sich, die Hallen.
Und Würgerbanden ziehn umher.
Da werden Weiber zu Hyänen
Und treiben mit Entsetzen Scherz;
Noch zuckend, mit des Panthers Zähnen,
Zerreißen sie des Feindes Herz«[43]

setzte Friedrich Schiller seine bereits zitierte poetische Revolutionsbewertung fort. »Robespierres Strickweiber«, denen man sadistischen Genuß angesichts der Arbeit der Guillotine unterstellte, waren für die Kritiker der Revolution der Inbegriff der doppelten Auflösung der althergebrachten Ordnung. Wenn die Obrigkeit abgeschafft wurde und Frauen sich in die Politik mischten, dann war der Gipfel der Zerstörung erreicht. Teilhabe von Frauen, darin war sich auch das sympathisierende Ausland gemeinhin einig, hatte einherzugehen mit weiblichen Tugenden, mit Mutterschaft. In Frankreich wie im Ausland erschien die negativ bewertete politische Frau als die personifizierte ungebändigte Natur, erst deren Mäßigung in natürlicher und sittlich-gesellschaftlicher Mutterschaft legitimierte zu rollenspezifischer weiblicher Teilhabe am politischen Raum.

Die Diskussion um Weiblichkeit und Männlichkeit, weibliche und männliche Wesenhaftigkeit, Aufgaben und Teilhabe an Recht und Macht war freilich mit dem Ende der Revolution nicht abgeschlossen. Sie durchzog den bürgerlichen Diskurs des 19. Jahrhunderts und setzte sich im sozialistisch-sozialdemokratischen des 19. und 20. Jahrhunderts fort. Auch wenn sie sich heute im öffentlichen politischen Bereich nur noch als Kampf um gleichberechtigte Teilhabe an den gesellschaftlichen Gütern manifestiert, in den kritischen Human-, Kultur- und Gesellschaftswissenschaften ist sie sehr aktuell. Zum historischen Verständnis sei angemerkt, daß sich kulturelle, häufig als anthropologische Grundkonstanten verstandene Zuweisungen zu Männlichkeit und Weiblichkeit als äußerst langlebig erwiesen und noch erweisen. Nicht nur die frühen Revolutionsfilme, sondern auch die Spielfilme zur Französischen Revolution aus den letzten Jahrzehnten bedienen sich gern tradierter einschlägiger Muster, insbesondere derer, die der zeitgenössische Diskurs bereits vorgab. Anhand der ausgewählten Filme wird jedoch zu prüfen sein, welche Variationsbreite das verfilmte Frauenbild im Revolutionsfilm aufweist. Läßt sich die Linie, die schon im revolutionären Frankreich vorzufinden war – hier radikale Revolution unter weitreichender Beteiligung der Frauen, dort Revolutionskritik und Reduktion des Weiblichen auf gesittete politisch verstandene Mutterschaft oder negativ bewertete zerstörerische weibliche Naturhaftigkeit – auch im Spielfilm des 20. Jahrhunderts belegen? Wie hat sich das filmische weibliche Rollenverständnis von den 20er Jahren bis heute verändert?

Für die systematische Einteilung des ausgewählten Filmmaterials erwies sich ein Muster als besonders tragfähig, das zusammen mit verschiedenen tiefenstrukturellen und kulturspezifischen Binäroppositionen, wie beispielsweise Leben-Tod, Kultur-Natur, Ordnung-Chaos, männlich-weiblich zu den grundlegenden Verfahren gehört,[44] mit denen bei der Überführung von »Geschehen« in eine historiographische oder fiktionale »Geschichte« erzählend »Sinn« erzeugt wird: Gemeint ist das triadische Modell von Anfang, Mitte, Ende. In variierter Form, nämlich als die Frage nach Entstehung, Verlauf und Schlußpunkt eines historischen Geschehens spielt es gerade auch in der Historiographik der Französischen Revolution immer schon eine zentrale und neuerdings sogar auf der Metaebene diskutierte Rolle.[45]

Die meisten Filme fokussieren die eine oder andere Phase, nämlich »Anfang«, »Mitte« oder »Ende« und die damit verknüpften spezifischen Erkenntnisinteressen. Und sie lassen sich in der Analyse gut mit der Genderperspektive kombinieren:[46] Alle Filme nämlich verfügen über eine breite Präsenz von Frauenfiguren, Gender-Arrangements und Weiblichkeitsstereotypen. Allerdings begründen die Filme diese Präsenz eher selten mit der historischen Realität, sondern sie ist oft nur eine Folge der Fiktionalisierung und des narrativen Emplotments des Films oder der literarischen Vorlage. Historische Frauen und ihre Partizipation am revolutionären Geschehen werden so erstens entweder von literarischen Präfigurationen »überblendet«,[47] sie werden zweitens mit fiktionalen Konfigurationen ergänzt, oder sie werden völlig »ausgeblendet« und ersetzt durch fiktionale Figuren, bei deren Konstruktion bekanntlich das Reale, das Imaginäre und das Symbolische einer Kultur ineinandergreifen.[48]

Es wird im folgenden also um die Analyse einer ersten Gruppe von Filmen gehen mit der Frage nach dem Beginn, den Ursachen der Revolution und nach der Rolle, die Frauen oder das »Weibliche« bei der Entstehung der Revolution spielen. Eine zweite Gruppe bietet Analyseangebote für die ins Bild gesetzte Beschreibung und Erklärung des Verlaufs der Revolution und ihres »weiblichen« Anteils. Eine letzte Gruppe schließlich läßt sich auf Zeitpunkt und Umstände des Revolutionsendes sowie ihre Ergebnisse, insbesondere für Frauen und das »Weibliche« untersuchen.
Zunächst geht es um die erste Gruppe und die bereits kausallogisch gewendete Frage nach dem Ursprung: Wie entstand die Französische Revolution, oder: wie entstehen überhaupt Revolutionen. Welche Rolle spielen Frauen oder das »Weibliche« bei ihrer Entstehung? Zu dieser ersten Gruppe von Filmen zählen, etliche Jahrzehnte filmischer Produktion überspannend, der frühe deutsche Stummfilm »Madame Dubarry« von 1919, der französische Film »Die Marseillaise« von 1938 und die französische Fernsehfilmreihe »Die Unterröcke der Revolution« aus den 80er Jahren. Trotz ihrer unterschiedlichen Entstehungszeiten und des sich entsprechend wandelnden geschichtswissenschaftlichen Bildes zu den Ursachen der Französischen Revolution beantworten fast alle Filme dieser ersten Gruppe ihre Ausgangsfrage mit Hilfe eines biographischen, personengeschichtlichen Konzepts: Revolutionen entstehen durch RevolutionärInnen. Damit verschieben sie jedoch den Erklärungsbedarf auf die Frage, welche biographischen Faktoren und Konstellationen einzelne Menschen, Männer und Frauen, zu Revolutionären machen.
Für die konzeptionelle Organisation dieses neuen Problems wiederum benutzen alle Filme individual- oder sozialpsychologische Erklärungsansätze. Lediglich einer der untersuchten Filme weicht vom biographisch-personengeschichtlichen Erklärungskonzept ab und benutzt vorrangig einen strukturge-

schichtlichen Ansatz, wobei jedoch auch er auf biographische Momente nicht gänzlich verzichten kann. Daß freilich auch solche Interpretationen, die dominant biographisch ausgerichtet sind, politische und sozialgeschichtliche Interpretanten mitverwenden können, zeigt nun aber gerade der früheste deutsche Film, Lubitschs »Madame Dubarry« von 1919.

Dieser Film ist zunächst als Biographie der historischen Titelfigur angelegt, die er nach dem narrativen Schema »Aufstieg und Fall des/der [...]« organisiert. Die Kernfrage nach der Entstehung der Revolution beantwortet er mit Hilfe einer zweiten Biographie, die des eifersüchtigen früheren Liebhabers der Dubarry, eine Biographie, die der Film über das Basismythem des Dubarry-Mythos, Sexualität, in die Makrogeschichte integriert. Es handelt sich um die Lebensgeschichte der großen Liebe der Film-Dubarry, Armand de Foix.[49] Diese männliche Figur erfährt eine doppelte Entwicklung.

Erstens mutiert der Student zunächst zum Soldaten und schließlich zum Politiker, wobei insbesondere sein Wandel vom königstreuen Anhänger der Monarchie in einen zunächst privaten Konkurrenten, später auch politischen Gegner des Königs wichtig ist. Politisch führt ihn sein Weg also von der Seite der Royalisten über eine Phase der Fehlorientierung im Lager der adligen Fronde direkt hinüber auf die Seite der bürgerlichen Revolution. Entscheidend für unser Erkenntnisinteresse ist die private und erotische Begründung dieses Politisierungsprozesses.

Zweitens aber erfährt Armand nicht nur einen Prozeß der Politisierung, sondern er erlebt auch eine »Vermännlichung« im Sinne von kulturspezifisch »männlich« semantisierten Eigenschaften: Sein »Reifungsprozeß« führt ihn von einem affektgesteuerten Handeln aus Liebe und Eifersucht zu einem reflexions- und vernunftgeleiteten Handeln und zu politischer Einsicht.[50] Diese Einsicht aber heißt: »Alles wegen einer Frau«.[51] Diese Formel ermöglicht es dem Film, sein narratives Metakonzept »erotische Biographie« auch mit nichtbiographischen Erklärungsmomenten von Revolution zu koppeln, was insbesondere in der Konzeption der Titelheldin deutlich wird. Jeanne Bécu, Comtesse de Dubarry nämlich ist eine »Lulu«-Figur, »Naive« und »Femme Fatale«. Sie ist einerseits verführtes und benutztes Opfer, andererseits ist sie Komplizin, Täterin und Ikone eines dekadenten und desolaten politischen Systems, dessen Machtzentrum ein Machtvakuum ist. Das wiederum verdeutlicht die Figur Ludwigs XV.: Seine systemtypischen Defekte heißen Verschwendung, sexuelle Triebhaftigkeit, Schwäche, insbesondere gegenüber der Hofkamarilla, kompensatorische Machtgesten gegenüber den politischen Willensdemonstrationen des Volkes und Ignoranz gegenüber dessen sozialer Not.

Der Interpretant »Schwäche«, den der Film für dieses politische System und für seinen zentralen Repräsentanten benutzt, ist für eine genderspezifische Analyse insofern interessant, als er eine historisch-politische Bewertung geschlechtsideologisch semantisiert: Was Frau also zumindest partiell stark macht, Sinnlichkeit, Üppigkeit und Affekthaftigkeit, macht Mann schwach, »weiblich«, »weibisch« und leicht zum Unterlegenen in der bestehenden Ordnung der Dinge, der Geschlechter etwa, der Klassen. Anschaulich ins Bild gesetzt wird dieser Zusammenhang insbesondere in Szenen, die den Monarchen im Boudoir als Liebessklaven zeigen: Im Kniefall vor der Dubarry und ihr die Füße küssend.[52]

Der Film führt seine beiden Erklärungsthesen zum Ausbruch der Revolution, »Schwäche« des Regimes versus »Erstarken« eines Revolutionärs, noch einmal zu einer übergeordneten These zusammen. Sie aber ist geschlechtsideologisch und mythisch zugleich, indem sie komplexe und multikausale soziohistorische Zusammenhänge reduziert, personalisiert und sexuell codiert. Nicht die konkrete Frau Jeanne Bécu Dubarry ist unmittelbar »schuld«, was als historische Erklärung ohnehin nicht haltbar wäre. Verursacher ist vielmehr ein Prinzip, das sie als sinnliche Frau und Mätresse »verkörpert«, das aber die beiden männlichen Liebes-Konkurrenten ebenfalls »im Leibe« haben: Sexuelles Begehren, hier konnotiert als Weiblichkeit/Weibischkeit.

Trotz aller Ambivalenz, die der Film der Jeanne-Figur selbst zugesteht, bewertet er das »Weibliche«, das »weiblich« apostrophierte Begehren des Mannes negativ. So wird die »weibliche« Trieb- und Affektseite nicht nur dem Repräsentanten des alten Systems zum Verhängnis. Sie macht auch die Symbolfigur der Revolution und der neuen Ordnung, Armand, letztlich zum tragischen und toten Helden. Statt sich nämlich in bester deutscher Tradition über die Dubarry und die Dubarry in sich selbst zu erheben und so die politisch bereits praktizierte Vernunft auch zur Herrin seines privaten Handelns zu machen, stirbt Armand bei dem Versuch, die Geliebte aus der Todeszelle zu befreien, in die er sie als Politiker zuvor geschickt hat.

Für Lubitsch war das beschriebene Erklärungsmuster einer sexualmoralisch betonten Dekadenzhypothese (»Alles wegen einer Frau«) bedeutsam genug, um dafür auch eine offensichtliche und massive Geschichtsfälschung zu akzeptieren: Der Ausbruch der Französischen Revolution folgt unmittelbar auf den Tod Ludwigs XV. im Jahr 1774. Und wie schon mit dem klassisch-idealistischen Konzept der »Selbstüberwindung« und dem in Armands Geschichte offensichtlich anzitierten Gattungsmodell des Bildungs- und Entwicklungsromans stellt sich Lubitsch auch mit seiner Dekadenzthese in beste deutsche Tradition: Hatte doch beispielsweise bereits Oelsner in seinen 1797/99 als Buch veröffentlichten Korrespondenten-Reiseberichten versucht, den Ausbruch der Revolution mit der lang zurückreichenden »Sittenverderbnis« am Hof Ludwigs XV. in Verbindung zu bringen.[53]

Die nationale idenditätsstiftende Charakterisierung von französischen Frauen als erotisch, aber moralisch verworfen und von deutschen Frauen als rein und sittenstreng, durchzog im Deutschand des 19. Jahrhunderts denn auch die politisch-literarischen Auseinandersetzungen mit dem Konkurrenten Frankreich und feierte anläßlich des deutsch-französischen Kriegs 1870 wahre Triumphe.[54] Angesichts der Einbindung von Lubitschs moralisierend-psychologisierendem Zugriff auf nationale Stereotype verwundert es denn auch nicht, daß seine Interpretation vor allem beim deutschen und beim unbelasteten amerikanischen Publikum Resonanz fand. In Frankreich reagierte die Kritik zunächst mit Vorbehalten auf den angebotenen Erklärungsansatz, und erst die jüngere Rezeption der psychoanalytischen Theorie in den letzten Jahrzehnten unseres Jahrhunderts ermöglichte auch hier eine Konjunktur (sexual-)psychologisierender Interpretationen zur Französischen Revolution.

Deutlich wird dieser Paradigmenwechsel an dem zweiten hier eingeordneten französischen Film aus den 80er Jahren, »Théroigne de Méricourt«. Mit Blick auf ein aktuelles Interesse an feministischer Geschichtswissenschaft und mit egalitär-emanzipatorischem Gestus überträgt der Plot zunächst den personengeschichtlichen Erklärungsansatz auf eine historische Frauenfigur. Hierbei handelt es sich um die radikalrepublikanische Jakobinerin Méricourt. Ob sie am Ende der Revolution tatsächlich wahnsinnig wurde oder in eine Irrenanstalt abgeschoben wurde, hat die historische Forschung bisher noch nicht eindeutig klären können.[55]

Im Bereich historischer Fakten referiert der Film Ergebnisse der historischen Frauenforschung: So verweist er in szenischer oder narrativer Form auf die zentrale Rolle von Frauen bei den Brotunruhen und beim Marsch nach Versailles, auch politische Frauenklubs und Frauenbataillone werden erwähnt. Méricourt zitiert in einer »feministischen« Rede Kernargumente aus Olympe de Gouges »Erklärung der Rechte der Frau und Bürgerin«.[56] Ausgespart bleibt nicht einmal die Beteiligung von

Frauen an der terreur, wenn auch in abgeschwächter Form, denn die Beteiligung der rechtsstaatlich argumentierenden Film-Méricourt an der Gewalt ist ihr von ihren AnhängerInnen aufgezwungen worden. Sie ist nämlich nicht Folge sondern Ursache ihres »Wahnsinns«. Auf eine Hypothese über die Gewaltbereitschaft der sie umgebenden Frauen verzichtet der Film.[57]

Die genderspezifische »Modernität« dieses Films relativiert sich allerdings bei einer genaueren Analyse. Auf die Frage nach der Entstehung der Revolution und der Revolutionärin Méricourt gibt er nämlich in geschlechtsideologischer Hinsicht eine eher problematische Antwort. Anders als Lubitschs Armand, dessen revolutionäres Engagement das Ergebnis von biographischer Erfahrung und eigener Reflexion sein darf, bedarf es für Méricourts Politisierung eines männlichen Lehrers, des Katalysators eines männlichen Bewußtseins: Politisches Schlüsselerlebnis und biographischer Wendepunkt für Méricourt ist nämlich eine Rede des Jakobiners Desmoulins. Zudem wird, ausgehend von dem Kerntopos des »Wahnsinns« im »Méricourt-Mythos«, ihr gesamtes revolutionäres und feministisches Engagement sexualisiert und pathologisiert. Die weibliche Teilhabe an der Revolution erweist sich als Teil der Sexualbiographie einer Frau, die geprägt ist durch die Urszene einer Vergewaltigung und deren traumatische Wiederholungen durch Repräsentanten des alten Systems.

Revolutionäres Engagement und Méricourts feministische Interpretation des Geschlechterverhältnisses als Gewaltverhältnis – »Männer sind für Frauen die Aristokraten« – werden so zu Symptomen einer Sexualneurose, die sich in der vorrevolutionären Phase als Promiskuität, über die Länge der Biographie aber auch als Waschritual und schließlich im Wahnsinn artikuliert.[58] Der französische Untertitel des Films, »L'Amazon rouge«, und mehrere Filmszenen verdeutlichen zusätzlich, daß die hier zunächst geleistete feministische Analogisierung von sozialen und sexuellen Hierarchien und Gewaltverhältnissen gerade keine aufklärerische, ideologie- und herrschaftskritische Intention hat, sondern, daß auch die auktoriale Perspektive ähnlich wie einige männliche Figurenperspektiven zur Mythisierung neigt: Komplexe politische und soziokulturelle Zusammenhänge, insbesondere jedoch die politische Radikalisierung und Eskalation der Gewalt ab 1793, werden so über die intertextuelle Referenz auf den Amazonen-Mythos und auf den mit oralsadistischen Kastrations- und Angstphantasien aufgeladenen mythischen Interpretanten »Geschlechterkampf« erklärt.

Schon bei der Analyse dieser ersten Filme zeigt sich, daß auch die modernen erzählerischen Konzepte, welche die Filme mit Bezug auf literarisch vorgegebene Frauenbilder oder explikatorisch verwendeten Metatheorien wie der Psychoanalyse benutzen, eine Sichtweise der Französischen Revolution und ihrer geschlechtsspezifischen Handlungsspielräume begünstigen, die dem traditionellen bürgerlichen geschlechtsspezifischen Rollenverständnis entsprechen: Entweder sie sitzen der »allgemeinen« Geschichtsschreibung auf, gehen mit dieser von der Nichtpräsenz der Frauen in der politischen Öffentlichkeit aus und verweisen damit mehr als die Hälfte der Menschheit als geliebte/versagte Liebesobjekte, als Geliebte/Hure und Mutter in die Rolle eines lediglich indirekt wirkenden und ambivalent bewerteten energetischen Prinzips. Oder sie bewerten die historisch nachweisbare Beteiligung von Frauen am revolutionären Geschehen negativ.

Revolutionen werden demnach getragen oder mitgetragen von psychosexuell beschädigten und abweichenden Individuen, die Probleme haben mit ihrer von Aristoteles bis Freud »weiblich« konnotierten Affekt- und Triebstruktur. Daß freilich das filmische Frauenbild nur so emanzipatorisch sein kann, wie die in den Filmen benutzten psychosozialen Theorien liegt auf der Hand.[59] Unter diesem Blickwinkel hat sich innerhalb eines halben Jahrhunderts Filmgeschichte das psychologisierte filmische Frauenbild wenig gewandelt.

Der dritte Film der ersten Gruppe, die wesentlich früher, im Kontext der französischen Volksfrontbewegung 1938 entstandene »Marseillaise«, scheint gegenüber solchen geschlechtsideologischen Verstrickungen zunächst immun zu sein. Der Grund dafür ist, daß Renoir für die Beschreibung der Ursachen und Entwicklung der Französischen Revolution keinen personengeschichtlich-biographischen, sondern einen struktur- und sozialgeschichtlichen, materialistischen Ansatz wählt. In einer zentralen einführenden Eingangssequenz werden sozialgeschichtliche Faktoren, etwa Hunger- und Agrarkrise sowie feudaler Rechtsmißbrauch, als Ursachen von politischer Bewußtseinsbildung und Revolutionsausbruch am Beispiel von Einzelschicksalen »kleiner Leute« vorgeführt. Anschließend zeigen zwei lange Sequenzen, die eine in der einsamen und pathetischen Berglandschaft der Provence, die andere in den Festungsanlagen von Marseille, die Solidarisierung unterschiedlicher sozialer Gruppen und die Ausbreitung des revolutionären Bewußtseins unter intellektuellen Adligen, Klerikern, Bauern, Matrosen und den Regierungstruppen. Dieser Prozeß wird vom Filmplot zunächst exklusiv männlich besetzt: Frauenfiguren, die im späteren Handlungsverlauf sehr präsent sind, sind an der allgemeinen politischen Entwicklung erst dann beteiligt, als das revolutionäre Engagement der Männer, insbesondere die Rekrutierungen und Kampfhandlungen, die Sphäre des Privaten zu beeinträchtigen beginnt.

Der Film konstruiert für die Frauen so einen anfänglichen Interessenskonflikt zwischen »weiblich« besetztem privatem Glück und »männlich« besetztem politischem Kampf. Diesen Konflikt lösen die Frauen aller Parteien – selbst die der royalistischen Exilanten – zugunsten einer aktiven Solidarisierung mit den jeweiligen politischen Zielen ihrer Männer.[60] Einmal identifiziert mit den Zielen der Revolution, setzt sie der Film,

scheinbar »revolutionär«, in allen Bereichen des revolutionären Geschehens effektvoll in Szene: Als Rednerinnen und Zuhörerinnen in politischen Versammlungen, bei Revolutionsfesten, im Revolutionstheater, beim Sturm auf die Tuillerien.
Aber im Widerspruch zu dieser progressiv wirkenden Filmperspektive politisch aktiver Frauen transportiert auch dieser Film eine eher traditionelle geschlechtsspezifische Rollenteilung. Auch im materialistischen Geschichtsverständnis von Jean Renoir bleiben Bewußtsein, Geist, Individualität, Führerschaft männlich konnotiert. »Frau« ist – wie zu Beginn das unpolitische »Volk« – unbewußte Natur, die lernen muß, mit dem Geist gemeinsame Sache zu machen. Sind Natur und Geist erst einmal versöhnt, behält der Geist die Führung, für Frauenfiguren verbleiben konventionelle Rollen- und Identitätsmuster.
Wo sie überhaupt über eine Mitläuferfunktion in Massenszenen hinauskommen und vom Film als individuelle Personen in den Blick genommen werden, bleibt ihr Auftritt – anders als die kontinuierlich behandelten männlichen Kernfiguren – erstens anonym und nebensächlich und zweitens ist er geschlechtsideologisch gut kontrolliert: Gleich, ob Königin, Adlige, Bürgerin – selbst dieser so »antibürgerliche« Film benutzt ein rousseauistisches Weiblichkeitskonzept. Als energetisches und emotionales Prinzip treiben Frauen, Klavier spielend, singend und redend, die Männer zum und im Kampf an, tragen ihnen die Gewehre hinterher, pflegen hinter den Linien die Verwundeten und halten die Sterbenden im Schoß.
Damit kommt jedoch bereits der Aspekt in den Blick, den die zweite Gruppe von Filmen dominant thematisiert, nämlich der Revolutionsverlauf und die Rolle von Frauen und des »Weiblichen« für diesen Verlauf. Zu dieser zweiten Gruppe unserer Stichprobe gehören die nationalsozialistische »Revolutionshochzeit« von 1938, die beiden Versionen von »Madame Sans-Gêne« aus den 60er Jahren sowie die französischen Fernseh-

filme aus den 80er Jahren »Unter der Trikolore«, »Madame Tallien« und »Théroigne de Méricourt«.
Die meisten Filme aus dieser Gruppe versuchen, Geschehen, Verlauf und Ergebnisse der Revolution im Sinne einer »dramatischen« Emplotmentstrategie als Kampf konkurrierender Kräfte oder Gruppen und deren Exponenten zu konzeptionieren.[61] Dabei benutzen sie im wesentlichen fünf konventionelle binäre Konfigurationen, die sie unterschiedlich stark gewichten. Es handelt sich um die Paare Adel versus Bürgertum; Revolutionspartei versus Revolutionspartei; Frankreich versus Ausland; Zentrum versus Peripherie; Mann versus Frau. Nur die letzte Opposition thematisiert also ausdrücklich die Französische Revolution als »Geschlechterkampf«, die übrigen vier Oppositionen können sie enthalten. Etwa: Bürgerlicher Mann bekämpft adlige Frau. Vorweg jedoch soviel: Sobald die politischen Gegnermit Repräsentanten des jeweils anderen Geschlechts besetzt werden, greift nicht das Konzept »Kampf«, sondern »Liebe«.
Die erste Opposition, Adel versus Bürgertum, wird von dem 1938 entstandenen NS-Film »Revolutionshochzeit« besetzt. Der Film benutzt sie, um die »legitime« Überlegenheit einer neuen Ideologie und der ihr verpflichteten Tugend- und Gesinnungselite über eine traditionelle, hier ständisch legitimierte Ordnung und deren Repräsentanten darzustellen. Diesen mit nationalsozialistischer Ideologie überformten Kampf um »La France« und eine neue Gesellschaftsordnung erzählt der Film in symbolischer Verdichtung.
Das Ziel, auf das sich die beiden feindlichen Truppen zubewegen, ist ein Schloß mit einer Frau darin, die es einzunehmen und zu erlösen gilt. Mehr noch, es geht darum, die geplante sexuelle Reproduktion der alten Elite zu verhindern: Nach dem Schema, zwei Männer und eine Frau, stellt der Plot nämlich dar, wie der Vollzug einer Adelshochzeit durch die Revolutionspartei verhindert wird. Die Braut versucht zwar erfolg-

reich, das Leben ihres entdeckten und zum Tod verurteilten adligen Bräutigams zu retten, indem sie den Führer der revolutionären Truppen zum Kleidertausch, das heißt, zur Fluchthilfe animiert. Der Preis für das Leben des einen ist aber die Hochzeitsnacht mit dem andern, das heißt, der Preis ist ihr Körper und ihr ganzes Selbst. Obwohl sie sich dieser Zumutung anfangs verweigert, zahlt ihn die Marquise Aline d'Estoile letztlich doch und voll Hingebung, als ihr klar wird, daß der Major Marc Arron diesen als Hochverrat bewerteten Handel mit dem eigenen Tod bezahlen wird.

Schon dieses knappe Resümee zeigt, daß dieser Film sein historisch maskiertes politisch-ideologisches Interesse mit ganz ähnlichen geschlechtersemantischen Stereotypen besetzt, wie der eingangs analysierte Lubitsch-Film, »Madame Dubarry«. Auf der ideologischen Ebene nämlich geht es – einmal mehr – um die Opposition Natur, Sexualität und Gefühl versus vermeintliche Kultur und Vernunft. In gut preußisch-kantischer Tradition geht es um »weiblich« konnotierte Neigung versus »männlich« konnotierte Pflicht. Es geht um Dekadenz, Verweichlichung, Auflösung, Chaos auf der einen und Disziplin auf der anderen Seite. Unterschiedlich ist lediglich die geschlechterspezifische Zuordnung der Libido: Anders nämlich als der Stummfilm von 1919 liquidiert dieser Film das sexuelle Begehren als weibliche Geschlechtseigenschaft. Frauen sind keine sexuell fordernden Evas, Lulus und Huren, sondern reine Marien[62], wie sie auf Männer ganz allgemein auch eine eher »sittigende« und mäßigende Wirkung haben können und sollen. Einzig die bloße Anwesenheit und die verschiedenen Aktionen von Herrin, Zofe und Köchin bewirken für Leib, Leben und Besitzstand des Grafen die »Gnadenfrist« der Hochzeitsnacht.

Aber trotz dieser segenstiftenden »Reinheit« und Asexualität der Frauen bleibt ein Risiko, das zwischen den beiden Filmen schließlich doch eine geschlechtsideologische Kontinuitätslinie schafft: Frauen sind zwar keine femmes fatales, ihre Wirkung auf die »männliche« Disziplin, die Ordnung, die Vernunft ist aber dennoch gelegentlich fatal und tödlich, denn sie lösen das alles zersetzende Begehren, Gefühle und Zweifel aus. Die von der schelmisch-naiven Köchin aufgetischten Gaumenfreuden und der Ohrenschmaus ihrer zweideutig-eindeutigen Küchenlieder kugeln die geordneten Reihen und Formationen der Soldaten durcheinander. Und auch den Major macht der bloße Blick auf die Frau pflichtvergessen und skeptisch gegenüber den eigenen Taten und Werten.

Ähnlich wie in »Madame Dubarry« ist das Kernthema auch dieses Films somit die Affekt- und Gefühlsseite und ihre Kontrollmöglichkeiten. Gemäß seiner elitären Führerideologie kennt der Film hier nur zwei Alternativen: Die Disziplinierung von außen durch ein rigides Reglement und/oder eine Führerpersönlichkeit sowie die Disziplinierung dieser Führerpersönlichkeit durch sich selbst. Alle zum Leben verführenden Interventionsversuche der liebenden Frau, der Freunde und seines eigenen, »weiblichen« Selbsts wehrt das heldische Subjekt ab, indem es in einem symbolischen Akt die Fessel des zerrissenen (!) Brautsschleiers von seinen Füßen abstreift und als Strafe für seine Disziplinlosigkeit energisch die eigene Erschießung betreibt.

Definiert der Film so die Frauen und das »Weibliche« selbst in der hier aktualisierten reinen und marienhaften Verbindung zu Gefühl, Mitleid, Gnade/Begnadigung, Humanität und Leben noch als erotisierende Gefahr, bleibt die Frage, weshalb die weibliche Hauptfiguren überleben dürfen, obwohl sie im Filmplot auf der falschen, weil feudaladligen und revolutionsfeindlichen Seite stehen.

Die Antwort wird besonders in einigen Diskussionen deutlich, welche die Dienstboten, aber auch ihre Herrschaft über die moralische Qualität der alten und neuen politischen Wertordnung führen. Insbesondere die Frauen im Schloß vertreten zwei von der Adelsgesellschaft auf den Nationalsozialismus zu transferierende gesellschaftliche Tugenden: Intuitive Gefolgschaftstreue und verinnerlichten Gehorsam. Diese nationalsozialistisch geprägte Verbindung von rechtskonservativen Ideologemen und »revolutionärem« Denken inszeniert der Film symbolisch im liebenden Verschmelzungsakt von adliger Frau und revolutionärem Held. Daß das Drehbuch insbesondere Frauen mit dem Merkmal »Gefolgschaftstreue« nach dem Muster von Schutz und Treue ausstattet, hat seinen Grund in der historischen Rechtssituation der Geschlechter zueinander und dem damit verknüpften weiblichen Rollenstereotyp von Partneridendität und Beziehungsorientierung. Der Adressat dieser Message war im übrigen nicht nur die »deutsche Frau«, die hinter die egalitätspolitischen Forderungen der Weimarer Frauenbewegung zurückgewiesen werden sollte. Vielmehr galt die filmische Botschaft auch dem deutschen Adel der NS-Zeit, der nur angesichts seines Angebots von Gefolgschaftstreue und Blutreinheit eine realhistorische »Bewährungschance« erhielt – ein historisches Faktum, das der Film auch direkt zitiert: Der Adelige Ernst de Tressailles bekommt das Leben geschenkt, um sich im Dienst der Revolutionsarmee zu »bewähren«.

Die zweite filmische Binäropposition zur Ausgestaltung des Revolutionsverlaufs, Revolutionspartei versus Revolutionspartei, wird von dem Film »Madame Tallien« in den 80er Jahren genutzt. Wie schon die filmische Biographie von Théroigne de Méricourt kann das Drehbuch über Madame Tallien auf eine Reihe von geschichtswissenschaftlichen Erkenntnissen über eine der einflußreichsten Frauen in der Endphase der Revolution aufsetzen. Die reiche spanische Kaufmannstochter, die junge, adelige, verheiratete und bald geschiedene Thérèse Cabarusse (1773–1835) war eine frühe Revolutionsanhängerin, die mit großem strategischen Geschick (Liebes-)allianzen zur Sicherung ihrer Person und ihrer politischen Ziele einging.[63] Diese knappen biographischen Informationen müssen hier genügen.

Unter unserer Fragestellung ist der vom Film gewählte Lebensabschnitt und seine (Um-)Deutung interessant. Erstens thematisiert er nur wenige Jahre, nämlich die Zeit ihrer Beziehung (1793 und 1794) mit dem Jakobiner Jean Lambert Tallien. Bereits durch diese Reduktion der biographischen Daten, welche beispielsweise ihr eigenes revolutionäres Engagement und ihren erfolgreichen, machtpolitisch orientierten Umgang mit Sexualität ausblendet, wird das Interesse des Films umgebrochen: Aus der im Titel annoncierten Frauen-Biographie wird eine Beziehungsgeschichte. Zweitens aber wird diese Beziehungsgeschichte Cabarusse/Tallien funktionalisiert, um den Konflikt Revolutionär versus Revolutionär, nämlich Tallien versus Robespierre, zu behandeln und zu erklären. In diesem Konflikt wird die Figur Thérèse Cabarusse drittens erotisiert und zwar gleich doppelt. Zum einen nämlich radikalisiert die – wohl unhistorisch groß und leidenschaftlich stilisierte – »verbotene« Liebe des Republikaners zu einer von der Guillotine bedrohten Marquise die Differenzen zwischen den beiden männlichen Kontrahenten. Die erneute tödliche Bedrohung der Geliebten, die aus dieser Konfrontation entsteht, zwingt Tallien zum politischen Handeln, zum Sturz Robespierres und schließlich zur Entmachtung des Revolutionstribunals.

Zum anderen wird in einem durchaus symptomatischen Sinnstiftungsakt die »Stärke« der Protagonistin geschlechtsideologisch verträglich ausgedeutet. Aus der historischen Person Cabarusse, welche die rousseauistische Weiblichkeitsideologie machtstrategisch zu instrumentalisieren verstand,[64] wird so eine fast barocke Heroine der Dankbarkeit, Liebe, Treue und Standhaftigkeit,[65] die sich auch unter grausamsten Haftbedingungen vom Gegner nicht zur Denunziation oder Kompromittierung des Geliebten mißbrauchen läßt. Und die »Geschichte« hat im doppelten Wortsinn einen guten Ausgang: Die Hochzeit ist das private, der Sturz des zur Ikone eines inhumanen Rationalismus stilisierten Robespierre ist das politische Happy-Ending.

Damit jedoch ist deutlich, daß dieser französische Film aus den 1980er Jahren wiederum mit denselben Weiblichkeitsstereotypen arbeitet, wie der deutsche NS-Film der 1930er Jahre (»Revolutionshochzeit«), etwa sexuelle Attraktivität, Liebe, Treue, und »zivilisatorisches Potential« der Frau. Aber im Kontext des übergeordneten Revolutionsbildes werden diese semantischen Stereotype anders bewertet und funktionalisiert. In »Madame Tallien« erinnern sie als positive »weibliche« Werte den Revolutionär daran, im Namen der wahren Menschlichkeit die Gewalteskalation eines pervertierten Humanitäts- und Vernunftbegriffs zu beenden. Demgegenüber hat sich im NS-Film der Held gerade umgekehrt, nun im Interesse von Disziplin und Vernunft, von der humanisierenden, sprich, verweichlichenden und negativen Wirkung von Weiblichkeit zu distanzieren.

Aber trotz dieser spezifischen Differenz und der großen ideologischen und kulturellen Distanz beider Filme bleibt eines offensichtlich: Um die umkämpften politischen Werte der Französischen Revolution, gar um die politischen und teilweise frühfeministischen Ziele damaliger Frauen, geht es weder im einen noch im anderen Film. Beide Filme instrumentalisieren die historischen Auseinandersetzungen und werten die Differenzen im Sinne der eigenen Interpretation um. Mißbraucht der NS-Film die Revolution seiner Gefolgschaftsideologie, abstrahiert die moderne bürgerliche Variante von jeglichen politischen Konfrontationen der Akteure, um das Politische konsequent ins Private zu trivialisieren. Ähnliche Reduktionsleistungen waren im übrigen auch 1989 im »Bicentennaire« nötig, damit Frankreich die Revolution quer über alle politischen Lager hinweg als identitätsstiftendes gemeinsames Erbe feiern konnte – zu haben war das nur um den Preis der Liqui-

dierung jeglicher »alter« und »alt-neuer« Differenzen und Differenzierungen.
Mit dem dritten Oppositionspaar, revolutionäres Frankreich versus antirevolutionäres Ausland, arbeitet insbesondere die italienisch-französische Verfilmung aus dem Jahr 1961 von Victorien Sardous Lustspiel »Madame Sans-Gêne«, 1903, verknüpft sie aber mit dem Thema Geschlechterkampf. Das Theaterstück rankt sich um die Gestalt der Wäscherin Cathérine, die zu Beginn der Revolution die Hemden des kleinen unbekannten Napoleon wäscht, aber mit der militärischen Karriere ihres Freundes und späteren Ehemannes ebenfalls einen gesellschaftlichen Aufstieg erlebt. Als er schließlich zum König von Hannover ernannt werden soll, erscheint sie Napoleon und seiner Umgebung plötzlich nicht mehr standesgemäß. Erst die an Napoleon gerichteten Mahnungen, die alten Ideale nicht gänzlich aufzugeben und die Erinnerung an die gemeinsamen Erlebnisse der frühen Revolutionsjahre verhindern die privatpolitische Doppelkatastrophe von Zwangsscheidung und Fehlbesetzung im Amt.
Intention dieser filmhistorisch traditionsreichen Literaturverfilmung ist die humoristisch-kritische Reflexion auf das Verhältnis von Revolution, Bonapartismus und Weiblichkeit, was erzähltechnisch durch die Verknüpfung dreier Lebensläufe und dreier Karrieren organisiert wird. Gegenübergestellt werden die »Erfolgsgeschichten« Napoleons und eines seiner Vasallen sowie dessen Ehefrau. Entscheidendes Moment der politischen Prinzipientreue des Paares gegen Napoleons Wünsche ist die von Sophia Loren dargestellte Madame Sans-Gêne: Als Frau und sanguinisch-explosive Verkörperung der »weiblichen« Volksseele, »natürlich«, einfühlsam und gefühlsstark und mit ihren Ursprüngen identisch, ist sie weder fähig noch willens zu einem pseudo-aristokratischen Anpassungsprozeß.[66]
Der Umstand aber, daß der Film »frauzentriert«, nämlich aus der Perspektive einer mit solchen Merkmalen ausgestatteten

Heldin erzählt wird, hat Konsequenzen: Da Frau, Volk, Emotionalität und Revolution eng semantisch verknüpft sind, ist für diese Inszenierung der Bezug auf den historischen Anteil von Frauen am Revolutionsgeschehen, bis hin zu politischen Diskussionen und militärischen Handlungen, zunächst kein Problem: »Wir haben die Bastille erobert«, setzt Cathérine eingangs auch kampfeslustig und selbstbewußt einem Nationalgardisten im Kreis ihrer Wäscherinnen auseinander. Um so wichtiger ist jedoch die Frage, wie im weiteren Handlungsverlauf mit der solcherart positiv eingeführten, aber gerade deswegen auch risikoreichen Allianz von Frau, Kampf und Revolution umgegangen wird.

Tatsächlich verstärkt diese Filmkomödie ihre schon gattungsspezifisch eingeschriebene Distanz gegenüber dieser Allianz durch einige zusätzliche Abwehrstrategien.[67] Erstens nämlich entwirft der Plot eine teleologische Entwicklungskurve der Protagonistin, welche den realhistorischen Verdrängungsprozeß von Frauen aus dem politischen Geschehen als freiwilligen, »natürlichen« und exemplarischen Lernprozeß nachstellt. So wehrt die Heldin die Einladung eines Nationalgardisten, sich an der Eroberung der Tuillerien aktiv zu beteiligen, mit dem lachenden Verweis auf ihre einstigen »Verdienste« beim Sturm auf die Bastille ab. Daß sie sich kurz danach dennoch ins Kreuzfeuer und unter feindlichen Beschuß begibt, liegt an der Liebe und der sie begleitenden Eifersucht. Zur aktiven Streiterin für die revolutionären Ideen und Belange wird Cathérine nur dann, wenn sie mit ihren eigenen persönlichen Motiven und Zielen konvergieren.

Besonders einprägsam in Szene gesetzt wird die »politische« Kraft der Liebe im filmischen italienischen Feldzug Napoleons, wo das Paar die Österreicher ganz alleine besiegen muß. Der Erfolg der Aktion verdankt sich im übrigen einer ebenso klassischen wie vermeintlich effizienten und bestens bekannten geschlechtsspezifischen Rollenverteilung. Ihr sind die beiden Funktionen der Muse und Gefährtin zugewiesen, – sie »inspiriert«, hilft und führt aus, was »man« ihr sagt. Er, von ihrem bedingungslosen Überlebenswillen aufrechtgehalten, besetzt die Funktionen der technischen Planung, Leitung und Koordination.

Trotz ihres Androzentrismus zeigt diese französische Verfilmung insgesamt doch einen geringeren Rollenkonservatismus als die nur zwei Jahre ältere deutsche Fernsehverfilmung von Sardous Textvorlage. Obwohl nämlich die deutsche Fassung des Stoffes mit Hilfe einer modernen Rahmenhandlung in einem deutlich markierten intertextuellen Bezug zu Bertolt Brechts »Mutter Courage« steht, liegt die Betonung in dieser Verfilmung mehr auf der von Inge Meisel verkörperten Mütterlichkeit, denn auf der couragierten und stark erotisierten Marketenderin. Auch die deutsche Cathérine hat in der erzählerischen Rückblende ihre Verdienste an der revolutionären Front, allerdings überwiegend an den Feldbetten des Lazaretts. Während in punkto Sex-Appeal und Libido die ZuschauerInnen auf die Selbstaussagen der Heldin vertrauen müssen, wird ihnen die »schwesterliche« Helferfunktion dieser »weißen« Amazone immer wieder handelnd und augenscheinlich vorgeführt.[68] Nach dem tragenden Konzept »Leben spenden/retten« ist das Finale des Films schließlich eine Orgie des selbstlosesten Altruismus Cathérines.

Für den Vergleich beider Versionen gilt es deswegen festzuhalten, daß zwar beide Filme die weiblichen Rollenstereotype, »Helfen« und »Politisch Handeln aus privater Motivation« bedienen. Sie unterscheiden sich jedoch nach dem Grad ihres Rollenkonservatismus und in ihrer Interpretation weiblicher Sexualität: Während der französische Film die Existenz einer weiblichen Libido setzt, sie mit den beiden eben genannten Rollenstereotypen verbindet und bilderreich ausphantasiert, inszeniert die deutsche Verfilmung ein sexuell kastriertes Frauenbild, das durch keinerlei riskante Bilder aus Jugend oder Ehealltag konterkariert wird. Gleiches gilt für die Vergangenheit Cathérines als einer kämpfenden »Amazone« der Revolution. Die Überlagerung sexueller und nationaler Stereotype liegt auf der Hand.

Für Plots, welche die Revolutionsgeschichte mit Hilfe der Zentrum-Peripherie-Opposition erzählen, ist die französische Fernsehverfilmung aus den 1980er Jahren »Unter der Trikolore« repräsentativ. Dieses breit und handlungsintensiv angelegte Familienepos entfaltet seinen Plot, indem es die Geschichte dreier Familien einer westfranzösischen konservativen patriarchal-landadeligen, einer hofadeligen und einer bürgerlich-aufgeklärten Familie in einen kausallogischen Zusammenhang mit den Ereignissen der Französischen Revolution bringt. Die zumeist nicht szenisch, sondern in Figurenrede vermittelten historischen Kerndaten zwischen 1789 und 1795, etwa der Sturm auf die Bastille, Hungerunruhen, Abschaffung der Feudalrechte, Zivilverfassung des Klerus, Flucht der königlichen Familie nach Varennes, Girondistenverfolgung usw. bis hin zu der Kapitulation der konterrevolutionären royalistischen Aufstände in der Vendée und in der Bretagne, werden so zu konstitutiven Bezugspunkten der fiktionalen Filmhandlung, die überwiegend im privaten Raum angesiedelt ist.

Der mit neueren historischen Forschungsergebnissen angereicherte Filmplot beschreibt das revolutionäre Geschehen aus der Perspektive der regionalen Peripherie und lädt die ursprünglich räumliche Basisopposition Zentrum versus Peripherie systemtheoretisch und genderspezifisch auf. Erstens koppelt er sie mit der Ordnung-Chaos-Opposition und so beispielsweise mit dem Problem sozialer Stabilisierungs- und Erosionsprozesse: »Gefahr« droht der jeweils geltenden gesellschaftlichen Zentralgewalt oder der sich etablierenden neuen Ordnung von »außen«. Sei es, wie anfangs, über das aus den Kolonien importierte demokratische Gedankengut, oder sei es, wie am Ende, durch die konterrevolutionären, royalistisch-feudalistischen Aktivitäten jenseits der Grenzen und in der Vendée. Dieser Ansatz ist für eine genderorientierte Analyse nun aber in einer sehr prinzipiellen Weise interessant. Gehört doch gerade der periphere, verdrängte, »unzureichend« kolonisierte und daher als das bedrohlich »Andere« phantasierte Ort der Frauen in soziokulturellen Gemeinschaften zu den großen Konsensthesen feministischer und postfeministischer Kulturanalyse.[69] Insofern stellt sich die Frage, ob und wenn ja, wie dieser Film die Zentrum-Peripherie-Opposition geschlechtsspezifisch markiert.

Tatsächlich imaginiert der Plot das räumliche und politische Zentrum und die dort Handelnden rein männlich. Bis hin zu Marie Antoinette figurieren historische wie fiktive Frauenfiguren dort, wenn überhaupt, in den bekannten Rollen als Opfer oder mütterliche Kompensatorinnen männlichen Handelns: Tröstend und/oder selbst verfolgt, erpreßt, inhaftiert, bedroht, ermordet. Die eigentliche Filmheldin jedoch, die aus den Kolonien zugewanderte Verwandte der im Aufklärungsmilieu angesiedelten bürgerlichen Familie, Judith Malahougue, ist die über Name, Herkunft, Aussehen, Verhalten und Setting plakativ markierte Ikone der Peripherie, des »Freien« und des »Anderen«: Exotisch, amazonisch und leidenschaftlich setzt sie sich über die Konventionen der moralischen und der sexuellen Ordnung hinweg. Indem der Film diese Figur bildsymbolisch mit Vorliebe in pathetischer Natur inszeniert, wie Meer, Brandung, Felsenklippen, weiten Heidelandschaften, Sturm, Gewitter usw., versinnbildlicht er in ihr die geschlechtssemantisch besetzte Basisopposition schlechthin: Natur versus Kultur.

Der Film, wohlgemerkt aus den 80er Jahren, transportiert somit seine bürgerlich-konservative Weiblichkeitsideologie in fast idealtypischer Art und Weise über drei verschiedene Techniken. Erstens wird die Präsenz von Frauen auf der realhistorischen Ebene ausgeblendet, um sie zweitens auf der fiktiona-

len Ebene nach trivialen Weiblichkeitstereotypen um so ungehinderter reinszenieren und umdeuten zu können.
Drittens aber wird die Figur der starken, »dunklen«, leidenschaftlichen Judith zur Metapher unbezähmbarer Naturgewalt, ein semantischer Bereich, den der Film ansonsten auch zur trivialsymbolischen Darstellung des revolutionären Prozesses selbst verwendet. Erscheint die Revolution wie ein entfesselter unkontrollierbarer Gewittersturm, so bricht Judith mit ihrer ungezügelten emotionalen von außen importierten Wildheit alle geschlechtsspezifischen Rollennormen. In dieser Funktion ist sie ambivalent. Sie verkörpert einerseits die positiv besetzte Metapher für ein notwendiges, von »außen« wirkendes energetisches »Element« gegen die Inhumanität starrer und extremer Systeme. Andererseits muß sie als negativ besetzte Metapher für die Elementargewalten der Natur im Interesse eines historischen Kompromisses und einer neuen, gemäßigten und stabilen Ordnung sterben. Eine Zukunft hat im Film denn auch nur Judiths »helle« jüngere Schwägerin, Sophie de Brècheville-Malahougue, die programmatisch den Namen einer rousseauistisch-positiven Natur und »natürlich«-disziplinierten Weiblichkeit trägt. Ihre Verheiratung versöhnt symbolisch die sozialen und politischen Antagonismen von Adel und Besitzbürgertum. Die deutlich im liberalbürgerlichen Lager zu verortende Interpretation der Französischen Revolution verknüpft sich so in den 80er Jahren unseres Jahrhunderts mit dem 200 Jahre zuvor entstandenen Rousseauschen Weiblichkeitsentwurf.
Die letzte und für eine genderperspektivische Analyse besonders attraktive Binäropposition, Frau versus Mann, nutzt in unserem Materialkorpus dominant die französisch-italienisch-rumänische Komödie »Ein Musketier mit Hieb und Stich« von 1971. Sie thematisiert, in der Genretradition der Degenabenteuer stehend, keine Revolutionshelden, sondern Durchschnittsmenschen am Rande des revolutionären Geschehens.

Der nach einem Duell nach Amerika geflohene und dort politisch sozialisierte Held Philibert kehrt nach fünfjähriger Abwesenheit in seine Heimat Frankreich zurück, um dort die Scheidung von seiner untreuen Frau zu erwirken. Nach vielen Wirrnissen im revolutionären Frankreich, die durchaus von profundem Wissen der Filmemacher über die Revolution zeugen,[70] findet das lange getrennte Paar erneut zusammen. Und schon dieses knappe Resümee zeigt, daß auch bei dieser Filmkomödie das Motiv des Geschlechterkampfs durchaus konstitutiv für die Handlung ist. Dabei schließt der Film im übrigen an eine starke literarische und filmische Komödientradition an.[71] Zahllose wort- und situationskomische »Gefechtsszenen« gestalten die Ebenbürtigkeit von Held und Heldin und versuchen, sie neutral und ohne Sympathieverlust für die eine oder andere Seite zu begründen. »Egalität« der Geschlechter herrscht bei den Mitteln, den Erfolgschancen und den Zielen. Letztere gründen in »falschen«, aber prinzipiell gleichberechtigten Egoismen beider Figuren: Jede Seite des verheirateten und seit Jahren getrennt lebenden Pärchens versucht nämlich, ihr künftiges Glück, das heißt, soziales Ansehen und Reichtum, über die Verbindung mit einem neuen Ehepartner zu machen. Der Bezug der 1792 spielenden fiktiven Handlung zur Revolution ist so konkret und symbolisch zugleich. Einerseits referiert er als Scheidungs- bzw. Liebeskomödie auf revolutionäres Ehe- und Familienrecht. Andererseits nutzt er das burleske, in schnellen komischen Umschlägen und wechselnden Allianzen verlaufende »Drunter-und-Drüber« des zerstrittenen und doch zusammengehörenden Paares als Metapher für die unübersichtlichen, außer »Rand und Band geratenen« und auseinander driftenden politischen und sozialen Verhältnisse.[72] Das gattungskonstitutive Happy-Ending hat somit eine private, politische und geschlechterpolitische Dimension. Darüber hinaus hat es eine rollenkonservative Tendenz: Die widerstreitenden Partner sind, dank besserer Einsicht, am Ende nicht geschieden, sondern wieder vereint. Wille, Verstand und Kalkül kapitulieren vor der gegenseitigen erotischen Attraktivität, und für diesen Akt werden Held und Heldin reich entschädigt. Von Kaiser Napoleon mit einer Krone, vom lieben Gott mit drei hübschen Kinderchen belohnt, posieren beide im Schlußtableau in traditioneller Geschlechterchoreographie. Der vorangegangene egalitäre »Geschlechterkampf« aber ist als Teil eines altvertrauten narrativen und geschlechtsideologischen Musters entlarvt, der »Widerspenstigen Zähmung«, die freilich scheitert.

Es gereicht dieser 70er-Jahre-Komödie durchaus zum Vorteil, daß sie mit diesem Scheitern wenigstens ansatzweise versucht, ihren anfänglichen egalitären Ansatz gegen das restaurative Ende zu verteidigen. Es bedürfte nicht einmal der neuerlichen Prügelszene des nun gekrönten Paares, die dem Schlußtableau unmittelbar vorausgeht, um zu zeigen, daß dieses Happy-Ending eine inszenierte und nach öffentlichen Erwartungen modellierte Konfiguration mit einem doppelten – zeitgenössischen und modernen – Bildcharakter ist. Der Hofmaler, der das idyllische Familien-»Bild« »damals« ins Bild bannt und der wiederum »heute« von der langsam zurückfahrenden Kamera quasi selbstreferentiell ins Bild geschoben wird, ist deutlich genug.

Aber dennoch: Auf der bloßen Handlungsebene erfolgen Glück und Belohnung der rothaarigen kratzbürstigen Charlotte aus der Komödie, unabhängig von Gattungsgrenzen und unabhängig vom anderen historischen Entstehungskontext, nach derselben Logik, nach der im Melodram »Unter der Trikolore« die dunkle Judith Malahougue den Tod finden muß. Aus der modernen bürgerlichen französischen und trivialfilmerischen Perspektive ist die Revolution erst dann beendbar und beendet, wenn Frauen wenigstens »öffentlich« an ihren Platz in der Geschlechterordnung zurückgefunden haben und wenn der Ausbruch der triebhaft-»weiblichen« Natur ausgelöscht oder ins private Liebes- und Eheleben zurückgedrängt ist. Allenfalls »drinnen«, wo bei deutschen Dichtern und Filmregisseuren von Schiller bis Zerlett und Olten die züchtige Hausfrau waltet, gibt es im modernen französischen Revolutionsfilm die erotisch pikante, leidenschaftliche und auch schon von Rousseau bedachte Temperamentsfrau. Aber auch sie muß für das betrachtende »Draußen« als sittsame Gattin, Mutter und Hausfrau inszenieren.[73]

Zu den Filmen, die das Ende der Revolution behandeln, gehört der berühmte französische Stummfilm »Napoleon« von Abel Gance von 1923. Die ursprünglich sechseinhalbstündige, in der Rekonstruktion vierstündige Filmbiographie Napoleons inszeniert unter Verzicht auf einen kausallogisch kohärenten Plot und in filmästhetisch spektakulärer Art und Weise bedeutsame Einzelszenen aus dem Leben Napoleons, beginnend bei seiner Erziehung auf der Kadettenschule in Brienne 1781 bis ca. 1796. Ausgewählt und mit Bedeutung versehen werden die einzelnen Lebens- bzw. Geschehensmomente über ein personengeschichtliches, rechtskonservatives Konzept, das Konzept des »großen Individuums«, des mystifizierten und mit einer magischen Aura ausgestatteten Genies und charismatischen Führers. Und es ist evident, daß die genderwissenschaftliche Attraktivität des Films gerade in diesem extrem androzentrischen Grundkonzept liegt.[74] Obgleich der Film von konkreten Frauen, seien sie historisch oder fiktiv, sehr wenig zu berichten weiß, erzählt er vom männlichen Mythos der zu bezwingenden Materie und des zu bezwingenden »Weiblichen« um so mehr. Gleichgültig, ob als einsamer Reitereroberer in unendlichen Weiten, als Bootsflüchtling gegen die aufgewühlte See, als Einzelkämpfer gegen immer neue und austauschbare Feinde: In immer neuen Konfigurationen und Bildsymbolen glorifiziert der Film den Sieg des einsamen, autonomen, mit sich selbst und seiner von »oben« kommenden »Bestimmung« identischen männlichen Subjekts über die von »unten« anbrandenden, undifferenzierten und formlosen Wasser-, Schnee- und emotionalisierten Menschenmassen.[75]

Dieser Logik von Einzelnem versus undifferenzierter Masse folgt auch die Darstellung der Revolution, über die Napoleon »Herr« werden soll. So stellt etwa die Bildsymbolik zweier parallel geschnittener und zum Teil über- und ineinander geblendeter Sequenzen eine direkte Analogie her zwischen der entfesselten Natur und den entfesselten revolutionären Massen im Konvent, als Robespierre, Danton und Marat zum »Sturm« gegen die Girondisten aufrufen. Die Bewertung dieser gegnerischen Macht, die als »flüssige« und »fließende« Materie deutlich »weiblich« semantisiert ist,[76] ist ambivalent. Bedeutet sie einerseits eine tödliche Bedrohung für das Subjekt mit seinem Begrenzungs-, Herrschafts- und Autonomieanspruch, konstituiert sie umgekehrt gerade erst die geniale Überlegenheit dieses Subjekts.

Die tiefenpsychologische Herkunft dieses Subjektbegehrens verrät der Film plakativ, aber durchaus gegen den Strich seiner phallozentrischen Perspektive, in einer einzigen Szene. In ihr verschmilzt der junge, einsame, vorerst erfolglose und deshalb in seine korsische Heimat zurückgekehrte Napoleon mit Mutter und Familie. Und obgleich dieser Film ähnlich wie die »Marseillaise« mütterliche und familiale Weiblichkeit prinzipiell positiv besetzt, problematisiert er das Faktum des mütterlichen Ursprungs, der den Machtanspruch des männlichen Subjekts in Frage stellt. Die »Rückkehr«, die Regression, des männlichen Subjekts an den Ort der phantasierten mütterlich-familialen Allmacht und der eigenen kreatürlichen und emotionalen Abhängigkeit bedeutet Stärkung und Schwächung, Regenerierung und Kontrollverlust zugleich. Auf diese Weise erklärt sich der Widerspruch, daß der Film sowohl Napoleons Führungsrolle als Familienoberhaupt bebildert, wie er auch umgekehrt die historiographische Stereotype von der Ohnmacht des privaten Napoleon gegenüber seiner Herkunftsfamilie, insbesondere gegen deren »matriarchal-weiblichen« Teil, bedient. Ungebrochen positiv und anbetungswüdig sind Frauen, wie beispielsweise Joséphine de Beauharnais, nur als eroberte oder überwundene Größe und/oder als instrumentalisierbare Energie.[77]

Gerade dieser Film, der das Ende der Revolution als Sieg einer personifizierten genialen Ordnungsmacht über elementare, chaotisch-atavistische Kräfte zu beschreiben versucht, bestätigt so die androzentrische Konsensthese vom notwendigen Disziplinierungsauftrag der zivilisationsfeindlich, weiblich, massenhaft und radikal semantisierten Natur durch das »männliche Prinzip« der und in der Geschichte.

Dieser Befund gilt für mehr oder minder alle untersuchten Filme, wobei die Wirkmächtigkeit dieser historischen Geschlechterkonstruktion in modernen Filmen doch überrascht. Freilich ist mit dieser Funktionalisierung oder Disziplinierung des »Weiblichen«, an der sich die hier analysierten Revolutionsfilme auf einer tiefensemantischen Ebene abarbeiten, die Frage nach den konkreten Frauen, nach ihrer Partizipation an und ihrer Ausgrenzung aus dem revolutionären Prozeß und der politischen Öffentlichkeit noch nicht beantwortet. Die Frage lautet deshalb abschließend, ob und mit welcher Begründung die untersuchten Filme das Ende der Revolution und die letztlich erreichte neue Ordnung auch mit der realhistorischen Restitution und Reorganisation der patriarchalen Geschlechterordnung in Beziehung bringen.

Die Analyse aller in die Untersuchung eingegangen Filme erlaubt eine zentrale These: Unabhängig von ihrem zeitlichen Entstehungskontext, unabhängig von ihrem möglichen frauenhistorischen »Wissen« und unabhängig auch von ihren unterschiedlichen Geschichtsbegriffen und Revolutionsbildern stellen sie ausnahmslos, jedoch mit unterschiedlichen Techniken, den realhistorischen und historiographischen Verdrängungs- und Ausschließungsprozeß der Frauen von der politischen

Bühne und aus dem historischen Gedächtnis dar. Der revolutionskritische Film setzt Frauen, die aus politischen Motiven heraus handeln, sowieso nicht ins Bild. Aber auch der revolutionsfreundliche Film kommt unter dieser Perspektive nicht viel besser weg. Manche Filme mit grundsätzlich revolutionsbejahender Grundhaltung greifen die politische Partizipation von Frauen zwar punktuell auf, folgen aber in einem geschlechtsideologisch affirmativen Umdeutungsprozeß dem bürgerlich-rousseauistischen Frauenbild, wie es im Verlauf der Revolution durchgesetzt und von Jules Michelet schließlich in die Revolutionsgeschichtsschreibung »importiert« worden ist: Die solcherart aktiven Frauen handeln ausschließlich »aus Liebe«, Mitleid, Humanität und/oder in Stimulatoren- und Helferrollen.[78] Diese Interpretation ermöglicht es älteren und neueren französischen und deutschen Filmen, wie etwa der »Marseillaise«, »Madame Sans-Gêne« oder auch »Madame Tallien«, ihre Heldinnen der bürgerlichen »Bestimmung der Weiber« zuzuführen, dem »Happy-Ending« von Ehe und Familie. Ohne es ausdrücklich zu beabsichtigen, wiederholen die Plots auf einer metaphorischen Ebene und in einer Art ästhetisch-didaktischem »Retrainingsprogramm« für die modernen RezipientInnen den realhistorischen Prozeß der Entpolitisierung und »Verbürgerlichung der Weiber« um 1800. Was in den dreißiger Jahren so noch dem revolutionsbejahenden Film vorbehalten war, hat sich mit dem endgültigen Siegeszug der bürgerlichen Demokratie als vorherrschendes Interpretationsmuster der Gegenwart etabliert.

Die Beobachtung des impliziten Ausschlusses gilt selbst für Filme, die explizit Revolutionärinnen thematisieren. Verwiesen sei hier erneut auf die vielfach genannte Reihe »Die Unterröcke der Revolution« und »Unter der Trikolore«. Diese Filme stellen die Partizipation von Frauen dar, belassen sie sogar teilweise, wie »Théroigne de Méricourt«, in ihrem politischen Interpretationskontext. Den Ausschluß erzwingen die

Plots dieser Gruppe im Verein mit einer negativen Didaktik und der »poetischen Gerechtigkeit«: Der revolutionäre, gar feministisch anmutende Aktionismus der Protagonistinnen endet in Wahnsinn oder Tod.

Die Tatsache, daß die Filme gemäß ihrer politisch »überparteilichen« konservativen Geschlechterideologie den realhistorischen Verdrängungs- und Disziplinierungsprozeß nicht nur ins Bild setzen, sondern auch zu rechtfertigen versuchen, ist auffällig. An dieser Tatsache läßt sich der Siegeszug der Geschlechterstereotype der bürgerlichen Gesellschaft ablesen, die in der Französischen Revolution erstmals wirksam wurden und auch heute noch Gültigkeit beanspruchen. Sie lenkt den Blick auf zwei miteinander verbundene Bereiche: Die in den kulturellen und sozialen Codes vielfach verankerte und daher änderungsresistente bürgerliche Geschlechtersemantik einerseits und bürgerliche Massenphobien andererseits.

»Den« Frauen/Weibern und »dem« Volk/Pöbel ist ihr »Bedrohlich-Weibliches« gemeinsam – Affekt- und Triebhaftigkeit, Verführbarkeit, Leichtsinn, Wankelmut, Unberechenbarkeit, kurz: Unmündigkeit. Und so wagt es die Kamera eher selten, mit den Frauen nach Versailles zu marschieren.[79] Bedrohlich rollt und wogt die revolutionäre Phalanx begeisterter und ungordneter Weibermassen auf die bestehende Ordnung und die Zuschauer zu.

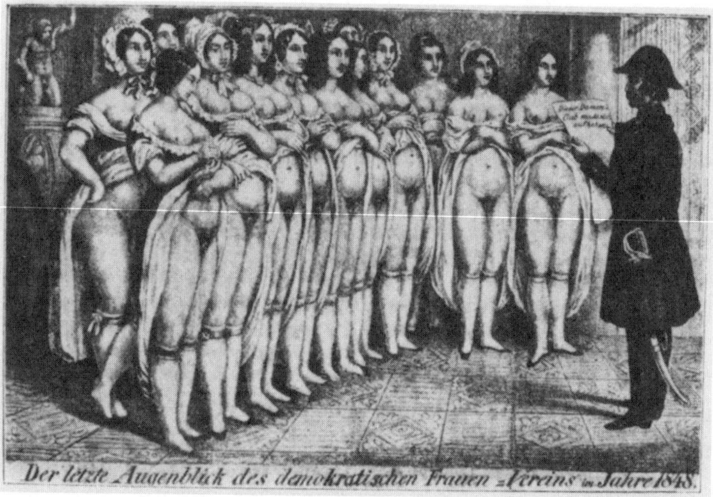

Verachtung und Häme schlugen sich in vielen Karikaturen nieder, die sich mit Emanzipationsbestrebungen von Frauen befaßten. Das »Niveau« der Karikaturisten spricht für sich. Um 1848.

4. Teil:
Museumsprojekte

Karlsruher Ständehaus – Galerie des Landtags vor 1848 (mit Frauen)

Revolution – Geschlecht – Museumsprojekte

oder »Der schwierige Umgang mit den Frauen in der Revolution.« Zur Podiumsdiskussion am 16. November 1997[1]

von Rita Müller

»Frauen bedürfen einer größeren Vorbereitung!« Thomas Schnabel, Historiker und Leiter des Hauses der Geschichte Baden-Württemberg, hat es auf den Punkt gebracht. Es bedarf eines überdurchschnittlichen Engagements und eines Perspektivenwechsels, um die Beteiligung von Frauen an den revolutionären Ereignissen von 1848/49, ihre Ideen, Motive und Handlungsspielräume zu thematisieren, aufzuarbeiten und im Museum auszustellen. Zum einen steht die Teilhabe von Frauen an revolutionären Prozessen nicht gerade im Vordergrund der historischen Quellen oder des wissenschaftlichen Interesses. Zum anderen stellt es eine besondere Herausforderung dar, die Beteiligung der Frauen, ihre politische Partizipation und – sofern man davon reden kann – beginnende Emanzipation sichtbar zu machen, da schriftliche Quellen oft zwischen den Zeilen oder »gegen den Strich« gelesen werden müssen. Noch schwieriger ist die Situation bei den Exponaten. Nur wenige Objekte stammen aus dem Lebensumfeld einer historischen Persönlichkeit und belegen ihre tatsächliche Beteiligung an revolutionären Ereignissen. Weit mehr Exponate entstammen den traditionellen weiblichen Handlungsspielräumen und sind symptomatisch für den weiblichen Alltag ganz allgemein. Bildquellen illustrieren als historische Sekundärquellen außerdem viel häufiger die geistige Haltung der Künstler als die der abgebildeten Person oder den genauen Hergang eines Ereignisses. Also ein schwieriges, aber doch lohnendes Unterfangen!

Im Mittelpunkt der Podiumsdiskussion zum Thema »Revolution – Geschlecht – Museumsprojekte oder Der schwierige Umgang mit den Frauen in der Revolution« standen unterschiedliche Konzeptionen, Präsentationsformen und Umsetzungsstrategien der Kategorie Geschlecht am Beispiel ausgewählter Ausstellungsprojekte. Neben der zentralen Bundesausstellung in Frankfurt wurden Projekte auf Landes- bzw. kommunaler Ebene exemplarisch vorgestellt: die Landesausstellung im Badischen Landesmuseum sowie die dezentralen Ausstellungsprojekte des Hauses der Geschichte Baden-Württemberg. Wir hatten vier Vertreterinnen dieser Ausstellungsprojekte auf das Podium eingeladen.[2] Cornelia Lindenberg, die das Ausstellungsprojekt zum Thema »Formen der Beteiligung von Frauen an den revolutionären Bewegungen in Stuttgart und Umgebung« vom Stuttgarter Frauenmuseum e. V.[3] vorstellen sollte, konnte aufgrund einer Erkrankung nicht an der Podiumsdiskussion teilnehmen. Dies war um so bedauerlicher, da es das einzige auf dem Podium vertretene Projekt gewesen wäre, das explizit die Beteiligung von Frauen als zentrales Thema gewählt hat.

Jutta Dresch, Kunsthistorikerin, ist seit 1994 wissenschaftliche Mitarbeiterin am Badischen Landesmuseums und nunmehr Mitglied des sechsköpfigen Teams zur Vorbereitung der Landesausstellung »1848/49 Revolution der deutschen Demokraten in Baden«, die im Badischen Landesmuseum gezeigt wird.[4] Jutta Dresch ist unter anderem für den Bereich Exponate verantwortlich und seit etwa eineinhalb Jahren auf der Suche nach Objekten in Sammlungen, Museen und Privathaushalten. Als Projektleiter wurde der Historiker Alfred Frei, Kulturreferent der Stadt Singen, für die Landesausstellung eingesetzt. Der Wissenschaftliche Beirat dieser bewußt landesgeschichtlich ausgerichteten Ausstellung setzt sich aus etwa 40 Wissenschaftlern und Vertretern der wichtigsten Institutionen zusammen; Frauen sind darunter nur in geringer Zahl vertreten. Ziel der Ausstellung ist es, die Geschichte der Revolution in Baden in all ihren Facetten zu zeigen. Die Verantwortlichen sind bestrebt, die historische Entwicklung dieser Ereignisse vollständig zu dokumentieren. Daraus ergibt sich ein breites Themenspektrum. Insgesamt werden auf etwa 2000 m^2 Ausstellungsfläche in acht großen Abteilungen über 70 Einzelaspekte behandelt. Die 8 großen Einheiten thematisieren die Ereignisse chronologisch, ausgehend von den Voraussetzungen der Revolution in Baden, über die Politisierung der Gesellschaft bis hin zu den Ereignissen 1848/1849 und den Folgen der Revolution. Die Ausstellung endet mit einem Blick auf die Rezeptionsgeschichte, auf die Denkmalsentwürfe und den Umgang mit den Jubiläen.

Bei dem Ausstellungsprojekt des Deutschen Historischen Museums Berlin und der Schirn Kunsthalle Frankfurt unter dem Kurator Lothar Gall, Lehrstuhlinhaber für Neuere Geschichte an der Universität Frankfurt, sind drei Historikerinnen mit der Konzeption und Realisierung der bundesweiten Ausstellung »1848 Aufbruch zur Freiheit«,[5] beschäftigt. Christina Klausmann ist eine von ihnen. Als freie Mitarbeiterin war sie einige Jahre im »Feministischen Archiv und Dokumentationszentrum« tätig. In ihrer Dissertation beschäftigte sie sich mit dem Thema »Politik und Kultur der Frauenbewegung im Kaiserreich: Das Beispiel Frankfurt am Main.« Auf einer Ausstellungsfläche von 2000 Quadratmetern in der Schirn Kunsthalle Frankfurt werden circa 600 Exponate präsentiert. Bei der

Ausstellungsarchitektur wird besonderes Gewicht gelegt auf inszenatorische Elemente. Die Besucher betreten die Ausstellung über einen 90 Meter langen »Freiheitssteg«, der entlang der Schirn eigens für diese Ausstellung gebaut wird. Die Ausstellungskonzeption sieht zwei Ebenen vor. Zum einen wird eine an den Ereignissen orientierte Ablaufgeschichte unter Einbeziehung der Vorgeschichte präsentiert. Regionale Schwerpunkte bilden dabei Berlin, Wien und Baden. Zum anderen werden in »Themenfenstern« einige Aspekte ausführlicher behandelt und problematisiert. Dazu zählen die Themen: das Erbe der Revolution, Parlamentarismus, Grund- und Bürgerrechte, soziale Gerechtigkeit, Nation/Europa. Das Hauptinteresse gilt der Frage nach dem Weiterwirken, den Kontinuitäten und Brüchen dieser Entwicklung.

Bei den Ausstellungsprojekten »Für die Freiheit streiten« des Hauses der Geschichte in Baden-Württemberg unter der Leitung von Paula Lutum-Lenger handelt es sich um sieben regionale Projekte, die in Zusammenarbeit mit Wissenschaftlern und Wissenschaftlerinnen vor Ort konzipiert und realisiert werden. In den Orten Offenburg, Buchen, Lörrach, Asperg, Reutlingen, Oberschwaben und Stuttgart werden zwischen 1997 und 1999 Ausstellungen mit unterschiedlichen Themenschwerpunkten präsentiert. Ziel des dezentralen Projektes ist es, die unterschiedlichen Aktionsformen und Freiheitsvorstellungen zu zeigen, mit denen gesellschaftliche Gruppen 1848/49 im deutschen Südwesten für ihre Ziele kämpften. Während bei der Ausstellung in Oberschwaben das Verhältnis von Bauern, Adel und katholischer Kirche thematisiert wird, steht bei den Ausstellungen in Stuttgart und auf dem Hohenasperg das Ende der Revolution im Vordergrund. Sabrina Müller, wissenschaftliche Angestellte am Haus der Geschichte in Baden-Württemberg, erarbeitet die Ausstellung »Nationalität trennt, Freiheit verbindet. Revolution von 1848/49 im Dreiländereck.«[6] Das trinationale Ausstellungsprojekt in Lörrach soll die republikanischen Freischarenaufstände in der südbadischen Grenzregion beleuchten. Die Offenburger Ausstellung »Des Volkes Freiheit. Die Revolutionäre von Offenburg 1847 bis 49«, die bereits im September 1997 eröffnet wurde, veranschaulicht die anwachsende Freiheitsbewegung, die sich in drei großen Volksversammlungen und im Kampf einer Revolutionsarmee für die Verwirklichung von Grundrechten manifestierte. Sabrina Müller, die mit einer Dissertation über »Soldaten in der deutschen Revolution von 1848/49« promovierte, stellte das Gesamtprojekt vor und wählte die Beispiele aus den Ausstellungsprojekten in Lörrach und Offenburg.

Soweit die allgemeinen Konzeptionen der Ausstellungen. Wo aber ist der Ort der Frauen in den geplanten Ausstellungen? Welche Objekte wurden von den Ausstellungsmacherinnen aufgefunden und ausgewählt, welchen Aussagewert besitzen die Objekte und wie werden sie präsentiert? Dies war Thema der Podiumsdiskussion. Von zentraler Bedeutung war dabei die Frage, ob und wie die Kategorie Geschlecht bei den einzelnen Ausstellungskonzeptionen Berücksichtigung findet. Wird die geschlechtergeschichtliche Perspektive in die Konzeption integriert, oder bilden »Frauen« einen gesonderten Themenkomplex? Oder werden sie gar in den Ausstellungen wie ein Aspekt unter vielen behandelt?

Die Museumsleute der Landesausstellung im Badischen Landesmuseum haben sich für ein Logo entschieden, das eine Frau auf den Barrikaden zeigt und an die Darstellung des berühmten Revolutionsbildes von Delacroix erinnert.[7] Aufstand, Barrikaden und Kampf symbolisieren das revolutionäre Geschehen; die kämpfende Frau in vorderster Front verkörpert die Allegorie der Revolution. Doch keine falschen Erwartungen! Bereits der Titel der Ausstellung »1848/1849 Revolution der deutschen Demokraten in Baden« grenzt Frauen aus. Und vor allem bei der Konzeption der Ausstellung findet die Kategorie »Geschlecht« keine Berücksichtigung. Das Thema »Frauen«

Pistole der Emma Herwegh

bildet einen der über 70 Einzelaspekte der Ausstellung. Die Beteiligung der Frauen am revolutionären Geschehen wird in der »Frauenabteilung« thematisiert, die räumlich im Ausstellungsbereich »Die Revolution an die Macht« untergebracht ist. Wenig erbaulich, daß ansonsten, wie Jutta Dresch betont, auch einzelne Exponate in den anderen Abteilungen immer wieder auf Frauen verweisen.
Nicht die mangelnde Objektlage, sondern die Konzeption der Ausstellung macht »die Frauen« zu einem Anhängsel der offiziellen Geschichtsschreibung, zumindest der Revolutionsgeschichtsschreibung. Im einzelnen werden Portraits und schriftliche Zeugnisse der Ehefrauen bekannter Revolutionäre, wie Amalie Struve, Mathilde Franziska Anneke, Elise Blenker und Emma Herwegh präsentiert. Aus dem Nachlaß von Emma und Georg Herwegh wird neben schriftlichen biographischen Zeugnissen eine der vermeintlichen Pistolen von Emma Herwegh in der Ausstellung gezeigt.
Daneben werden typisch weibliche Handlungsspielräume thematisiert: das Fahnensticken der Frauen und die politischen Äußerungen auf Alltagsgegenständen. Die revolutionäre Symbolik war, wie auf den ausgestellten Alltagsgegenständen zu entdecken, auch im Alltag der Frauen präsent. Ein schwarz-

rot-goldener Aussteuerschrank verweist auf das politische Bekenntnis der Frauen zu den Ideen der Revolution. Ein in den Farben schwarz-rot-gold, fein gehäkelter Pompadour einer Frankfurter Dame, die auf der Galerie für Frauen in der Frankfurter Paulskirche saß, läßt Rückschlüsse auf deren politische Haltung zu. Das Sticken von Fahnen, in allen drei Ausstellungen thematisiert, wird als Beteiligung der Frauen an der Revolution, als Bekenntnis zu den Ideen »Freiheit, Gleichheit, Bruderliebe« gewertet. Präsentiert wird in Karlsruhe wie in Offenburg die Fahne des Frauen- und Jungfrauenvereins Concordia aus Mannheim.

Den Mut, den Mütter und Ehefrauen auch nach der Revolution erwiesen, möchten die Ausstellungsleute über die Dokumentation der Errichtung von Grabmälern für politische Verfolgte und Hingerichtete demonstrieren. Von mindestens zwei Müttern wissen wir, daß sie Wege gefunden haben, ihren in Freiburg von den Preußen erschossenen Söhnen ein Grabmal und somit ein Denkmals zu setzten, obwohl den jungen Männern nur ein anonymes, aber kein christliches Begräbnis zugestanden hätte. Die Mutter von Friedrich Neff gelang es, in den 1850er Jahren den Leichnam ihres Sohnes von Freiburg nach Rümmingen überführen zu lassen und auf dem örtlichen Friedhof zu begraben. Die aktive Beteiligung der Frauen am Kampfgeschehen dagegen bleibt in der Ausstellung weithin ausgespart.

Im Gegensatz dazu planen sowohl die Ausstellungsmacherinnen in Frankfurt als auch in Lörrach nicht eine Art eigene »Frauenabteilung«. Die Handlungen, Ideen und Motivationen von Frauen sollen nicht als abgeschlossener Themenbereich präsentiert werden. Christina Klausmann und ihre Kolleginnen sind bestrebt, Frauen überall zu integrieren und in den Geschichtskontext »einzuschreiben«. Vor allem in dem kleinen Führer, der anstelle von Texttafeln die Ausstellung inhaltlich erläutern wird, soll die Aufmerksamkeit auch auf Frauen gelenkt werden. Während bei der Landesausstellung in Karlsruhe vor allem mit einzelnen biographisch nachweisbaren Frauenbildern gearbeitet wird, steht in Frankfurt die »kleine Frau« im Vordergrund. Lithographien, Fahnen, Alltagsgegenstände, Presse, Flugblätter, Gemälde und Karikaturen sollen die Handlungsfelder, Handlungsweisen und die Orte, an denen Frauen aktiv beteiligt waren, verdeutlichen. Lithographien, die die Barrikadenkämpfe darstellen, dokumentieren die Beteiligung der Frauen am aktiven Kampfgeschehen.

Die von Ramberger dargestellte Innenansicht der Paulskirche illustriert das Interesse vieler Frauen an den Parlamentsdebatten. Ergänzt werden diese Handlungsmuster durch die typisch weiblichen Tätigkeiten, in denen sich politisches Handeln spiegelt: Das Fahnensticken für die Bürgerwehr, das Spendensammeln oder der Spendenaufruf der Frauen für die Hinterbliebenen. Ziel ist es, in bildlichen Darstellungen wie dem »Abschied des Bürgerwehrmanns« (Hasenclever) aus dem Jahr 1848, die Rollen innerhalb eines nicht hinterfragten bürgerlichen Geschlechterverhältnisses sichtbar zu machen. Arrangements und thematische Zusammenstellungen sollen Interpretationen provozieren: Die Lithographie eines demokratischen Männervereins wird der Karikatur des Frauenvereins »Politischer Damenclub« gegenübergestellt.

Während die männlichen Aktionen als seriös bewertet und nicht in Zweifel gezogen werden, wird das politische Zusammentreffen der Frauen in Vereinen diffamiert und so chaotisch dargestellt, daß es keine Ernsthaftigkeit vermittelt. In der Allegorie der Germania von Philipp Veit aus dem Jahr 1848 wird schließlich die Paradoxie zwischen der symbolischen Repräsentanz und dem Ausschluß realer Frauen zum Ausdruck gebracht.

Auch bei den regionalen Projekten des Hauses der Geschichte in Offenburg und Lörrach werden die Handlungsspielräume der Frauen nicht gesondert beleuchtet, sondern sind in die

Ausstellungskonzepte integriert. Hier wie in Frankfurt stehen nicht nur die Aktionen der »Ausnahmefrauen« im Vordergrund. Erklärtes Ziel ist es vielmehr, Handlungsspielräume und -muster deutlich zu machen, Konflikte und Emanzipationsstrategien in den Blick zu rücken. Was, so räumt die Ausstellungsmacherin ein, oft nur mit »Flachware«, durch die Präsentation von schriftlichen Materialien und Bildquellen, zu leisten ist. Während Sensen und Gewehre badischer Freischärler die Radikalisierung der Freiheitsbewegung symbolisieren, dokumentiert der Brief einer Schiltacherin die Angst einer Frau vor den Konsequenzen der Freiheitskämpfe. Sie warnt ihren Mann vor den bewaffneten Auseinandersetzungen der Offenburger Volksversammlung. Andere Objekte wie die Fahne des Frauen- und Jungfrauenvereis Concordia in Mannheim zeigen die Unterstützung der Reichsverfassungskampagne durch Frauen. Die Fahne wird in Offenburg neben dem Helm eines Soldaten präsentiert, der wohl auf Seiten der Revolutionsarmee für die Verwirklichung der Grundrechte kämpfte. Die gekreuzten Gewehre in der Mitte einer Fahne aus Weil mit der Devise »Freiheit! Gleichheit! Bruderliebe!« veranschaulichen in der Ausstellung die radikale Gesinnung der Frau, die diese Fahne stickte.

Das Sticken von Fahnen und das Sammeln von Geld und Wäsche für die Revolutionäre entsprach traditionellen Handlungsmustern von Frauen. Das Anfertigen von Fahnen mit einer politischen Aussage war jedoch keine reine Hilfstätigkeit für Männer. Die Parolen auf den Fahnen gaben den Revolutionären eine Richtung vor. Insgesamt ist es jedoch sehr schwierig, gibt Sabrina Müller zu bedenken, jene Frauen durch Objekte sichtbar zu machen, die selbst mit Pistolen bewaffnet an den Freischarenzügen teilnahmen.

Alle drei Ausstellungen zeigen Frauen in traditionell zugewiesenen Handlungsräumen: Frauen unterstützen den Mann, der in den Kampf zieht und erziehen Kinder zu Rebellen. Frauen pflegen Verwundete, sammeln Geld und fertigen Patronen. Doch sie waren auch interessiert an den politischen Geschehnissen und sie haben politische Ideen – soweit es der weibliche Handlungsspielraum zuließ – unterstützt. Ihre unmittelbare Teilnahme am Kampfgeschehen war von den Männern meist nicht erwünscht. Frauen auf den Barrikaden, Frauen im Freiheitskampf wurden bereits von den Zeitgenossen nachhaltig diffamiert und mit unterschiedlichen Bildern etikettiert, sei es, um ihnen ihre Gefährlichkeit zu nehmen oder um ihre abschreckende Wirkung zu betonen. Der Handlungsspielraum der Frauen war oft qua Geschlecht begrenzt und erweiterte sich auch nach der Revolution nicht. Ganz im Gegenteil: Ihre Rolle als Gattin, Mutter und Hausfrau wurde im Konzept eines bürgerlichen Nationalstaates zunächst aufgewertet, die Aufgabe der Mutterschaft gewann eine politische Dimension, die über die reproduktive Funktion der Frau als Gebärerin hinausging.

Wo Frauen in der Revolution ihre »angestammten« Grenzen überschritten, wo sie bewaffnet und in Männerkleidung als Amazonen auftauchten, reagierten Männer höchst empfindlich. Frauen waren willkommen, den Kampf der Männer zu unterstützen; an den politischen Veränderungen und den politischen Rechten sollten sie jedoch nicht teilhaben. Das wurde auch von mancher Zeitgenossin angeprangert. Eine Frau – ihren Namen gibt sie nicht preis – wendet sich im September 1848 an den Herausgeber der »Fliegenden Blätter« in Dessau und macht auf die paradoxe Situation aufmerksam: »Der hohe Landtag hat die Vorrechte des Adels und des Militärs aufgehoben und er scheint zu glauben, daß damit alle Standesvorrechte überhaupt aufgehoben seien. Es gibt aber noch einen Stand, der bei noch so bedeutenden geistigen Anlagen und Bestrebungen immer noch nicht die Mündigkeit vor dem Gesetze erhalten hat. Ich meine das weibliche Geschlecht [...]. Das Weib leistet der Gesellschaft den größten Dienst, sie erhält die Gesellschaft und diese hat für ihre Erhalterin nicht einmal Schutz vor allgemeinen Lebenssorgen, der Staat versagt ihr sogar vor dem Gesetze gleiche Rechte mit dem Manne!«[9]

Die auf dem Podium vorgestellten Ausstellungsprojekte konnten jedoch auch zeigen, daß trotz aller Schwierigkeiten bei der Recherche Quellen, Objekte und Exponate überliefert sind, die zumindest ansatzweise die aktive Beteiligung der Frauen sichtbar machen und ihre Rolle thematisieren. Frauen waren auf vielen Ebenen in das revolutionäre und politische Geschehen involviert. Zugegeben, die Konzepterstellung und Realisierung einer solchen Ausstellung ist mühsamer als der Umgang mit traditionellen Ausstellungsthemen. Bei der Sichtung und Auswahl der Exponate haben die Wissenschaftlerinnen in den Ausstellungsprojekten in Frankfurt und Stuttgart besonderes Augenmerk auf die Repräsentanz der Frauen gelegt und die Exponate »gegen den Strich« gelesen und kommentiert. In Karlsruhe war dies kein erklärtes Ziel.

Doch die Exponate allein machen noch keine Ausstellung. Entscheidend ist die Frage nach der Umsetzung, der Präsentation der Objekte und der Intention der Museumsleute. Die Konzeption der Ausstellung bestimmt schließlich die Präsentation der Objekte und lenkt die Interpretation der BesucherIn. Hier werden wesentliche Unterschiede zwischen den vorgestellten Ausstellungsprojekten deutlich.

In der Konzeption der zentralen Bundesausstellung in Frankfurt sowie in den dezentralen Projekten des Hauses der Geschichte Baden-Württemberg findet die Kategorie »Geschlecht« Berücksichtigung. Frauen werden bei sämtlichen Entwicklungen und Aspekten immer mitgedacht und parallel zur Geschichte der Männer thematisiert. Damit werden Frauen mit in die Geschichte »eingeschrieben«. Anders bei der Landesausstellung in Karlsruhe. Hier werden Frauen in einer gesonderten Abteilung präsentiert und sind ein Aspekt unter vielen anderen, zum Beispiel werden sie gleichrangig mit Einzelthemen wie dem Vereinswesen behandelt. Daß es auch demokratische Frauenvereine gab, wird einfach ignoriert. In Karlsruhe werden die Exponate zwar in den historischen Kontext eingeordnet, Konflikte werden jedoch nicht thematisiert, Geschlechterzuweisungen und Handlungsspielräume nicht hinterfragt. Dabei können gerade in musealen Präsentationen Widersprüche deutlich gemacht werden, wie die Beispiele aus Frankfurt und Offenburg zeigen. Hier wird vor allem mit Gegenüberstellungen und bei Bedarf auch mit inszenatorischen Mitteln gearbeitet. Das erklärte Ziel dabei ist, Geschlechterverhältnisse, Konflikte und Handlungsspielräume sichtbar zu machen und alte Geschlechterstereotypen aufzuberechen. Denn darin liegt die Gefahr einer Ausstellungskonzeption, wie sie uns für das Badische Landesmuseum präsentiert wurde. Die Ausstellung bleibt nicht nur weit hinter dem Forschungsstand zurück, sondern bestätigt vor allem, was wir eigentlich aufbrechen wollen. Sie bestätigt ein traditionelles Rollenverständnis und prägt damit auch entscheidend das Geschlechterbild der Gegenwart.

Anmerkungen

Vorwort (Susanne Asche und Marga Burkhardt)

1 Die Tagung »Revolution und weibliche Emanzipationsstrategien 1789–1848«, die vom Verein Frauen & Geschichte Baden-Württemberg e. V. in Zusammenarbeit mit dem Haus der Geschichte Baden-Württemberg und der Landeszentrale für politische Bildung Baden-Württemberg organisiert und durchgeführt wurde, fand vom 14.–16. November im Haus auf der Alb in Bad Urach statt.

2 Vergleiche die Veranstaltungsliste für die Jahre 1997–1999. In: Revolutions-Almanach. Baden-Württemberg feiert die Revolution 1848/49. (Hrsg.) Badisches Landesmuseum in Karlsruhe, Lahr 1997, 1998.

Von der »querelle des femmes« in den Salons zur Frauen-Volksbewegung.
Überlegungen zur Politisierung von Frauen während der Französischen Revolution (Claudia Opitz)

1 Michelet, Jules: Die Frauen der Revolution (1854), deutsche Ausgabe, München 1913; zitiert nach Grubitzsch, Helga: Michelets »Frauen der Revolution«, in: dies. u.a. (Hrsg.): Grenzgängerinnen. Revolutionäre Frauen im 18. und 19. Jahrhundert. Weibliche Wirklichkeit und männliche Phantasien, Düsseldorf 1985, Seite 156f.

2 Dem entspricht auch, daß Michelet in seiner Darstellung praktisch nichts über Vorstöße von Frauen »in eigener Sache« zu berichten weiß; bei Olympe de Gouges, die 1791 eine »Erklärung der Frauen- und Bürgerinnenrechte« verfaßte und veröffentlichte, vermutete er sogar »einen schwachen Kopf«, der angeblich die Angelegenheiten nicht verstand, die Olympe verhandelte und über die sie schrieb. Vor allem deshalb gilt sie ihm als beklagenswertes Opfer einer verfehlten Justiz; mit keinem Wort erwähnt er den zeitgeschichtlichen Hintergrund wie vor allem auch den unmittelbar politischen Zusammenhang ihrer Verurteilung und Hinrichtung. Dagegen wird die Problematik der weiblichen Emanzipation praktisch ausschließlich

über männliche Autoren, den Abbé Fauchet und den Mathematiker Condorcet berichtet; die prominente Reformpolitikerin Etta Palm d'Aelders tritt hier lediglich als Freundin des Abbé Fauchet auf usw.

3 Siehe dazu Grubitzsch, Helga u. a. (Hrsg.): Grenzgängerinnen. Hier: Michelet.

4 Siehe dazu Geitner, Ursula: »Die eigentlichen Enragées ihres Geschlechts«. Aufklärung, französische Revolution und Weiblichkeit, in: Grubitzsch, Helga u.a. (Hrsg.): Grenzgängerinnen, Seite 185 bis 220.

5 Siehe v. a. Applewhite, Harriet B. u. Levy, Darline Gay: Reaktionen auf den politischen Aktivismus der Frauen des Volkes im revolutionären Paris von 1789–1793, in: Held, Jutta (Hrsg.): Frauen im Frankreich des 18. Jahrhunderts: Amazonen, Mütter, Revolutionärinnen, Hamburg 1989 (AS 158), Seite 67–91; sowie meinen Aufsatz über die Jakobinerpresse: Opitz, Claudia: Frauen und Revolutionärinnen in den »Révolutions de Paris«, in: Grubitzsch, Helga u.a. (Hrsg.): Frauen – Literatur – Revolution, Pfaffenweiler 1992, Seite 45–64.

6 D. Godineau zählt eine ganze Reihe von solchen Vorurteilen gegen Frauen während der Revolution und v.a. innerhalb der Revolutionshistoriographie auf und kann sie aufgrund ihres umfangreichen Archivmaterials weitgehend widerlegen: Frauen seien eher der Konterrevolution zugeneigt, sie seien religiöser und/oder hätten den eidverweigernden Priestern Unterschlupf geboten usw. Bestätigen kann sie indes das Bild von den sanskulottischen »Strickweibern«, die mit großer Hingabe und Regelmäßigkeit den Hinrichtungen während der Terreur beiwohnten. Vgl. Godineau, Dominique: Citoyennes Tricoteuses. Les femmes du peuple à Paris pendant la Révolution française, Aix-en-Provence 1988, bes. Seite 245–262.

7 In diesen Kontext gehören etwa Abensour, Léon: Les femmes et le féminisme avant la Révolution, Paris 1927; und Aulard, Alphonse: Le féminisme pendant la Révolution, in: Revue Bleue 1898, Seite 361–66.

8 So die Titel zweier den Forschungsstand resümierender Aufsätze von mir (Opitz, Claudia: Die vergessenen Töchter der Revolution – Frauen und Frauenrechte im revolutionären Frankreich 1789–1795, in: Grubitzsch, Helga u. a. (Hrsg.): Grenzgängerinnen, Seite 287 bis 312, sowie dies.: Auf der Suche nach den vergessenen Töchtern der Revolution. Neuere Forschungen über Frauen und Frauenrechte im

revolutionären Frankreich 1789–1795, in: Fieseler, Beate/Schulze, Birgit (Hrsg.): Frauengeschichte gesucht – gefunden? Auskünfte zum Stand der historischen Frauenforschung, Köln/Weimar/Wien 1991, Seite 146–163.

9 Siehe dazu u.a. Petersen, Susanne: Marktweiber und Amazonen. Frauen in der Französischen Revolution, Köln 1987, sowie Held, Jutta: Auf dem Wege zur Emanzipation? Frauen des 18. Jahrhunderts in Frankreich, in: dies. (Hrsg.): Frauen, Seite 4–18.

10 Dennoch ist der Forschungsstand bei näherem Hinsehen aus meiner Sicht immer noch mehr als dürftig. Dies ist vor allem darauf zurückzuführen, daß letztlich auch die sogenannte »allgemeine Forschung« und sei sie noch so »modern« (oder gar »postmodern«) eingestellt, nach wie vor kein Interesse an einer geschlechterproblematisierenden Geschichtsdarstellung hat. Daraus folgt u. a., daß auch die »epistemologische Wende« in der Geschichtsforschung, die die Sozial- und Mentalitätsgeschichte oder auch der »linguistic turn« darstellen, nicht selbstverständlich auch eine intensivere Berücksichtigung geschlechtsspezifischer Momente des historischen Prozesses mit sich gebracht hat; allerdings konnten (und können weiterhin) die hier zugrundeliegenden methodischen und methodologischen Gesichtspunkte gute Ansatzpunkte für die Erforschung weiblicher Politisierung und Identität bieten.

11 Bödeker, Hans Erich/Herrmann, Ulrich, Einleitung, in: dies. (Hrsg): »Aufklärung als Politisierung – Politisierung der Aufklärung«, Hamburg 1987, Seite 6.

12 Landes, Joan B.: Women and the Public Sphere in the Age of the French Revolution, Ithaca u. London, 1988; siehe zur Bedeutung des »Publikums« auch Chartier, Roger: Die kulturellen Ursprünge der Französischen Revolution, Frankfurt/M. 1995 (original 1990), Kap. 2.

13 Chartier, Roger: Die Praktiken des Schreibens, in: Ariès, Philippe/Duby, Georges (Hrsg.): Geschichte des privaten Lebens, Band 3, Frankfurt/M. 1991, Seite 115–128.

14 Bitterli, Urs (Hrsg.): (Madame Roland) Memoiren aus dem Kerker. Eine Jugend im vorrevolutionären Frankreich, Zürich u. München 1987.

15 Siehe auch, im Hinblick auf die (Nicht-)Präsenz von Literatinnen in der Öffentlichkeit, Dulong, Claude: Salonkultur und Literatur von Frauen, in: Duby, Georges/Perrot, Michèle (Hrsg.): Geschichte

der Frauen, Band 3, Seite 415–440.

16 Jürgen Habermas, Strukturwandel der Öffentlichkeit, Untersuchungen zu einer Kategorie der bürgerlichen Gesellschaft. Mit einem Vorwort zur Neuauflage, Frankfurt/M. 1990.

17 Siehe dazu Aymard, Maurice: Freundschaft und Geselligkeit, in: Aries/Duby (Hrsg.), Seite 451–96.

18 Siehe dazu Albisthur, Maité u. Armogathe, Daniel: Histoire du féminisme français du moyen âge à nos jours, Paris 1977, bes. Teil I. u. II; Clinton, Katherine B.: Femme et Philosophe: Enlightenment Origins of Feminism, in: Eighteenth Century Studies 8, 1975, Seite 283–299; sowie Baxmann, Inge: Von der Egalité im Salon zur Citoyenne – einige Aspekte der Genese des Bürgerlichen Frauenbildes, in: Kuhn, Anette/Rüsen, Jörn (Hrsg.): Frauen in der Geschichte III, Düsseldorf 1983, Seite 109–137.

19 Siehe dazu Dulong, bes. Seite 438ff., Böhmer, Ursula: Konversation und Literatur. Zur Rolle der Frau in den franz. Salons, in: Baader, Renate/Fricke, Dieter (Hrsg.), Die französische Autorin vom Mittelalter bis zur Gegenwart, Wiesbaden 1979, Seite 109–129, sowie Proctor, Candice: Women, Equality and the French Revolution, New York u.a. 1990, bes. Kap.5.

20 Siehe dazu Goodman, Dena: Enlightenment Salons, The Convergence of Female and Philosophic Ambitions, in: Eighteenth Century Studies, 22, 1988/89, Seite 329–350, hier: Seite 345.

21 Gelbart, Nina Rattner: Frauen als Journalistinnen, in: Duby/Perrot (Hrsg.), Seite 441–459.

22 Siehe dazu Hug, Vanja: Condorcets Engagement für Frauenrechte im Kontext der französischen Revolution, Lic.phil. (unpubl.) Basel 1996.

23 Dies ist nicht zuletzt daraus zu schließen, daß sich bis zum Jahre 1789 mindestens 50 000 Männer einem Geheimbund (Freimaurer) angeschlossen hatten, aus denen Frauen ja in der Regel ausgeschlossen waren. Siehe dazu Chartier: Ursprünge, Seite 192. Auch ist nicht anzunehmen, daß es in den Provinzstädten eine ähnliche Dichte und Fülle an Salons und aufklärerisch engagierten Frauen gegeben hat wie in Paris – obgleich ich hier nur spekulieren kann, denn weitergehende Untersuchungen dazu gibt es bislang keine. In der Regel wandte frau sich jedoch nach Paris, um ihren Bildungs- und Politikbedürfnissen zu genügen, sofern sie die Mittel dazu hatte (dies war z.B. bei Olympe de Gouges und bei Manon Roland der

Fall). Nach dem Beginn der Revolution jedoch bildeten sich auch in der Provinz eine beträchtliche Zahl von Frauenklubs, die mit eigenen Aktivitäten bei revolutionären Festen und bei der Bewältigung der sozialen und karitativen Probleme infolge der Auflösung der Klöster hervortraten. Siehe dazu Harten, Elke/Harten, Hans-Christian: Frauen-Kultur-Revolution 1789–1799, Pfaffenweiler 1989, bes. Seite 11–23.

24 Godineau, Seite 113ff, sowie Harten/Harten, Seite 11–23.

25 Godineau, Seite 20ff.

26 Applewhite u. Levy, Seite 67–91.

27 Als »Kokardenstreit« wird eine Kampagne der Revolutionären Republikanerinnen vom September 1793 bezeichnet, in der diese erfolgreich die Pflicht für Frauen forderten, die weiß-blau-rote Revolutionskokarde zu tragen, wie dies für Männer schon seit April desselben Jahres obligatorisch war. Sie erhofften sich dadurch nicht nur eine politische Gleichstellung von Männern und Frauen, sondern erhielten damit auch ein Instrument, um »unpatriotisches« Verhalten von Frauen denunzieren und verfolgen zu können. Siehe dazu Petersen, 9. Kapitel, Seite 196ff.

28 Zur anti-republikanischen Haltung der Marktfrauen bzw. der Händlerinnen siehe Godineau, Seite 246ff., sowie Petersen, ebenda, Seite 196f. Zur Frage des weiblichen Bürgerrechts bzw. zum Begriff »citoyenne« allgemein siehe Sewell Jr., William H.: Le citoyen/la citoyenne: Activity, Passivity and the Revolutionary Concept of Citizenship, in: Lucas, Colin (Hrsg.): The political culture of the French Revolution, Band 2, New York, 1988, Seite 105–123.

29 Solche gab es streng genommen nicht, denn der Jakobinerklub war exklusiv männlich, im Gegensatz zu den Cordeliers, die Frauen, wenn auch ohne Stimmrecht, zuließen. Godineau, Seite 209f. Allerdings tagte der »Club der Revolutionären Republikanerinnen« seit 1793 in der Bibliothek des Jakobinerklubs.

30 Godineau zeigt auch, daß die Qualifikative, die für männliche »Aktivisten« von der Forschung definiert wurden, für Frauen praktisch überhaupt keine Relevanz besitzen, denn letztere konnten nicht offizielle Mitglieder einer Sektion werden bzw. besaßen dort kein Stimmrecht. Dennoch waren sie dort, wie an vielen anderen Orten präsent – und nicht zuletzt durch Sitzungsprotokolle, aber auch durch Polizeiberichte ist ein recht klares Bild davon zu erhalten, was einige der zahlreichen im »sanskulottischen« Milieu aktiven

Frauen bewegte und was sie bewegten. Sie zeigt auch, daß es viele Pariser Sektionen und Volksgesellschaften gab, die geschlechtergemischt waren bzw. Frauen ein, allerdings reduziertes, Stimmrecht zugestanden. Seite 202ff.

31 Ebenda, Seite 213ff.

32 Zu den »Revolutionären Republikanerinnen« siehe ebenda, Zweiter Teil, bes. Seite 151–169; zur Repression ebenda Seite 333–354.

33 Siehe dazu Grubitzsch, Helga/Lagpacan, Loretta: »Freiheit für die Frauen – Freiheit für das Volk«. Sozialistische Frauen in Frankreich 1830–1848, Frankfurt/M. 1980; sowie Fauré, Christine (Hrsg.), Encyclopédie politique et historique des femmes, PUF Paris 1996.

34 Zu den unterschiedlichen Bedingungen und Interessen weiblichen Lebens im Frankreich des 18. Jhs. siehe Held, Jutta: Auf dem Wege zur Emanzipation? Frauen des 18. Jahrhunderts in Frankreich, in: dies. (Hrsg.), Seite 4–18.

Nichtswürdig – emanzipiert – geliebt.
Geschlechtsspezifische Aktionen und Diskurse in den Revolutionen 1848/49 (Gabriella Hauch)

1 Der Humorist, Wien 1848, Nr. 72/73, Seite 274. Neben ihr sind noch fünf weitere getötete Frauen aus dieser Phase der Wiener Revolution namentlich bekannt, vgl. Hauch, Gabriella: Frau Biedermeier auf den Barrikaden. Frauenleben in der Wiener Revolution 1848, Wien 1990, Seite 175f.

2 Belting, Isabella: Mode und Revolution. Deutschland 1848/49, Hildesheim/Zürich/New York 1997.

3 Moracová, Mirjam: Die tschechischen Frauen im revolutionären Prag 1848/49, in: Jaworski, Rudolf/Luft, Robert (Hrsg.): 1848/49 Revolutionen in Ostmitteleuropa, München 1996, Seiten 93–95.

4 Seeblätter, Konstanz, 16. April 1848, Nr. 92, Seite 396, in: Hummel-Haasis, Gerlinde: Schwestern zerreißt eure Ketten. Zeugnisse zur Geschichte der Frauen in der Revolution von 1848/49, München 1982, Seite 27.

5 Reschauer, Heinrich: Das Jahr 1848. Geschichte der Revolution, Band 1, Wien 1872, Seite 424.

6 Vgl. dazu ausführlicher: Hauch, Gabriella: Frauen-Räume in der Männer-Revolution 1848/49, in: Dowe, Dieter/Haupt, Heinz-Ger-

hard/Langewiesche, Dieter (Hrsg.): Die Revolutionen 1848/49 in Europa, Bonn 1998, Seiten 686–745.

7 Seeblätter, Konstanz 18.April 1848, Nr. 93, Seite 401, in: Hummel-Hassis, Seite 25f und Hummel-Haasis, Seite 12.

8 Hunt, Lynn: The Family-Romance of the French Revolution, California Press 1992.

9 Hauch, Gabriella: Machen Frauen Staat? Geschlechterverhältnisse und politisches System, Tagungsband des Schweizer Historikertages 1996, erscheint Basel 1998. Vgl. zur Illustrierung auch die europaweite unterschiedliche Einsetzung des allgemeinen gleichen geheimen aktiven und passiven Wahlrechts für Männer und Frauen.

10 Hachtmann, Rüdiger: »... nicht die Volksherrschaft auch noch durch Weiberherrschaft trüben« – der männliche Blick auf die Frauen in der Revolution von 1848, in: Werkstatt Geschichte, 1998.

11 Grubitzsch, Helga/Lagpacan Loretta, Freiheit für die Frauen, Freiheit für das Volk. Sozialistische Frauen in Frankreich 1830 bis 1848. Frankfurt/Main 1980.

12 Gleichstellung aller Rechte der Männer mit den Frauen oder Die Frauen als Wähler, Deputierte und Volksvertreter, Flugschrift, Wien 1848, Flugschriftensammlung 1848, Österreichische Nationalbibliothek, Wien.

13 Vgl. Grundlegend für die Wiener Revolution: Häusler, Wolfgang: Von der Massenarmut zur Arbeiterbewegung. Demokratie und soziale Frage in der Wiener Revolution 1848, Wien-München 1979. Hauch, Gabriella: Frau Biedermeier auf den Barrikaden. Frauenleben in der Wiener Revolution 1848, Wien 1990.

14 Richtungsweisend kann die These aufgestellt werden, daß je weiter der Wechsel vom Status zum Individuum als Basis etwa für das Wahlrecht gültig wurde, desto mehr Männer wurden als Individuen in Wahlrechte einbezogen und desto mehr wurden Frauen ausgeschlossen.

15 Offen, Karen: Liberty, Equality and Justice for Women: The Theory and Practice of Feminism in Nineteenth-Century Europe, in: Bridenthal, Renate (Hrsg.): Becoming Visible. Women in European History, Boston 1987[2].

16 Ramelson, Marian: The Pettycoat Rebellion: A Century of Struggle for Women's Rights, London 1967, Seite 72.

17 Koch-Gontard, Clothilde: Briefe und Erinnerungen, hrsg. v. Klötzer, Wolfgang, Frankfurt/Main 1969, Seite 62.

18 Malvida von Meysenbug, Memoiren einer Idealistin (1876), hrsg. v. Renate Wiggershaus, Frankfurt/Main 1985, Seite 124. Siehe auch den Beitrag von Mascha Riepl-Schmidt in diesem Band.

19 Hachtmann, Seite 7.

20 Der Freimüthige, Wien 1848, Nr. 113, Seite 457.

21 Der Freimüthige, Wien 1848, Nr. 113, Seite 457, in: Hauch, Biedermeier, Seite 136.

22 Bamberger, Ludwig: Erinnerungen, hrsg. v. Nathan, Paul, Berlin 1899, Seite 80. Siehe auch den Beitrag von Heide-Marie Lauterer in diesem Band.

23 Hauch, Biedermeier, Seite 136.

24 Wiener Gassenzeitung, Wien 1848, Nr. 39, Seite 154.

25 Auch heute wurden und werden weibliche Abgeordnete von definitionsmächtigen Kollegen sexuell belästigt und denunziert – je später der Abend desto rüder die Sprüche. Das ist etwa den Stenographischen Protokollen des österreichischen Nationalrats zu entnehmen und wurde mir in 12 lebensgeschichtlichen Interviews, die ich mit österreichischen Nationalratsabgeordneten der 1970er–1990er Jahren führte, wieder und wieder bestätigt. Vgl. auch: Rossmann, Eva: Frauen im Parlament, Bozen 1995.

26 Seeblätter, Konstanz 10.6.1849, Nr. 145, Seite 688, in: Hummel-Haasis, Seite 55.

27 Der Freimüthige, Wien 1848, Nr. 131, Seite 532.

28 Der Club der Frauen an seine Mitschwestern, Flugblattsammlung Berlin 1848, in: Hummel-Haasis, Seite 63.

29 Hauch, Gabriella: Politische Wohltätigkeit – wohltätige Politik. Frauenvereine in der Habsburger Monarchie 1811–1867, in: Zeitgeschichte, 1992, Nr. 7/8, Seiten 200–215. Vgl. darin auch die Folgen des 1848er Frauenaufbruchs im Katholischen Frauenvereinsspektrum in Wien.

30 Lipp, Carola: Frauen und Öffentlichkeit. Möglichkeiten und Grenzen politischer Partizipation im Vormärz und der Revolution 1848/49, in: dies. (Hrsg.): Schimpfende Weiber und patriotische Jungfrauen. Frauen im Vormärz und in der Revolution 1848/49, Bühl-Moos 1986, Seiten 270–310.

31 Kathinka Zitz und der Mainzer Frauenverein »Humania«, in: Hummel-Haasis, Seiten 259–328. Zucker, Stanley: German Women and the Revolution of 1848. Kathinka Zitz-Halein and the Humania Association, in: Central European History, Jg. 13, 1980, Seiten

237–254. Siehe auch die Beiträge von Ute Grau und Heide-Marie Lauterer in diesem Band.

32 Paletschek, Sylvia: Frauen und Dissens. Frauen im Deutschkatholizismus und in den freien Gemeinden 1841–1852, Göttingen 1990.

33 Kürnberger, Ferdinand: Briefe eines politischen Flüchtlings, hrsg. v. Otto Erich Deutsch, Leipzig-Grimma 1920, Seiten 72–77. Paletschek, Seite 241 und 333.

34 Zum Geschlechterverhältnis im demokratischen Vereinsmilieu, vgl. Hauch, Gabriella: »Wir hätten ja gern die ganze Welt beglückt«. Demokratische Vereinsgeschichte/n 1848 zwischen geschlechtsspezifischer Konkurrenz und Komplemantarität, in: Österreichische Zeitschrift für Geschichtswissenschaften, Jg. 8., 1998, Nr. 4.

35 Hauch, Biedermeier, Seiten 144–166.

36 Grubitzsch/Lagpacan, Seite 108.

37 Beilage zum Mannheimer Morgenblatt, Mannheim 1848, Nr. 108, Seite 588, in: Hummel-Haasis, Seiten 172f.

38 Hachtmann, Rüdiger: Berlin 1848. Unveröffentlichte Habilitationsschrift, Seite 382ff. Vgl. auch: Berlin 1848. Eine Politik- und Gesellschaftsgeschichte der Revolution, Bonn 1997.

39 Moracová, Seiten 90–95.

40 Abgedruckt in: Hauch, Biedermeier, Seiten 235–239.

41 Frankl-Hochwart, Bruno von: Aus Bechers letzten Tagen. Mit ungedruckten Erinnerungen seiner Braut, in: Die Zeit, Wien 1898, Seite 119.

42 »Wai geschrien!«, Wien 1848, Flugschriftensammlung 1848, Österreichische Nationalbibliothek, Wien.

43 Der Humorist, Wien 1848, Nr. 251, Seite 1023.

44 Zu dieser egalitären Behandlung des Frauenvereins im demokratischen Milieu Wiens, vgl. Hauch, Welt beglückt.

45 Hauch, Biedermeier, Seiten 155–160.

46 Die Constitution, Wien 1848, Nr. 19, Seiten 276f.

47 Hachtmann, Berlin, Seiten 373f.

48 Zit.in: Steiner, Herbert: Karl Marx in Wien. Die Arbeiterbewegung zwischen Revolution und Restauration, Wien-München-Zürich 1978, Seiten 84f.

49 Hauch: Biedermeier, Seiten 55–84, 167–184. Lipp, Carola: Katzenmusiken, Krawalle und »Weiberrevolution«. Frauen im politischen Protest der Revolutionsjahre, in: Lipp (Hrsg.), Seiten 112–131.

50 Streckfuß, Adolph: Die Demokraten. Politischer Roman in Bildern

aus dem Sommer 1848 (1851). Mit einem Beitrag von Elke Weber und einem Nachwort. Hrsg. v. Boger, Hartmut /Haasis, Helmut G., Gießen 1977, Seite 406.

51 Hummel-Haasis, Seiten 185–239.

52 Grubitzsch/Lagpacan, Seiten 208–215.

53 Häusler, Seite 406.

54 Allgemeine Österreichische Zeitung, Wien 1848, Nr. 142, Seite 1089.

55 Gardisten der 12. und 13. Kompanie, zit. in: Mellach, Kurt (Hrsg.): 1848. Protokolle einer Revolution, Wien/München 1968, Seite 24.

56 Wiener Gassenzeitung, Wien 1848, Nr. 131, Seite 414.

57 Freies Hessisches Volksblatt, Darmstadt 1848, Nr. 81, Seite 389, in: Hummel-Haasis, Seite 96.

58 Valentin, Veit: Geschichte der deutschen Revolution von 1848/49, 2 Bände, Lizenzausgabe für die Büchergilde Gutenberg, Frankfurt/Main/Wien/Zürich 1970, Seite 207.

59 Smets, Moritz: Das Jahr 1848. Geschichte der Revolution, Bd. 2, Wien 1872, Seite 280. Gerüchte über öffentlichen Beischlaf gibt es aus fast allen revolutionären Situationen, vgl. auch das Beispiel des Spanischen Bürgerkriegs knapp 100 Jahre später: Hauch, Gabriella: Für welchen Krieg – für welchen Frieden. Frauen zwischen Affirmation, Widerstand und Parteidisziplin am Beispiel des Spanischen Bürgerkrieges, in: Zeitgeschichte, 1988, Nr. 9/10, Seiten 365–388.

60 Für den Hinweis sowie die Übersetzungen aus dem rumänischen danke ich Lothar Müller, vgl.: Hauch, Gabriella: Frauen-Räume, Seiten 887f.

61 Marianne und Germania 1789–1889. Frankreich und Deutschland. Zwei Welten – eine Revue. Ausstellungskatalog, hrsg. v. Marie-Louise von Plessen, Berlin 1997.

62 Hauch, Biedermeier, Seiten 222–229.

63 Spira, György: A magyar farradalom 1848/1849, Budapest 1959, Seiten 426f, 649–654. Beck, Wilhelmine von: Memoiren einer Dame während des letzten Unabhängigkeitskrieges in Ungarn, London 1850, Seiten 183–187. Hummel-Haasis, 185–239.

64 Hauch, Gabriella: Frauen (vorläufiger Titel). Von Kämpferinnen in den Revolutionen 1848/49, in: Hagemann, Karen/Pröve, Rolf (Hrsg.): Militär, Krieg und Geschlechterverhältnisse im historischen Wandel (17.–19. Jahrhundert), erscheint 1998 bei Campus.

65 Hauch, Frauenräume.

66 Frauen-Zeitung, 23. 3. 1850, Nr.12., Reprint, Seite 241.
67 Grubitzsch/Lagpacan, Seiten 113ff.
68 Hewitt, Nancy: American Women's Rights in Comperative Perspective, unveröffentliches paper für das annual meeting der American Historical Association, Jänner 1998, Seattle, ersch. in: Österreichische Zeitschrift für Geschichtswissenschaften, Jahrgang 8, 1998, Nr. 4. Siehe auch die Beiträge von Anne Eusterschulte u. a., Ute Grau und Mascha Riepl-Schmidt in diesem Band.
69 Hauch, Gabriella: Arbeit, Recht und Sittlichkeit als Themen der Frauenbewegungen von 1811 bis 1918, in: Akademie der Wissenschaften (Hrsg.): Die Habsburgermonarchie, Band VIII: Vereine und Parteien, erscheint in Wien 1999.
70 Bubenicek, Hanna: Wider die Tyrannei der Norm. Impressionen zu Rosa Mayreder, in: dies. (Hrsg.): Rosa Mayreder oder Wider die Tyrannei der Norm, Wien/Köln/Graz 1996, Seite 10.
71 Becker-Schmidt, Regina: Frauen und Deklassierung, in: Beer, Ursula (Hrsg.): Klasse Geschlecht. Feministische Gesellschaftsanalyse und Wissenschaftskritik, Bielefeld 1989, Seite 225.

Emanzipiert Revolution?
– Auf der Suche nach den Frauen der Revolution 1848/49 (Ute Grau)

1 »Baden-Württemberg feiert die Revolution 1848/49.« Revolutionsalmanach. Veranstaltungen in den Jahren 1997–1999. Hrsg. vom Badischen Landesmuseum Karlsruhe im Auftrag der Landesregierung Baden-Württemberg. Lahr 1997. Eine zweite Auflage des Almanachs, erarbeitet vom Haus der Geschichte Baden-Württemberg, ist im April 1998 erschienen.
2 Einige Beispiele: Schimpf, Rainer: Offenburg 1802–1847. Zwischen Reichsstadt und Revolution. Karlsruhe 1997.
Vollmer, Franz X. : Offenburg 1848/49. Ereignisse und Lebensbilder aus einem Zentrum der badischen Revolution. Karlsruhe 1997.
Frei, Alfred G. /Kurt Hochstuhl: Wegbereiter der Demokratie. Die Badische Revolution 1848/49. Karlsruhe 1997.
Einige weitere lokalgeschichtliche Studien sind geplant oder bereits erschienen.
3 Vgl. Paletschek, Sylvia: Frauen im Umbruch. Untersuchungen zu Frauen im Umfeld der deutschen Revolution von 1848/49. In: Fi-

scher, Beate/Schulze, Birgit (Hrsg.): Frauengeschichte gesucht – gefunden? Auskünfte zum Stand der historischen Frauenforschung. Köln 1991, Seite 47–64.
Außerdem: Langewiesche, Dieter: Die deutsche Revolution von 1848/49 und die vorrevolutionäre Gesellschaft: Forschungsstand und Forschungsperspektiven. Teil II. In: Archiv für Sozialgeschichte 31 (1991), Seite 331–442, hier: Seite 436.

4 150 Jahre Deutsche Revolution. Ergebnisse des Offenburger Kolloquiums vom 8. Oktober 1993. Bearbeitet von Fliedner, Hans-Joachim/Friedmann, Michael/Gall, Wolfgang M.: Offenburg 1994, Seite 25ff.

5 Die Ergebnisse wurden publiziert in: Revolution im Südwesten – Stätten der Demokratiebewegung 1848/49 in Baden-Württemberg. Hrsg. von der Arbeitsgemeinschaft hauptamtlicher Archivare im Städtetag Baden-Württemberg. Bearbeitet von Grau, Ute/ Hertweck, Georg/Schuhladen-Krämer, Jürgen. Karlsruhe 1997.

6 »Revolutionen und weibliche Emanzipationsstrategien 1789 bis 1848/49.« 14.–16. November 1997 in Bad Urach. Veranstaltet vom Verein Frauen & Geschichte Baden-Württemberg e. V. zusammen mit der Landeszentrale für politische Bildung Baden-Württemberg und dem Haus der Geschichte Baden-Württemberg.

7 Struve, Amalie: Erinnerungen aus den badischen Freiheitskämpfen. Hamburg 1850.
(Herwegh, Emma): Zur Geschichte der deutschen demokratischen Legion aus Paris. Von einer Hochverräterin. Grünberg (W. Levysohn) 1849.
Anneke, Mathilde Franziska: Mutterland. Memoiren einer Frau aus dem badisch-pfälzischen Feldzuge 1848/49. Reprint München 1982.
Siehe auch die Beiträge von Anne Eusterschulte u. a., Gabriella Hauch und Mascha Riepl-Schmidt in diesem Band.

8 Lipp, Carola (Hrsg.): Schimpfende Weiber und patriotische Jungfrauen. Frauen im Vormärz und in der Revolution 1848/49. Baden-Baden 1986.

9 Hummel-Haasis, Gerlinde (Hrsg.): Schwestern zerreißt eure Ketten. Zeugnisse zur Geschichte der Frauen in der Revolution von 1848/49. München 1982.

10 Hummel-Haasis, Gerlinde: »ein ganzes Regiment Weiber, um für das Vaterland zu kämpfen«. Badische Frauen in der revolutionären

Demokratie 1848/49. In: Allmende, Heft 3/1983, Seite 40–49, hier: Seite 40.

11 Kaschuba, Wolfgang/Lipp, Carola: 1848 – Provinz und Revolution. Kultureller Wandel und soziale Bewegung im Königreich Württemberg. Tübingen 1979 (=Untersuchungen des Ludwig-Uhland-Instituts der Universität Tübingen, Band 49), Seite 10.

12 ... »bestimmte Formen der Geschlechterbeziehung« gingen »unmittelbar in den symbolischen Diskurs der Revolution« ein. So Carola Lipp in: Bräute, Mütter, Gefährtinnen. Frauen und politische Öffentlichkeit in der Revolution 1848. In: Grubitzsch, Helga/Cyrus, Hannelore/Haarbusch, Elke: Grenzgängerinnen. Revolutionäre Frauen im 18. und 19. Jahrhundert. Weibliche Wirklichkeit und männliche Phantasien. Düsseldorf 1985. (= Geschichtsdidaktik. Studien. Materialien. Band 33. Hrsg. v. Kuhn, Annette), Seite 71–92, hier: Seite 71.

13 Welcker, Carl: »Geschlechterverhältnisse«. In: Staats-Lexikon. Encyklopädie der sämmtlichen Staatswissenschaften für alle Stände. Hrsg. v. Rotteck, Carl und Welcker, Carl von, Band 5. Altona 1847, Seite 654–678.

14 Welcker, Seite 655.

15 Es handelt sich dabei um eine von Heinrich Raab, einem Archivangestellten beim badischen Generallandesarchiv. In jahrelanger mühevoller Kleinarbeit auf der Grundlage von Ermittlungsakten erstellte Kartei der an der badischen Revolution beteiligten Akteure. Eine CD-Rom mit Begleitbuch zur Raabschen Kartei des Generallandesarchivs Karlsruhe erscheint 1998: Badens Revolutionäre 1848/49. Bearbeitet von Mohr, Alexander.

16 Wirtz, Rainer: Widersetzlichkeiten, Excesse, Cravalle, Tumulte und Skandale. Soziale Bewegung und gewalthafter Protest in Baden 1815–1848. Frankfurt/Main, Berlin 1983.

17 Kienitz, Sabine: »Da war die Weibsperson nun eine der ärgsten mit Schreien und Lärmen.« Der Stuttgarter Brotkrawall 1847. In: Lipp, Carola (Hrsg.): Schimpfende Weiber, Seite 76–87.

18 Binder, Beate: »Dort sah ich, daß nicht Mehl verschenkt, sondern rebellt wird«. Struktur und Ablauf des Ulmer Brotkrawalls. In: Lipp, Carola (Hrsg.): Schimpfende Weiber, Seite 88–111.

19 Revolution im Südwesten, Seite 120f.

20 Vgl. Lipp, Carola u. a.: Frauen und Revolution. Zu weiblichen Formen politischen Verhaltens in der Revolution 1848 und den

Schwierigkeiten im Umgang mit einem komplexen Thema. In: Die ungeschriebene Geschichte. Historische Frauenforschung. Dokumentation des 5. Historikerinnentreffens in Wien, 16. bis 19. April 1984. Wiener Historikerinnen (Hrsg.), Wien 1984, Seite 375–391.

21 Schellinger, Uwe: »... und besonders verdient die Frauenwelt das Lob, zum Besseren mitgewirkt zu haben«. Die Rolle der Frauen während der Revolutionsereignisse 1848/49 am Beispiel der Aktivitäten in der Ortenau. In: Die Ortenau, 76. Jahresband 1996, Seite 321–356.

22 Weech, Friedrich von: Karlsruhe. Geschichte der Stadt und ihrer Verwaltung. Auf Veranlassung des Stadtrats bearbeitet. 3 Bände. Band 2: 1830–1852. Karlsruhe 1898, Seite 167 ff.

23 Kuby, Eva: Politische Frauenvereine und ihre Aktivitäten 1848 bis 1850. In: Lipp, Carola (Hrsg.): Schimpfende Weiber, Seite 248 bis 269.

24 Revolution im Südwesten, siehe 4, Seite 349.

25 Welcker, Seite 672f.

26 Welcker, Seite 673.

27 Welcker, Seite 670.

28 Welcker, Seite 669.

29 Revolution im Südwesten, Seite 166ff.

30 Weech, Friedrich von: Karlsruhe. Geschichte der Stadt und ihrer Verwaltung. Band 2: 1830–1852. Karlsruhe 1898, Seite 169.

31 Schambach, Sigrid: Kleine Schritte in die Öffentlichkeit – Karlsruherinnen in den Jahren 1848/49. In: Asche, Susanne/Guttmann, Barbara/Hochstrasser, Olivia/Schambach, Sigrid/Sterr, Lisa: Karlsruher Frauen 1715–1945. Eine Stadtgeschichte. Karlsruhe 1992, Seite 157ff.

32 Hummel-Haasis, siehe 8.

33 Hummel-Haasis, ebenda, Seite 303.

34 Kuby, siehe 20.

35 Lipp, siehe 17, Seite 385 ff.

36 Rumpf, Mechthild: Staatsgewalt, Nationalismus und Geschlechterverhältnis. In: Frauen und Nation. Hrsg. von Frauen & Geschichte Baden-Württemberg. Tübingen 1996 (=Reihe Frauenstudien Baden-Württemberg. Hrsg. von Köhle-Hetzinger, Christel. Band 10), Seite 12–29.

37 Rumpf, siehe 32, Seite 19.

38 Welcker, siehe 11, Seite 655.

39 Welcker, Seite 667.
40 Welcker, ebenda.
41 Welcker, Seite 665.
42 Welcker, Seite 668.
43 Boetcher Joeres, Ruth-Ellen (Hrsg.): Die Anfänge der deutschen Frauenbewegung: Louise Otto Peters. Frankfurt/Main 1983. (= Fischer – Die Frau in der Gesellschaft. Hrsg. von Gisela Brinker-Gabler). Siehe auch die Beiträge von Anne Eusterschulte u. a., Gabriella Hauch und Mascha Riepl-Schmidt in diesem Band.
44 Goetzinger, Germaine: Für die Selbstverwirklichung der Frau: Lousie Aston. Frankfurt/Main 1983 (=Fischer – Die Frau in der Gesellschaft. Hrsg. von Brinker-Gabler, Gisela). Siehe auch die Beiträge von Anne Eusterschulte u. a. und Gabriella Hauch in diesem Band.
45 Schubert, Gertrud: Passiver Widerstand – »Verführung zum Treuebruch«. Die Heilbronnerinnen während der Besetzung ihrer Stadt 1848/49. In: Lipp, Carola (Hrsg.): Schimpfende Weiber. Seite 144 bis 158.
46 Lipp, Carola: Frauen und Öffentlichkeit. Möglichkeiten und Grenzen politischer Partizipation im Vormärz und in der Revolution 1848/49. In: dies. (Hrsg.): Schimpfende Weiber. Seite 270–309.
47 Lipp, Carola, siehe 10, Seite 75.
48 Lipp, Carola, siehe 17, Seite 386.
49 Asche, Susanne zu Henriette Obermüller in: Blick in die Geschichte. Karlsruher stadthistorische Beiträge 1988–1993. Stadt Karlsruhe – Forum für Stadtgeschichte und Kultur. Karlsruhe 1994, Seite 242f.

Zur Revolution in Durlach und zu Henriette Obermüller außerdem: Asche, Susanne /Hochstrasser, Olivia: Durlach. Staufergründung – Fürstenresidenz – Bürgerstadt. Karlsruhe 1996. (= Veröffentlichungen des Karlsruher Stadtarchivs. Band 17).
50 Der Verein ist wahrscheinlich identisch mit dem 1818 gegründeten Durlacher Frauenverein, der sich im Durlacher Rathaus traf. Er war nicht revolutionär, sondern sah seine Aufgabe darin, als »Wohltätigkeitsverein« zu wirken.
51 Revolution im Südwesten, Seite 39.
52 Hummel-Haasis, siehe 9, Seite 235ff; 285ff.
Revolution im Südwesten, Seite 147.
53 Revolution im Südwesten, Seite 223.
54 Hecker, Friedrich: Die Erhebung des Volkes in Baden für die deut-

sche Republik im Frühjahr 1848 von Dr. Fr. Hecker. Basel 1849, Seite 34.

55 Hecker, Friedrich: Reden & Vorlesungen. St. Louis und Neustadt a.d. Haardt 1872. Seite 78. Zitiert nach Asche, Susanne: Friedrich Hecker und die Frauenbewegung. In: G. Frei, Alfred (Hrsg.): Friedrich Hecker in den USA. Eine deutsch-amerikanische Spurensicherung. Konstanz 1993, Seite 107–115.

56 Hecker, siehe 49, Seite 84.

57 Louise Otto: »Dem Reich der Freiheit werb ich Bürgerinnen. Die Frauenzeitung 1849/50«. Hrsg. und kommentiert von Gerhard, Ute/Hannover-Drück, Elisabeth/Schmitter, Romina. Frankfurt/Main 1979.
Siehe auch die Beiträge von Anne Eusterschulte u. a., Gabriella Hauch und Mascha Riepl-Schmidt in diesem Band.

58 Gebhardt, Manfred: Mathilde Franziska Anneke. Madame, Soldat und Suffragette. Berlin 1988.
Wagner, Maria: Mathilde Franziska Anneke in Selbstzeugnissen und Dokumenten. Frankfurt/Main 1980. (= Fischer – Die Frau in der Gesellschaft. Hrsg. von Brinker-Gabler, Gisela). Siehe auch die Beiträge von Anne Eusterschulte u. a., Gabriella Hauch und Mascha Riepl-Schmidt in diesem Band.

59 Riepl-Schmidt, Maja: Die »wertkonservativen« Erziehungskonzepte zur Vorbereitung einer mit »Vernunft getragenen Nation« der Therese Huber (1764–1829). In: Frauen und Nation. Hrsg. von Frauen & Geschichte Baden-Württemberg e.V. Tübingen 1996 (= Reihe Frauenstudien Baden-Württemberg. Hrsg. von Köhle-Hezinger, Christel, Band 10), Seite 90–103.

60 Hummel-Haasis, siehe 9, Seite 41. Siehe auch den Beitrag von Gabriella Hauch in diesem Band.

61 Ähnliches können wir beispielsweise auch für die Aktivitäten von Frauen im Nationalsozialismus vermuten, wo – so die Recherchen der Historikerin Barbara Guttmann – im Prozeß der Entnazifizierung die politische Wirksamkeit weiblichen Handelns nicht reflektiert wurde, was häufig zur Entlastung von Täterinnen führte. Vgl. Forschungsprojekt Zur politischen Partizipation von Frauen in der Nachkriegszeit (1945–1955) am Beispiel Karlsruhe von Barbara Guttmann. Die Ergebnisse werden 1999 in der Reihe des Karlsruher Stadtarchivs publiziert.

62 Schellinger, siehe 18, Seite 324ff.

63 In einer fingierten Anzeige im Offenburger Wochenblatt vom 3. August 1849 teilt eine »Anna Neunundneunzig« den Leserinnen und Lesern mit, daß sie nun, da »unsere Männer mit den anderen bekannten Freiheits-Aposteln und Raubgesindel in den Gasthäusern des Auslands weilten«, keine Verwendung mehr für Kleidung und Verbandszeug hätten und darum bitten, von weiteren Sendungen abzusehen. Zitiert nach Schellinger, siehe 18, Seite 332.

64 Frevert, Ute (Hrsg.): Bürgerinnen und Bürger. Geschlechterverhältnisse im 19. Jahrhundert. Göttingen 1988.
Außerdem: Twellmann, Margit: Die deutsche Frauenbewegung. Ihre Anfänge und erste Entwicklung 1843–1889.
Gerhard, Ute: Verhältnisse und Verhinderungen. Frauenarbeit, Familie und Rechte der Frauen im 19. Jahrhundert. Mit Dokumenten. Frankfurt 1978.

65 Vgl. auch ihren Beitrag in diesem Band.

66 Vgl. Hausen, Karin: Die Polarisierung der Geschlechtscharaktere. Eine Spiegelung der Dissoziation von Erwerbs- und Familienleben. In: Conze, Werner (Hrsg.): Sozialgeschichte der Familie in der Neuzeit Europas. Stuttgart 1976, Seite 363–393. Es ist darauf hinzuweisen, daß die bei Hausen dargestellten Weiblichkeitsentwürfe nicht, wie teilweise in der Rezeption geschehen, mit der gesellschaftlichen Realität gleichzusetzen sind.

67 Asche, Susanne: Fürsorge und Emanzipation – oder Rassenhygiene; Guttmann, Barbara: Der friedliche Krieg zwischen den Geschlechtern, beide in: Standpunkte. Ergebnisse und Perspektiven der Frauengeschichtsforschung in Baden-Württemberg. Hrsg. von Jenisch, Susanne. Tübingen 1993. (= Frauenstudien Baden-Württemberg, Band 1).

68 Asche, Susanne/Guttmann, Barbara/Hochstrasser, Olivia/Schambach, Sigrid/Sterr, Lisa: Karlsruher Frauen 1715–1945. Eine Stadtgeschichte. Karlsruhe 1992.

69 Guttmann, Barbara: Weibliche Heimarmee. Frauen in Deutschland 1914–1918. Weinheim 1989.

Hat der 200. Jahrestag der Französischen Revolution zur Frauengeschichtsforschung in Frankreich beigetragen? Versuch einer Bestandsaufnahme (Marianne Walle)

(Die Übersetzungen aus dem Französischen sind alle von der Autorin).

1 Zitiert nach Alengry, François: Condorcet, Guide de la Révolution Française. Théoricien du Droit Constitutionnel et Précurseur de la Science Sociale. Paris 1904. In: Veauvy, Christiane / Pisano, Laura: Paroles oubliées, La construction de l'Etat-nation en France et en Italie, Paris 1997, Seite 7.

2 Perrot, Michelle: Identité, différence. Le regard de l'histoire. In: La Place des Femmes. Les Enjeux de l'identité et de l'égalité au regard des sciences sociales, Paris 1995, Seite 51.

3 Chambraud, Christine: Elections. In: Le Monde 9./10. Februar 1997, Seite 5.

4 Veauvy/Pisano, Vorwort von Michelle Perrot, Seite 3.

5 Louis Blanc war Historiker, Sozialist, Mitglied der provisorischen Regierung 1848.

6 Z. B. Hufton, Olivia: Women in the French Revolution. In: Past and Present, Nummer 53, 1971. Bridenthal, Rosi/Koonz, Claudia: Becoming visible. Women in European History. Boston/ Atlanta/Dallas/Genf 1977.

7 Duby, Georges/Perrot, Michelle, Histoire des Femmes en Occident, 5 Bände, Paris 1991.

8 Perrot, Michelle: Michel Foucault et l'histoire des femmes. In: Au risque de Foucault. Ouvrage collectif. Paris 1997.

9 Vovelle, Michel/Lemmonier, Danielle (Hrsg.): Les colloques du Bicentenaire, Répertoire des rencontres scientifiques nationales et internationales, Paris 1991.

10 Savy, Nicole: La Bergère, la Citoyenne et le Capital foncier: sur Nanon de George Sand. In: Les Femmes et la Révolution française, 3. Band, Toulouse 1991, Seite 138. Siehe auch die Beiträge von Anne Eusterschulte u. a., Ute Grau und Gabriella Hauch in diesem Band.

11 So wurden die Abgeodneten der »Constituante«, genannt, da sie auf den obersten Bänken saßen. Linksgesinnt, stützten sie sich auf das Volk, auf die »Sans-Culottes«. Sie waren die stärksten bis zum Sturz von Robespierre 1794.

12 Godineau, Dominique: Qu'y a-t-il de commun entre vous et nous? Enjeux et discours opposés de la différence des sexes pendant la Révolution française 1789–1793. In: Théry, Irène/Biet, Christian (Hrsg.): La famille, la Loi, l'Etat, Paris 1989, Seite 72.
13 Godineau, Dominique, Seite 73.
14 Agulhon, Maurice: Marianne au combat, l'imagerie et la symbolique républicaines de 1789 à 1880, Paris 1979.
15 Godineau, Dominique, Seite 78.
16 Godineau, Dominique, Citoyennes Tricoteuses, Paris 1988.
17 Godineau, Dominique, Seite 240.
18 Collin, Françoise: Hannah Arendt, Révolution et Démocratie. In: Les Femmes et la Révolution française, Band 3, Toulouse 1991, Seite 271.
19 Fraisse, Geneviève: Muse de la raison. La démocratie exclusive et la différence des sexes, Paris 1989, Seite 200.

Emanzipationsdiskurse im Vormärz
(Anne Eusterschulte, Corinna Heipcke, Leonie Wagner)

1 Geboren 1817. Nach einer Konvenienzehe mit dem Weinhändler Alfred von Tabouillot ist Mathilde Franziska Anneke als geschiedene Frau nicht nur der gesellschaftlichen Ächtung preisgegeben, sondern lebt in schwierigsten sozialen wie finanziellen Verhältnissen. Diese Erfahrungen sind prägend für ihr schriftstellerisches Engagement. Anneke publiziert zunächst Gedichtanthologien und religiöse Schriften, wendet sich jedoch bald vom Genre christlicher Erbauungsliteratur ab und engagiert sich im Zuge der vorrevolutionären Unruhen der Vormärzzeit auf politischem Sektor. Gemeinsam mit ihrem zweiten Ehemann, dem Offizier Fritz Anneke, den sie 1846 heiratet, steht sie in regem Austausch mit revolutionär gesinnten Denkern (z. B. Marx, Freiligrath u. a.) und gründet mit dem Armenarzt Andreas Gottschalk das sozialreformerisch ambitionierte »kommunistisch-ästhetische Klübchen« aus dem später der »Kölner Arbeiterverein« hervorgeht. Anneke unterhält Kontakte zu verschiedenen Zirkeln freiheitlich-demokratisch orientierter Intellektueller. Nach der Verhaftung ihres Mannes übernimmt sie die Herausgabe der seit dem September 1848 erscheinenden »Neuen Kölnischen Zeitung«, die sie nach Entzug der Druckerlaubnis als »Frauen-Zei-

tung« fortsetzt. An der Seite ihres Mannes nimmt sie 1849 am Badischen Revolutionsfeldzug teil, dessen Niederschlagung beide zur Flucht und Emigration in die USA zwingt. Im amerikanischen Exil bewegt sich Anneke zunächst im großen Kreis der deutschen politischen Emigranten, hält Vorträge über Literatur, publiziert eine »Deutsche Frauen-Zeitung« (Milwaukee 1852). Neben ihrem Engagement in der Anti-Sklaverei-Bewegung schließt sie sich der amerikanischen Frauenbewegung an. 1860–65 kehrt sie nach Europa zurück, um ihre publizistische Tätigkeit (Romane, Erzählungen und Zeitungsartikel) von der Schweiz aus fortzusetzen. 1865, im Jahr der Rückkehr in die USA gründet M. F. Anneke gemeinsam mit der befreundeten Cäcilie Kapp eine Mädchenschule in Milwaukee. Siehe auch die Beiträge von Ute Grau, Gabriella Hauch und Mascha Riepl-Schmidt in diesem Band.

2 Wird am 26. November 1814 in Gröningen bei Halberstadt geboren. 1835 geht Louise Hoche die Ehe mit dem Industriellen Samuel Aston ein, von dem sie sich jedoch noch vor der Geburt ihrer ersten Tochter wieder scheiden läßt. Diese unglückliche, der Konvenienz geschuldete Ehe wird für L. Aston Auslöser einer intensiven Auseinandersetzung mit dem Schicksal von Frauen in der Gesellschaft. Mit ihrer Tochter läßt Louise Aston sich 1845 in Berlin nieder, wo sie als Schriftstellerin arbeitet und in politischen Intellektuellenkreisen verkehrt. 1846 wird sie, nachdem der ihr nachgesagte sexuell freizügige Lebenswandel, ihr Kontakt zum Berliner Gesellenverein, wie ihr unverhohlenes Bekenntnis zur Religionslosigkeit öffentlichen Anstoß erregt hatten, von den Behörden aus Berlin ausgewiesen. Aston thematisiert in ihren literarischen Texten immer wieder das die Rechte der Frauen in tiefstem Maße verletzende Eherecht bzw. kritisiert die Konvenienzehe als Institut psychischer wie sozialer Unterdrückung. Im Zuge der Märzrevolution in Berlin schließt sich Aston einem Freicorps zur Unterstützung der schleswig-holsteinischen Nationalbewegung an und übernimmt die Versorgung der Verwundeten. Nach Berlin zurückgekehrt, gibt sie im November 1848 die politische Zeitschrift »Der Freischärler. Für Kunst und sociales Leben« heraus, die in sieben Ausgaben erscheint. 1850 heiratet sie den Bremer Arzt Daniel Eduard Meier. Beide unterhalten politische Kontakte zu demokratischen Vereinigungen und werden von den Bremer Behörden streng beobachtet. Die Zuspitzung der politischen Situation (Hausdurchsuchung im

Jahre 1851, kurzfristige Festnahme Astons 1852, Kündigung der Arztstellung Meiers 1855) veranlaßt das Ehepaar, Bremen endgültig zu verlassen. Aston, die seit 1850 ihre schriftstellerische Tätigkeit aufgegeben hat, folgt ihrem Mann, der als Arzt in häufig wechselnden Anstellungen tätig ist, durch verschiedene Städte Europas. Am 21. Dezember 1871 stirbt sie in Wangen im Allgäu. Siehe auch die Beiträge von Ute Grau, Gabriella Hauch und Mascha Riepl-Schmidt in diesem Band.

3 Über Louise Dittmars Biographie ist relativ wenig bekannt. Sie wurde 1807 in Darmstadt geboren und wuchs in einer Familie auf, die der Beamten-Oberschicht zuzurechnen ist. Louise Dittmar trat 1847 im »Mannheimer Montags-Verein« durch philosophische Vorträge in Erscheinung und knüpfte hier Kontakte zu Wortführern der revolutionären Bewegung. 1849 veröffentlichte sie u.a. ihre Schrift »Das Wesen der Ehe«, in der sie sich kritisch mit dem herrschenden Geschlechterverhältnis und dessen sozialen und ethischen Grundlagen auseinandersetzte. Ab 1849 erschien ihre Monatsschrift »Soziale Reform«, deren Anspruch es war, Gesellschaftskritik und Philosophie miteinander zu verbinden. Alle ihre Schriften wurden in einem relativ kurzen Zeitraum, zwischen 1845 und 1849, publiziert. Nach 1850 unternahm Dittmar noch verschiedene Reisen (durch Deutschland, die Schweiz und Frankreich), lebte aber eher zurückgezogen und starb 1884. Siehe auch den Beitrag von Ute Grau in diesem Band.

4 Geboren 1819, muß im Alter von 14 Jahren ihre schulische Ausbildung beenden, da Mädchen nach der Konfirmation gewöhnlich im Elternhaus blieben und keine weitere Schulbildung genossen. Die Kritik an dieser Beschränkung weiblicher Bildung bildet Ausgangspunkt und Zentrum des frauen- und bildungspolitischen Engagements von Louise Otto. Dies paart sich mit einem sozialkritischen Engagement, das aus Louise Ottos Wahrnehmung des Elends der arbeitenden Bevölkerung resultiert. Die »Arbeiterinnenfrage« wird zu einem weiteren thematischen Schwerpunkt von Louise Otto. Sie sieht sich dabei als eine Art Sprachrohr der selbst nicht der öffentlichen Stimme mächtigen Arbeiterinnen, d.h. vertritt in dieser Hinsicht ein engagiertes, aber gleichzeitig bürgerlich-fürsorgliches Konzept. Die »Arbeiterfrage« ist für sie in erster Linie eine »soziale Frage«, deren Lösung sie nicht in kommunistischen Konzepten sieht, da diese ihrer Meinung nach die religiösen Grundlagen auf-

gegeben haben. 1842 veröffentlicht Louise Otto ihre ersten Gedichte. Ab diesem Zeitpunkt beginnt ihre Karriere als Schriftstellerin. Ihr umfangreiches Werk umfaßt neben journalistischen Beiträgen auch eine Vielzahl von Romanen. 1848 gibt Louise Otto erstmals die »Frauen-Zeitung« heraus. Es gelingt ihr trotz Zensur und Verbot diese Zeitung bis 1852 erscheinen zu lassen. 1858 heiratet sie den Schriftsteller und Freiheitskämpfer August Peters, der aber bereits 6 Jahre später stirbt. Bis ans Ende ihres Lebens bleibt Louise Otto schriftstellerisch tätig und ist im Jahr 1865 maßgeblich an der Gründung des ersten Vereins der bürgerlichen Frauenbewegung in Deutschland – »Allgemeiner Deutscher Frauenverein« – beteiligt. Sie gehört zu den einflußreichsten Protagonistinnen der bürgerlichen Frauenbewegung und hat in dieser Position sowohl deren Inhalte als auch politischen Strategien nachhaltig geprägt. Siehe auch die Beiträge von Ute Grau, Gabriella Hauch und Mascha Riepl-Schmidt in diesem Band.

5 Die hier abgedruckten Beiträge sind überarbeitete Fassungen des Vortrags, der unter dem Titel »Bürgerliches Weib oder politisches Geschlecht? Emanzipationsdiskurse im Vormärz« auf der Tagung »Revolutionen und weibliche Emanzipationsstrategien 1789 bis 1848« in Bad Urach (14.–16.11.1997) gehalten wurde. Hervorgegangen sind die Beiträge aus einer Kooperation der Forschungsprojekte »Im Konflikt mit den sozialen Verhältnissen. Theoretische Positionen und sozialpolitische Utopien der Frauenemanzipation im deutschen Vormärz und der Revolution 1848/49« des Archivs der deutschen Frauenbewegung und »Utopien und Normierungen. Politische Weiblichkeitsvorstellungen im Vormärz« am Fachbereich Sozialwesen der Universität-Gesamthochschule Kassel.

6 Dieser Aufsatz wurde ebenfalls abgedruckt in: Ariadne. Almanach des Archivs der deutschen Frauenbewegung, Heft 33/1998: Eine »ächt weibliche Emancipation«? Die Diskurse der Geschlechterbeziehungen um 1848.

7 Staats-Lexikon oder Encyklopädie der Staatswissenschaften in Verbindung mit vielen der angesehensten Publicisten Deutschlands, von Rotteck, Carl/Welcker, Carl, (Hrsg.), Band 6, Altona 1838.

8 Ebenda, Seite 629f.

9 Ebenda, Seite 630.

10 Ebenda, Seite 650.

11 Welcker benennt beispielsweise als typisch männliche Eigenschaf-

ten den »schaffende[n] Geist, die Vernunft, mit ihrer Absonderung, Reflection und Abstraction« und stellt demgegenüber Wesenmerkmale des weiblichen Geschlechts dar wie »das empfängliche Gemüth, das für Eindrücke leicht erregbare Gefühl, die Aufnahme durch die unmittelbare Anschauung der Dinge in ihrer Ganzheit und die Innerlichkeit«. Ebenda, Seite 639.

12 Vgl. ebenda, Seite 643.

13 Ausdrücklicher Hintergrund ist hier eine geschlechtergebundene Auslegung der Schiller'schen Ästhetik, etwa in der Schrift »Über Anmut und Würde«.

14 Welcker, Seite 644. Welcker beruft sich hierbei auf Ausführungen von Jahn zum »trefflichen deutschen Volksthume«.

15 Ebenda, Seite 630f.

16 Vgl. hierzu die Untersuchung von Weber, Marianne: Ehefrau und Mutter in der Rechtsentwicklung. Eine Einführung, Tübingen 1907.

17 Ebenda, Seite 331–332. Zwar wurden zu Beginn des 19. Jahrhunderts in einigen deutschen Staaten weniger einschränkende Gesetzesvorschriften erlassen. Das »Preußische Allgemeine Landrecht« ist aber für eine große Zahl weiterer Gesetzeswerke als vorbildhaft und richtungweisend anzusehen.

18 Ebenda, Seite 332.

19 Anneke, Mathilde Franziska: Das Weib im Konflikt mit den sozialen Verhältnissen, in: Möhrmann, Renate (Hrsg.): Frauenemanzipation im deutschen Vormärz. Texte und Dokumente, Stuttgart 1980, Seite 87.

20 Ebenda.

21 Vgl. ebenda, Seite 85.

22 Ebenda, Seite 87.

23 Ebenda, Seite 85.

24 Dies zeigt etwa Annekes späteres Engagement für das Stimmrecht und die bürgerliche Gleichberechtigung von Frauen.

25 Ebenda, Seite 87.

26 Vgl. ebenda, Seite 86.

27 Vgl. Otto, Louise: »Die Theilnahme der weiblichen Welt am Staatsleben«, in: Volkstaschenbuch Vorwärts (Amnestierte der Zeit), Blum, Robert (Hrsg.), 5. Jahrgang, Leipzig 1847, Seite 49f.

28 Anneke, Mathilde Franziska (Hrsg.): Frauen-Zeitung, Nr. 1, 27. Sept. 1848. Wenngleich nicht namentlich gekennzeichnet, läßt sich vermuten, daß dieser Beitrag von Anneke selbst verfaßt wurde oder

zumindest, sollte dies nicht der Fall sein, da er Leitartikel der ersten Nummer der Zeitung ist, für Anneke einen hohen Stellenwert besaß.

29 Vgl. ebenda, Seite 3.

30 Aston, Louise: Meine Emancipation, Verweisung und Rechtfertigung, Brüssel 1846, Seite 45–46.

31 Vgl. Ebenda, Seite 7.

32 »Dies ist die einzige Frauen-Emanzipation, an der auch meine Sehnsucht hängt, das Recht und die Würde der Frauen in freieren Verhältnissen, in einem edleren Cultus der Liebe wieder herzustellen.« Ebenda, Seite 46.

33 Denn »zu diesem neuen Cultus der Frauenwürde und Frauenliebe gehört vor allen Dingen eine tiefere Bildung und ein höheres Bewußtsein der Frauen selbst. Das ist die andere Seite einer vernünftigen Frauen-Emanzipation, wie sie meiner Seele als Ideal vorschwebt. [...] Das Fühlen verlangt dieselbe schrankenlose Freiheit, wie das Denken, um nicht durch unwürdigen Zwang entehrt zu werden.« Ebenda, Seite 47f.

34 Vgl. Dittmar, Louise: Das Wesen der Ehe, Leipzig 1850, Seite 14.

35 Ebenda, Seite 16.

36 Zu Dittmars Begriff der Menschwerdung bzw. des Menschen als Gattungsallgemeines siehe vergleichend die ersten Kapitel von Ludwig Feuerbachs Schrift »Das Wesen des Christentums«.

37 Dittmar, Louise: Das Wesen der Ehe, Leipzig 1850, Seite 26.

38 Ebenda, Seite 4.

39 »In diesem Wechselverhältnis liegt die Lösung der ganzen Aufgabe ...«. Ebenda, Seite 16.

40 Ebenda, Seite 13.

41 »Darin liegt die Bedeutung und der Zweck des Staates, daß er seinen Individuen unbedingten Schutz angedeihen läßt, daß er sich der Schutzlosen und Hülfsbedürftigen annimmt. [...]. Er muß die Sorge für Alles das übernehmen, was dem Einzelnen zu erreichen unmöglich und doch zu seinem Glück und seiner Freiheit nothwendig ist«. Ebenda, Seite 49.

42 Ebenda, Seite 36f.

43 Otto: Die Theilnahme der weiblichen Welt am Staatsleben.

44 Ebenda, Seite 45.

45 Ebenda.

46 Siehe hierzu den gleichlautenden Artikel Louise Ottos: »Das Ewig-Weibliche«, in: Frauen-Zeitung, Nr. 45, 23. Nov. 1851.

47 »Das Gottesreich zu erkennen und es suchen immer weiter auszubreiten – das ist der Lebenszweck aller echten Demokratinnen [...]. Die Demokratie trachtet nach der Verwirklichung des Reiches Gottes auf Erden«. Louise Otto: Die Demokratinnen, Teil IV, in: Frauen-Zeitung, Nr 1, 5. Jan. 1850 ff. Hintergrund dieser Haltung ist Ottos Anknüpfung an zentrale Argumentationslinien der deutschkatholischen Bewegung.

48 So auch der Titel eines von Louise Otto verfaßten Aufsatzes zur politischen Partizipation von Frauen. Vgl. Otto, Louise: Die Theilname der weiblichen Welt am Staatsleben.

49 Vgl. den bereits erwähnten Artikel: »Das Ewig-Weibliche«, Seite 323.

50 Otto, Louise: Die Demokratinnen, Teil IV, Seite 3.

51 Auf den sublimierenden Charakter dieses Entwurfs, sei an dieser Stelle nur hingewiesen. Vgl. Lipp, Carola: Das Private im Öffentlichen. Geschlechterbeziehung im symbolischen Diskurs der Revolution 1848/49, in: Hausen, Karin/Wunder, Heide (Hrsg.): Frauengeschichte – Geschlechtergeschichte, Frankfurt/ Main u.a. 1992, Seite 99–116.

52 Louise Otto erweist sich damit tatsächlich als Begründerin der Frauenbewegung, allerdings des bürgerlichen Spektrums und hier des gemäßigten Flügels. Die von ihr bereits 1848 vertretenen Prinzipien und Strategien stellen die Grundlage des Handlungs- und Politikkonzeptes der Mehrheit der bürgerlichen Frauenrechtlerinnen bis nach dem Zweiten Weltkrieg dar. Andere Ansätze und Versuche haben demgegenüber kaum eine Chance auf Wahrnehmung oder Durchsetzung und werden zudem nicht zuletzt von den bürgerlichen Frauen ausgegrenzt und diskriminiert.

53 Bürger, Christa: Leben schreiben. Die Klassik, die Romantik und der Ort der Frauen, Stuttgart 1990, Seite 21–29.

54 Otto, Louise: »Die Theilnahme der weiblichen Welt am Staatsleben.« In: Blum, Robert (Hrsg.): Amnestierte der Zeit, Leipzig 5. Jahrgang 1847, Seite 47.

55 Soweit Ottos Text eine derartige Interpretation zuläßt, möchte ich behaupten, daß sie die größere Menschenkenntnis der Frauen nicht mit deren natürlicher Beschaffenheit begründet, sondern mit deren sozialer Stellung. Otto erörtert, die Frauen erlangten ihre Menschenkenntnis häufig mit »schweren tief-innerlichen Opfern.« Diese Äußerung scheint mir auf die den Frauen auferlegte Unterord-

nung unter Väter und Gatten anzuspielen. In dieser Situation mußten die Frauen ihren eigenen Willen opfern, um den Blick auf den Willen der Väter und Gatten lenken zu können. Menschenkenntnis, d.h. in diesem Falle das vorauseilende Erahnen der Wünsche anderer, wurde zur Vorraussetzung ihrer konfliktfreien Befolgung.

56 Ebenda, Seite 47f.

57 Ebenda, Seite 43f.

58 Aston, Louise: Aus dem Leben einer Frau. Hamburg 1847. Zur Uneinigkeit über den autobiographischen Gehalt des Textes innerhalb der Germanistik vgl. von Hammerstein, Katharina : »Selbst – Geschichte(n) – Schreiben. Dokumente persönlicher Lebensführung und politischen Engagements einer Vormärzlerin: Louise Aston.« In: Magdalene Heuser (Hrsg.): Autobiographien von Frauen. Beiträge zu ihrer Geschichte, [Untersuchungen zur deutschen Literturgeschichte 85]. Tübingen 1996, Seite 285–301, Insbesondere Seite 293–97.

59 Goodman, Katherine: »Dis«Closures. Women's Autobiography in Germany Between 1790 and 1914, New York u.a. 1986, Seite 123.

60 Aston, Louise: Aus dem Leben einer Frau. Hamburg 1847, o. S.

61 Ebenda, Seite V.

62 Ebenda, Seite Vf.

63 Aston, Louise: Meine Emancipation, Verweisung und Rechtfertigung. Brüssel 1846, Seite 13.

64 Ebenda, Seite 7.

65 Aston, Louise: Der demokratische Frauenklub und die Frauenemanzipation. In: Aston, Louise (Hrsg.): Der Freischärler für Kunst und sociales Leben, Berlin, 8. November 1848, Seite 3.

66 Aston, Louise: »Den Mördern Robert Blums«, In: Aston, Louise: Freischärler-Reminiscenzen. Zwölf Gedichte, Leipzig 1850, Seite 10.

67 »Der Linken.« In: Ebenda, Seite 14–16.

68 Aston, Louise: Revolution und Conterrevolution, Mannheim 1849, Seite 1.

69 Wimmer, Barbara: Die Vormärz-Schriftstellerin Louise Aston. Selbst- und Zeiterfahrung. Frankfurt u.a. 1993, Seite 105.

70 Aston: 1849, Seite 1.

71 Damit greift Louise Dittmar eine Vorstellung vom Dichter auf, die die europäischen Literaturen seit der Antike durchzieht und in der deutschen Literaturgeschichte besondere Bedeutung für den Sturm

und Drang und die Romantik erlangt. Der poeta vates, der Dichter als göttlich inspirierter Seher, spielt in den Konzepten der eigenen Autorschaft u. a. für Klopstock, Hamann und später E. T. A. Hoffmann eine große Rolle. Dittmar greift das Konzept des poeta vates auf und wendet es ins Politische. Der Autor bzw. die Autorin verkündet nun nicht mehr göttliche, sondern demokratische Wahrheit. Zur Idee des poeta vates und ihren Einfluß auf die Literatur des Sturm und Drang und der Romantik vgl.: Schmidt, Jochen: Die Geschichte des Genie-Gedankens in der deutschen Literatur, Philosophie und Politik 1750–1945, 2 Bände, Darmstadt 1985.

72 George Sand, (1804–1876), mit bürgerlichem Namen Amantine-Aurore-Lucile Dudevant, war eine der berühmtesten und umstrittendsten Autorinnen ihrer Zeit. Sie verfaßte u.a. Romane, Dramen und Gedichte, verkehrte mit Arbeiterschriftstellern, kämpfte Seite an Seite mit den Revolutionären von 1848 und wurde u.a. von Heine, Bakunin und Dostojewski sehr geschätzt. Sowohl Aston als auch Otto besangen sie in einem Gedicht. Vgl.: Aston, Louise: »An George Sand.« In: Aston; Louise: Wilde Rosen, Berlin 1846, Seite 22–25 und Otto, Louise: »An George Sand.« In: Otto, Louise: Gedichte, Leipzig 1868, Seite 132. Siehe auch die Beiträge von Ute Grau, Gabriella Hauch und Marianne Walle in diesem Band.

73 Dittmar, Louise: »George Sand.« In: Skizzen und Briefe aus der Gegenwart, Darmstadt 1845, Seite 55f.

Anna Blos, geb. Tomasczewska, Historiographin einer weiblich revolutionären Tradition. Geschichtsschreibung im Spiegel des eigenen Lebens (Mascha Riepl-Schmidt)

1 Blos, Wilhelm: Die Deutsche Revolution, Geschichte der Bewegung von 1848 und 1849, J. H. W. Dietz Nachfolger, Stuttgart, Berlin 1922, Seite 1.

2 Wilhelm Blos wurde 1877 27jährig als jüngster Abgeordneter der nur 12 köpfigen SPD Fraktion des Wahlkreises Reuß in den Reichstag gewählt und blieb dort bis 1878, dann wieder von 1881–1884, von 1890–1907 und 1912–1918 war er MdR des Wahlkreises Braunschweig-Blankenburg.

3 Blos, Anna: Frauen in Schwaben, Fünfzehn Lebensbilder, Verlag

Silberburg, Stuttgart 1929, Seite 10.

4 Ebenda.

5 Vergleiche dazu die in der offiziellen Geschichtsschreibung »vernachlässigt« dargestellte Tradition der fortschrittlichen bürgerlichen Literaturwissenschaft eines Georg Gottfried Gervinus (1805 bis 1871): Neuere Geschichte der poetischen Nationalliteratur der Deutschen, 2 Teile, Leipzig 1842 über die materialistische Geschichtsauffassung eines Franz Erdmann Mehring (1846–1919): Werkauswahl in 3 Bänden, (Hrsg.): Raddatz, F. J., Darmstadt/Neuwied 1974/75 bis hin zu Georg Lukács (1885–1971): Fortschritt und Reaktion in der deutschen Literatur während des Imperalismus, Berlin 1945. Vgl. dazu auch: Lexikon sozialistischer Literatur. Ihre Geschichte in Deutschland bis 1943, (Hrsg.): Barck, Simone/Schlenstedt, Silvia/Bürgel, Tanja/ Giel, Volker/Schiller, Dieter, J. B. Metzler Verlag, Stuttgart/Weimar 1994. Trommler, Frank: Sozialistische Literatur in Deutschland. Ein historischer Überblick, Alfred Kröner Verlag, Stuttgart 1976, Seite 105 und 171f. Lexikon sozialistischer Literatur. Von den Anfängen bis 1945. Monographisch-biographische Darstellungen, Eversdijek, s'Grovenshage 1973, Seite 358. Lexikon linker Leitfiguren, (Hrsg.): Jacoby, Edmund, Büchergilde Gutenberg, Frankfurt/Main/Olten 1988.
Zur Geschichte der Revolution 1848/49 ist neben dem lange negativ rezeptierten Werk von Wilhelm Blos', siehe 1, auch das ähnliche Schicksal des Werkes von Veit Valentin: Geschichte der deutschen Revolution von 1848–49, 2 Bände, Neudruck der Ausgabe Berlin 31, Scientia Verlag Aalen 1968, zu nennen.

6 Vgl.: Siemann, Wolfram: Der König lügt! Rezension von Rüdiger Hachtmann: Berlin 1848. Eine Politik- und Gesellschaftsgeschichte der Revolution, Verlag J. H. W. Dietz Nachf., Bonn 1997. In: DIE ZEIT, Nr. 47 vom 14.11.1997, Hamburg, Seite 9f, hier: Seite 9.

7 Ein Bild der Antonia Tomasczewska (1814–1883), die sie als Anführerin einer Reiterschwadron zeigt, war im Besitz von Anna Blos und wurde beim Wohnungsbrand im Alten Schloß im Januar 1931 zerstört. Eine Reproduktion dieses Bildes befindet sich mit weiteren biographischen Daten in: Straszewicz, Joseph: Les Polonais et les Polonaises de la révolution du 29 novembre 1830, Paris 1832, Seite 45f. Für diesen Hinweis danke ich Dr. Anna Baranska, Lublin.

8 Anna Blos an Wilhelm Blos, 28.5. [1903], Hirschfeldau. Nachlaß Wilhelm Blos, Bundesarchiv Berlin, 90 Bl 4/65, Blatt 50.

9 Zusammen mit Anna Blos' Nichte Brigitte Tomasczewski, haben wir es erst nach längerem Briefwechsel mit der Stadt Stuttgart zuwege gebracht, daß dieser Geburtsname auf dem Grabstein des Stuttgarter Pragfriedhofs berichtigt wurde.
Brigitte Tomasczewski, geb. 1927 in Hirschfeldau (12 km von Sagan entfernt), jüngste Tochter von Anna Blos' einzigem Stiefbruder Hans Felix T., (1890–1945) aus der 2. Ehe des Vaters Robert T. mit Jenny Bontë. 1945 von den Polen vertrieben, blieben auch ihr nur wenige persönliche Unterlagen, die sie zusammen mit anderen überlebenden Familienmitgliedern zusammengesucht hat. Ich danke ihr hiermit für ihre intensive Unterstützung und die Überlassung dieser Daten.

10 Heute Selenin in Polen. Es war der Wohnsitz ihres Großvaters, dem Rechnungsrat Andreas Josephus Tomasczewski (1776–1887), der 16-jährig als Freiwilliger im Befreiungskrieg 1812–13 gegen Napoleon in den Schlachten von Katzbach und Leipzig mitgekämpft und dort ein Bein verloren hatte.

11 Jenny von Westphalen, (12.2.1814–2.12.1881), verheiratet mit Karl Marx, (1818–1883). Vgl. Blos, Anna: Frauen der deutschen Revolution, Seite 57–60.

12 Blos, Anna: Frauen der deutschen Revolution 1848, Zehn Lebensbilder und ein Vorwort, Verlag Kaden und Comp. Dresden 1928, Seite 57f.

13 Die Familie Robert Tomasczewski ist im Karlsruher Adreßbuch von 1879–1883 zuletzt unter der Adresse: Leopoldstr. 32, zu finden.

14 Asche, Susanne u. a.: Karlsruher Frauen, 1715–1945, Eine Stadtgeschichte. Veröffentlichung des Karlsruher Stadtarchivs Band 15, Badenia Verlag, Karlsruhe 1992, Seite 136 und 201.

15 Im Berliner Bundesarchiv ist nun der Nachlaß Wilhelm und Anna Blos einsehbar, der bis zur Wende 1989 von der DDR für bundesrepublikanische ForscherInnen verschlossen war. Siehe auch 8, 32 und 43–45.

16 Anna Blos' Vater heiratete 1885 in 2. Ehe die Gutsherrin von Hirschfeldau: Jenny Bontë, (1846–1930), die aus aus erster Ehe zwei erwachsene Töchter mitbrachte. Sie stammte aus einer seit 1700 in Magdeburg lebenden Hugenottenfamilie. Am 21.3.1890 wurde dem Ehepaar in Görlitz noch ein Nachkömmling geboren: Hans Felix Tomasczewski, der kleine Stiefbruder Anna Blos', den sie sehr liebte.

17 Seine erste Ehe mit Anna Katharina Dürr, (1875), wurde 1886 geschieden. Der 1881 geborene Sohn Willy war vierjährig an Diphterie gestorben. Aus der 2. 1890 in Stuttgart geschlossenen Ehe mit Ida Klara Schickler, (1856–1910), stammte der Sohn Robert Blos, (15.3.1892 Stuttgart – 20.8.1915 Stuttgart-Möhringen). Bundesarchiv Berlin, Nachlaß Wilhelm Blos, 90 Bl 4 /66 und Standesamt Stuttgart.

18 Birkert, Emil: Am Rande des Zeitgeschehens, Verlag Freizeit und Wandern, Stuttgart 1983, Seite 29–32 und 172–183.

19 Zitiert nach Mann, Hans-Joachim: Anna Blos – Frauenrechtlerin und Schriftstellerin, o. S. in: Unser Land und seine Sozialdemokraten, Wilhelm und Anna Blos, SPD-Landesverband Baden-Württemberg, Union Druckerei, Frankfurt/Main 1977.

20 Die von Bismarck verfügten Sozialistengesetze waren von 1878 bis 1890 gültig.

21 Blos, Anna/Schreiber, Adele/Schroeder, Louise/Geyer, Anna: Die Frauenfrage im Lichte des Sozialismus, Kaden und Comp., Dresden 1930, Seite 20.

22 Riepl-Schmidt, Maja: »Anna Blos, geborene Tomasczewska, Pionierin der Frauengeschichte«, Seite 173–182, in: Diess.: Wider das verkochte und verbügelte Leben, Frauenemanzipation in Stuttgart seit 1800, Silberburg-Verlag, Tübingen 1990 und 1998, Seite 182.

23 Blos, Anna u. a. (Hrsg.): Die Frauenfrage, Seite 20.

24 Blos, Wilhelm: Denkwürdigkeiten eines Sozialdemokraten, 2 Bände, G. Birk und Co. m. d. H., München 1919, Seite 78.

25 Blos, Anna u. a. (Hrsg.): Die Frauenfrage, Seite 25.

26 Keil, Wilhelm: Erlebnisse eines Sozialdemokraten, Bd. 2, Deutsche Verlagsanstalt, Stuttgart 1948, Seite 142.

27 Ebenda.

28 Am 29.1.1919, zum »Staatspräsidenten« wurde er von der »Verfassungsgebenden württ. Landesversammlung « am 7.3.1919 mit 100 von 129 Stimmen gewählt und am 4.10.1919 auf die neue Verfassung Württembergs vereidigt. Nach den Landtagswahlen am 23.6.1920 trat er zurück.

29 Nachlaß Ferdinand Hoschka, 10.11.1918, Bundesarchiv Berlin, Sg Y 0409, Seite 27.

30 Geschichte der deutschen Arbeiterbewegung, Biographisches Lexikon, Institut für Marxismus-Leninismus beim ZK der SED, Dietz Verlag, Berlin 1970, Seite 49.

31 Volksschulen vereinigten die heutige Grund- und Hauptschule in einer Schulform.

32 Nachlaß Wilhelm Blos, Bundesarchiv Berlin, 90 Bl 4/3, Blatt 68f.

33 Blos, Anna: Frauen der deutschen Revolution, Seite 57f.

34 Blos, Anna u. a. (Hrsg.): Die Frauenfrage, Seite 20.

35 de Gouges, Olympe, (1748–1793): Erklärung der Rechte der Frau und der Bürgerin, Paris 1792.

36 Mercy Otis Warren, (1728–1814), Verfechterin der revolutionären Politik, Verfasserin politischer Satiren und der »Geschichte der amerikanischen Revolution«, 3 Bände, 1805.
Abigail Smith Adams, (1744–1818), seit 1764 verheiratet mit dem späteren 2. Präsident Amerikas, Amtszeit 1797–1801: »Familial Letters of John Adams and his wife during the revolution«, 1876.

37 Wollstonecraft, Mary, (1759–1797): Eine Verteidigung der Rechte der Frauen, London 1792.

38 Marquise de Condorcet, Marie Louise Sophie de Grouchy, (1764 bis 1822), führte einen literarisch-politischen Salon in Paris, Ehefrau des Philosophen Antoine-Nicolas de C., (1743–94), der sich während der »Terreurs« vergiftete, um dem Schafott zu entkommen.

39 Claire Lacombe, gen. Rose, (1765 bis nach 1796), Schauspielerin, kämpfte als Mann verkleidet, mit einem Säbel bewaffnet während der blutigen Ereignisse der frz. Revolution. Wurde »Präsidentin der »Républicains révolutionaires«, Anführerin der sogenannten »Enragés, Partei der sozialistischen Extremisten. Siehe auch den Beitrag von Claudia Opitz.

40 Flora Tristan, (1803–1844), Frühsozialistin, Schriftstellerin. Begründerin der ersten Arbeitervereine Frankreichs, Großmutter des Malers Paul Gauguin.

41 Hippel, Theodor Gottlieb, (1721–1796): Über die bürgerliche Verbesserung der Weiber, Erstausgabe anonym Berlin 1798.

42 Vgl. dazu Bebel, August: Die Frau und der Sozialismus, Berlin 1883

43 Nachlaß Anna Blos, 90 Bl4/3, Bundesarchiv Berlin, Blatt 20–24.

44 Ebenda.

45 Ebenda.

46 Zitiert nach Sünkel, Wolfgang: Vom Mythos und vom Pathos der Revolution, Seite 413–424, in: Französische Revolution und Pädagogik der Moderne. Herrmann, Ulrich/Oelkers, Jürgen, (Hrsg.), Weinheim/Basel 1990, Seite 421.

47 Ebenda.

48 Die aber Frauen nur im sogenannten »Nebenwiderspruch« erfaßte. Flora Tristan war Marx bekannt, er soll von ihr »abgeschrieben« haben, zitiert hat er sie nie.

49 Blos, Anna: Frauen der deutschen Revolution, siehe 12.

50 Wilhelmine Schröder-Devrient, geb. Schröder, (1804–1860), ließ sich im Alter von 23 Jahren aus einer »unwürdigen« Ehe scheiden, ihr Mann bekam das Sorgerecht für 4 Kinder, Opernsängerin, begeisterte 48erin, bei der Kaiserwahl am 28. März 1849 ist sie in der Paulskirche. Anklage wegen Beteiligung am Maiaufstand. Blos, Anna: Frauen der Revolution, Seite 71–81.

51 Ebenda, Seite 7.

52 Ebenda.

53 Ebenda, siehe 11.

54 Johanna Kinkel, geb. Mockel, (1810–1858), Musikpädagogin und Komponistin, in 2. Ehe Gattin von Gottfried Kinkel, (1815–1882), Dichter und Kunsthistoriker. Er schloß sich 1848 als Demokrat der republikanischen Bewegung an und beteiligte sich 1849 am pfälzisch-badischen Aufstand, wurde verwundet, gefangengenommen und zu lebenslanger Festungstrafe verurteilt. Im Nov. 1850 von dem Studenten Karl Schurz aus der Haft befreit, floh er mit seiner Familie nach England. Blos, Anna: Frauen der Revolution, Seite 47 bis 54. Siehe auch den Beitrag von Heide-Marie Lauterer in diesem Band.

55 Marie Kurz, geb. von Brunnow, (1846–1911), Schriftstellerin, die »rote« Gräfin, verheiratet mit Hermann Kurz, (1813–1873), Schriftsteller und langjähriger Redakteur des »demokratischen« »Beobachter«, war wegen seiner politischen Polemiken auf dem Hohenasperg eingekerkert. Mutter der Dichterin Isolde Kurz. Blos, Anna: Frauen der Revolution, Seite 83–92.

56 Valentin, Veit: Geschichte der deutschen Revolution von 1848–49, 2 Bände, Neudruck der Ausgabe Berlin 1931, Scientia Verlag, Aalen 1968.

57 Ebenda, Seite 579.

58 Malvida von Meysenbug, (1816–1903), Erzieherin und Schriftstellerin, Lehrerin der »Hamburger Frauenhochschule«. Als junges Mädchen an einer Flugblattaktion in 1848 beteiligt, besuchte heimlich die Nationalversammlung in der Paulskirche, nach Hausdurchsuchungen polizeilich geladen, emigrierte sie nach London. Erzog

dort die Töchter des russischen Sozialisten Alexander Herzen. Blos, Anna: Frauen der Revoution, Seite 33–46. Siehe auch den Beitrag von Gabriella Hauch in diesem Band.

59 Louise Aston, geb. Hoche, (1814–1871), in 3. Ehe verheiratet mit dem Arzt E. Meier, (1812–1873), Frauenrechtlerin, Journalistin, Revolutionsbegeisterte, Mitgründerin des Berliner »Club der Emanzipierten«, provozierte die Öffentlichkeit mit dem Tragen von Männerkleidern und Rauchen. Blos, Anna : Frauen der Revolution, Seite 25–32. Siehe auch die Beiträge von Anne Eusterschulte u. a., Ute Grau und Gabriella Hauch in diesem Band.

60 Mathilde Franziska Anneke, (1817–1884), Schriftstellerin, in 2. Ehe mit Fritz Anneke verheiratet. Herausgeberin der »Frauenzeitung« ein Jahr vor Otto-Peters. Beide Blätter wurden verboten. Hoch zu Roß beteiligte sie sich mit ihrem Mann am badisch-pfälzischen Aufstand. Flucht in die Schweiz und Amerika.. Blos, Anna: Frauen der Revolution, Seite 17–27. Siehe auch die Beiträge von Anne Eusterschulte u. a., Ute Grau und Gabriella Hauch in diesem Band.

61 Amalie Struve, geb. Dusar, (1825–1862), Lehrerin, Journalistin, verheiratet mit dem Politiker und Juristen Gustav (von) Struve, 1803–1870, beteiligte sich an den badischen Volksaufständen, die Struve anführte. Nach monatelangem Gefängnis in Bruchsal, Flucht ins englische, dann ins amerikanische Exil. Blos, Anna: Frauen der Revolution, Seite 67–70. Siehe auch die Beiträge von Ute Grau und Gabriella Hauch in diesem Band.

62 Emma Herwegh, geb. Siegmund, (1817–1904), verheiratet mit dem Dichter Georg Herwegh, (1817–1875), dessen radikal-demokratische Ideale sie teilte. Emigration in die Schweiz und Frankreich. Sie fungierte als Emissärin der »Deutschen demokratischen Legion« und führte die Verhandlungen mit Friedrich Hecker. Blos, Anna: Frauen der Revolution, Seite 61–66. Siehe auch die Beiträge von Ute Grau und Gabriella Hauch in diesem Band.

63 Valentin, Veit: Geschichte der deutschen Revolution, Seite 581.

64 Blos, Anna: Frauen der deutschen Revolution, Seite 64.

65 Ebenda, Seite 46.

66 Luise Otto-Peters, (1819–1895), verheiratet mit August Peters, gestorben 1864, Schriftsteller und Redakteur, der eine Freischar von Dresden nach Rastatt führte, gefangengenommen wurde und sieben Jahre im Zuchthaus saß. Blos, Anna: Frauen der Revolution, Seite 9–15. Siehe auch die Beiträge von Anne Eusterschulte u. a., Ute

Grau und Gabriella Hauch in diesem Band.
67 Blos, Anna: Frauen der deutschen Revolution, Seite 9.
68 Ebenda, Seite 13.
69 Ebenda, Seite 14.
70 Ebenda, Seite 15.
71 Ebenda, Lebensbild Amalie Struve, hier: Seite 67.
72 Ebenda, Seite 31.

»Wenn nicht die Leidenschaften der Lebendigen die Schatten erglühen lassen«. Geschichte und Erzählung im Werk Ricarda Huchs (Heide-Marie Lauterer)

1 Zitiert nach: Huch, Ricarda: 1848. Die Revolution des 19. Jahrhunderts in Deutschland. Mit einem Nachwort von Balzer, Bernd. Frankfurt 1980, Seite 515.
2 Vgl. Ricarda Huch. Marbacher Kataloge. 47. Herausgegeben von Ott, Ulrich/Pfäfflin, Friedrich. Marbach am Neckar. 1994, Seite 303.
3 So sehen es die Autoren des Marbacher Katalogs. »Nach dem Zweiten Weltkrieg wollte die französische Militärregierung in Baden nur eine zensierte, d. h. von angeblich franzosenfeindliche Äußerungen freie Ausgabe des Werkes genehmingen, womit Ricarda Huch selbstverständlich nicht einverstanden war.« Ebenda, Seite 305.
4 Ricarda Huch lebte seit 1936 in Jena zusammen mit ihrer Tochter und deren Familie.
5 München 1948.
6 Stuttgart 1949.
7 Berlin 1948. Zu nennen sind darüber hinaus: Griewank, Karl: Ursachen und Folgen des Scheiterns der Deutschen Revolution von 1848. In: HZ. Band 170. 1950. Seite 495–523. Kuczynski, Jürgen: Die sozialen Vorausssetzungen der Revolution von 1848. Berlin 1848.
8 In: Journal of Modern History. 20 (1948).
9 Schieder, Theodor: Das Problem der Revolution im 19. Jahrhundert. In: HZ. Band 170. 1950, Seite 233–271.
10 Valentin, Veit: Geschichte der deutschen Revolution im 19. Jahrhundert. Band 1 und Band 2, 1930/31.

11 Vgl. Mommsen, Hans: Die antirepublikanische Rechte hebelte die Weimarer Reichsverfassung aus. In: Das Parlament. Nr. 3–4. 16. Jahrgang 1998, Seite 17.

12 »Es war nicht meine Absicht, die Geschichte der revoutionären Bewegungen zu schreiben, die in der ersten Hälfte des neunzehnten Jahrhunderts stattfanden und mit den Ausbrüchen des Jahre 1848 endeten. Huch: 1848. Vorwort, Seite 9.

13 Ebenda.

14 Ebenda.

15 Ebenda.

16 Vgl. Troeltsch, Ernst: Der historische Entwicklungsbegriff in der modernen Geistes-und Lebensphilosophie. In: HZ. 28. Band 1921, Seite 377.

17 Ebenda.

18 Huch: 1848, Seite 508.

19 Zitiert nach: Sellin, Volker: Mentalitäten in der Sozialgeschichte. In: Schieder, Wolfgang/Sellin, Volker: Sozialgeschichte in Deutschland III. Göttingen 1987, Seite 101.

20 Huch, Ricarda: Deutsche Tradition. Ein Vortrag. Weimar 1931. »Von Tradition sprechen wir, wenn etwas, was sich in den Anfängen eines Volkes ausgewirkt hat, dauernd fortwirkt. Es ist die Frage, ob ein solches Fortwirken im deutschen Volke zu erkennen ist und von ihm empfunden wird.«

21 Ritter, Gerhard: Zum Begriff »Kulturgeschichte« In: HZ Band 171, 1951, Seite 299.

22 Ebenda, Seite 298.

23 Der Titel ihrer Dissertation lautete: »Die Neutralität der Eidgenossenschaft besonders der Orte Zürich und Bern während des Spanischen Erbfolgekrieges.« Zürich 1892.

24 Gottfried Kinkel, geb. 1815 als Sohn des reformierten Pfarrers in Oberkassel. Studium der Theologie an der Universität Bonn. 1837 Beginn der Dozententätigkeit an der Theologischen Fakultät Bonn. 1839 lernt er seine spätere Frau, Johanna Mathieux, geb. Mockel, kennen. Geb. 1810 als Tochter des Gymnasiallehrers Mockel in Bonn. 1832 Heirat mit dem Kölner Buch- und Musikalienhändler Mathieux. Entfremdung und Trennung. 1836–1839 Ausbildung zur Pianistin in Berlin. Gottfried und Johanna gründen 1840 den »Maikäferbund«, einen Dichterverein, in Bonn. September 1840 Verlobung. 1843 Heirat. Emanuel Geibel und Jakob Burckhardt waren

Brautführer. 1843 erscheinen Gedichte von Kinkel bei Cotta. 1849 Erzählungen von Gottfried und Johanna Kinkel. 1846 Umhabilitation Kinkels zum a.o. Professor für Literatur- und Kunstgeschichte. Teilnahme an der Märzrevolution 1848 in Bonn. Vizepräsident der Zentralbürgerversammlung. Schließt sich den Demokraten an. Verlangt Volkssouveränität, Gemeindefreiheit, soziale Sicherung, die soziale Republik. Denkt national und unitarisch. Gründung des »Demokratischen Vereines« in Bonn. Redakteur der »Bonner Zeitung«. Vizepräsident des Kölner Demokratenkongresses. Seit 1. 1. 1849 Herausgabe des »Spartakus«. Beilage zur Bonner Zeitung. Abgeordneter der 2. Preußischen Kammer 1849. Mai 1849 Zug zum Siegburger Zeughaus. Stellt sich der provisorischen Regierung der Rheinpfalz zur Verfügung. Teilnahme am badischen aufstand in der Freischärlerkompanie Besançon. Verwundet und gefangengenommen und zu lebenslänglicher Festungshaft verurteilt. Überführung ins Zuchthaus Spandau. Befreiung durch Johanna Kinkel und Karl Schurz. Flucht nach England. 1851 Übersiedelung Johannas nach London. 1858 Tod Johannas. Kinkel wird Lehrer an diversen Colleges. 1863 Examinator an der Universität London. Erneute Heirat mit Minna Werner. 1866 Berufung an das Polytechnikum Zürich als Professor für Kunst- und Literaturgeschichte. Ausgedehnte Vortragstätigkeit, die ihn wieder nach Deutschland führt. Freundschaft mit C. F. Meyer. Kinkel stirbt am 12. 11. 1882 an den Folgen eines Schlaganfalls. Ehrengrab auf dem Züricher Zentralfriedhof. Siehe auch den Beitrag von Mascha Riepl-Schmidt in diesem Band.

25 Huch: 1848, Seite 478.

26 Ebenda.

27 Ebenda.

28 Ebenda, Seite 508.

29 Ludwig Bamberger, geb. 1823 in Mainz, gest. 1899 in Berlin. Jura Studium in Heidelberg, Gießen und Göttingen. 1848/49 Berichterstatter der Mainzer Zeitung. Präsident des 2. Demokratenkongresses 1848 in Berlin. Während der Reichsverfassungskampagne befehligte er zusammen mit dem Radikaldemokraten Franz Zitz das »Rheinhessische Provinzialkomitee zur Durchführung der deutschen Verfassung«. Flieht im Juli 1849 mit Zitz in die Schweiz. Vgl. Nils Freytag: Ludwig Bamberger. Demokratische Wege. Herausgegeben von Asendorf, Manfred /von Bockel, Rolf. Stuttgart 1997, Seite 34f.

Siehe zu Kathinka Zitz-Halein, die seit 1837 mit Dr. Franz Zitz (1803–1877), dem späteren Paulskirchenabgeordneten der äußersten Linken verehelicht war. Siehe auch die Beiträge von Gabriella Hauch und Ute Grau in diesem Band.

30 Huch: 1848, Seite 479.

31 Ebenda, Seite 243.

32 Huch, Ricarda: Frühling in der Schweiz. Jugenderinnerungen. Stuttgart 1978, Seite 38.

33 Bäumer, Gertrud: Gestalt und Wandel. Frauenbildnisse. Berlin 1939, Seite 567.

34 Ebenda, Seite 566.

35 Klemperer, Viktor: Ricarda Huch: »Geschichten von Garibaldi«. In: Die Frau 15 (1907/8), Seite 461.

36 Huch: 1848, Seite 372.

37 Neben Texten über die Frauen des 19. Jahrhunderts, bereits 1919 für die sozialdemokratischen »Gleichheit« geschrieben, hatte Anna Blos 1928 in der Vossischen Zeitung einen Text über die Frauen im Jahre 1848 publiziert. Siehe auch den Beitrag von Mascha Riepl-Schmidt in diesem Band.

38 Die Hilfe 1919. Heft 11, Seite 132–134. Sie erwähnte darüber hinaus Théroigne de Méricourt, die regelmäßig die Sitzungen der Nationalversammlung besuchte und in ihrem Salon die Abgeordneten der Nationalversammlung empfing.

39 Huch, Ricarda: Die Beurteilung der Frauendichtung. 1898. In: Ricarda Huch: Marbacher Kataloge, Seite 275.

40 Vgl. Baum, Marie: Leuchtende Spur. Das Leben Ricarda Huchs. Stuttgart 1950, Seite 242.

41 Huch: 1848, Seite 328.

42 Ebenda, Seite 203.

43 Ebenda, Seite 204.

44 Burckhardt eröffnete, so Huch, durch die Anschauung alter deutscher Städte und ihrer Kunstwerke die Welt des Mittelalters. Damit sprach sie implizit ihr eigenes Projekt »Lebensbilder deutscher Städte« an, dessen erste Bände 1927 und 1929 erschienen waren.

45 Huch: 1848, Seite 209.

46 Rubinstein, Siegmund: Romantischer Sozialismus. Ein Versuch über die Idee der deutschen Revolution. München 1921. (Drei Masken Verlag).

47 Ricarda Huch: Romantischer Sozialismus. In: Baum, Marie: Leuch-

tende Spur, Seite 251.

48 Ebenda.

49 Huch: Frühling, Seite 212.

50 Huch, Ricarda: Michael Bakunin und die Anarchie. Leipzig 1923, Seite 119ff.

51 19.3.1923 an Marie Baum. In: Baum: Leuchtende Spur, Seite 264.

52 29.11.1924 an Marie Baum. Ebenda, Seite 269.

53 Huch: 1848, Seite 55.

54 Huch: Frühling, Seite 40.

55 Vgl. Huch: 1848, Seite 129, Seite 199, Seite 227, Seite 177, Seite 158.

56 Huch, Ricarda: Geschichte und Gegenwart. In: Krisis. Ein politisches Manifest. Müller, Oscar (Hrsg.), Weimar 1931, Seite 1.

»Alles wegen einer Frau«: Zur Interaktion von Revolutionsbild und bürgerlichem Weiblichkeitsmythos im Film (Gudrun Loster-Schneider und Sylvia Schraut)

1 Marsiske, Hans-Arthur (Hrsg.): Zeitmaschine Kino. Darstellungen von Geschichte und Film, Marburg 1992, Seite 7.

2 Marsiske bezieht sich seinerseits auf Rubin, Martin: Genre and Technology. Variant Attitudes in Science Fiction Literature and Film. In: Persistence of Vision 3,4 (1986), Seite 95–110.

3 Vgl. zum Thema: Aurich, Rolf: Film in der Geschichtswissenschaft – Ein kommentierter Literaturüberblick. In: Geschichtswissenschaft 17 (1989), Seite 54–63; Faulstich, Werner/ Korte, Helmut (Hrsg.): Fischer Filmgeschichte, Bd. 1–5, Frankfurt 1991 ff.; Kremski, Peter (Hrsg.): Film in der Revolution. Revolution im Film, Essen 1990; Kreutz, Wilhelm: Französische Revolution und Napoleonische Ära im deutschen Film. In: Tel Aviver Jahrbuch für deutsche Geschichte 18 (1989), Seite 161–207; Marsiske, Hans-Arthur (Hrsg.): Zeitmaschine Kino; Paschen, Joachim: Film und Geschichte. In: Geschichte lernen 42 (1994), Seite 13–19. Rother, Rainer (Hrsg.): Bilder schreiben Geschichte. Der Historiker im Kino, Berlin 1991.

4 Faulstich, Werner: Die Filminterpretation, Göttingen 1995², Seite 10.

5 Faulstich/Korte: Filmgeschichte Band 1, Seite 37.

6 Korte, Helmut: Geschichte und Realität: Madame Dubarry (1919). In: Faulstich/Korte: Filmgeschichte Band 1, Seite 326–343, hier: Seite 336. Zur Einführung in die feministische Filmtheorie und Filmkritik vgl. Gottgetreu, Sabine: Der bewegliche Blick. Zum Paradigmenwechsel in der feministischen Filmtheorie. Frankfurt am Main [u.a.] 1992.

7 Zur Einführung vgl. Küchler, Petra: Zur Konstruktion von Weiblichkeit. Erklärungsansätze zur Geschlechterdifferenz im Lichte der Auseinandersetzung um die Kategorie Geschlecht, Pfaffenweiler 1997.

8 Zur Rezeption in Deutschland insbesondere im 19. Jh. vgl. von Hippel, Wolfgang (Hrsg.): Freiheit, Gleichheit, Brüderlichkeit? München 1989.

9 Vgl. Griewank, Karl: Der neuzeitliche Revolutionsbegriff, Frankfurt 1973.

10 Burke, Edmund: Betrachtungen über die Französische Revolution (1790). Frankfurt am Main 1967, Seite 361.

11 Schiller, Friedrich: Das Lied von der Glocke. In: Ders.: Sämtliche Werke, Band 1, Stuttgart 1869, Seite 299f.

12 So der Titel seiner einschlägigen Ausführungen, in: Ders.: Geschichte des 18. Jahrhunderts und des neunzehnten bis zum Sturz des französischen Kaiserreichs, Band. 5, Heidelberg 1844[3]. Zitiert nach: Hippel, Seite 172ff.

13 Stahl, Friedrich Julius: Fortschritt statt Revolution, 1849, in: Ders.: Die Revolution und constitutionelle Monarchie, Berlin 1849[2], Seite 1–3. Zitiert nach: Hippel, Seite 199ff.

14 Vgl. Filmographie von Dallet, Sylvie/Gendron, Francis, in: Film und Fernsehen, Heft 6, 1989, Seite 21f.

15 Vgl. auch die Filmographie bei Kreutz, Seite 204ff.

16 Vgl. Consejo Municipal de Cultura/Filmoteca Canaria: Bicentenario Revolucion Francesca. Las Palmas 1989, Seite 79ff.

17 Vgl. als einen der wenigen einschlägigen Beiträge zum Thema den bereits mehrfach genannten Beitrag von Kreutz. In vielen Handbüchern zum Film taucht in den Schlagwortregistern Revolutionsfilm nicht auf.

18 Verfilmungen von Napoleons Leben, ohne Anspruch auf Vollständigkeit: 1897, 1898, 1909, 1910, 1920, 1923, 1924, 1925/27, 1929, 1934, 1951, 1955, 1972, 1974 (TV), 1982, 1987 (TV); 1990 (TV) und 1995. Vgl. Internet Movie Database und Filmographie, in: Film

und Fernsehen, Heft 6, 1989, Seite 20f. Hieraus auch die Erscheinungsjahre der folgenden Filme.

19 Robespierrestoffe wurden verfilmt u.a. 1897, 1908, 1910 und 1912.

20 Filmische Varianten der literarischen Vorlage »Les deux orphelines« von Adolphe d'Ennery wurden 1902, 1909, 1911, 1914, 1921, 1942, 1954 und 1965 gedreht.

21 Filme über Marie Antoinette: u.a. 1904, 1910, 1929, 1938, 1955.

22 Verfilmungen des Romans von Dumas, Das Halsband der Königin, gab es u.a.: 1909, 1911, 1912, 1929 und 1946.

23 Die Marseillaise als Thema von Filmen: 1898, 1908, 1912, 1913, 1920, 1938.

24 Madame Dubarry als Filmstoff: 1909, 1910, 1914, 1915, 1917, 1919, 1930, 1934, 1951, 1954.

25 Filmische Versionen des Theaterstücks »Madame Sans-Gêne« von Victorien Sardou und Emile Moreau sind nachzuweisen aus den Jahren 1910, 1911, 1919, 1925, 1941, 1960 und 1961.

26 Verfilmungen des 1906 uraufgeführten Dramas des schwedischen Autors Sophus Michaelis sind aus den Jahren 1909, 1914, 1928 und 1938 belegt.

27 Verfilmungen der Romanvorlage von Charles Dickens: »A tale of two cities« u.a. 1911, 1917, 1935, 1958 und 1980 (TV).

28 »Madame Tallien« als Filmtitel 1911, 1914, 1922 und 1987 (TV).

29 Danton-Filme kamen in die Kinos u.a. 1914, 1921, 1931, 1932, 1970 (TV) und 1982.

30 Scarlett-Pimpernel-Filme nach der Romanvorlage von Emmuska Orczy u.a. 1917, 1920, 1927, 1934, 1938, 1950, für das Fernsehen 1958, 1982 (TV) und 1987.

31 Vgl. Lexikon des Internationalen Films: Madame Dubarry, Hamburg 1987, Seite 3556. Vgl. auch: Korte, Helmut: Geschichte und Realität: Madame Dubarry (1919), in: Faulstich/Korte: Filmgeschichte, Band 1, Seite 326–343.

32 Napoleon (Frankreich 1925/27), Regie: Abel Gance, Produktion: Société Générale de film. Vgl. Töteberg, Michael: Napoléon. In: Metzler Film Lexikon, Stuttgart 1995, Seite 402–404 und die dort genannte weiterführende Literatur.

33 Marseillaise (Frankreich 1938), Regie: Jean Renoir, Produktion: Jean Renoir. Vgl. Gassen, Heiner: Jean Renoir und die Dreißiger. Soziale Utopie und ästhetische Revolution, München 1995.

34 Revolutionshochzeit (Deutschland 1938), Regie: Hans Zerlett, Pro-

duktion: Euphono. Vgl. Drewniak, Boguslaw: Der deutsche Film 1938–1945. Ein Gesamtüberblick, Düsseldorf 1987, insbesondere Seite 148–213 und Seite 566.

35 Gassen: Jean Renoir und die Dreißiger, Seite 71.

36 Madame Sans-Gêne. In: Lexikon des Internationalen Films, Seite 3558.

37 Vgl. Madame Sans-Gêne: Lustspiel in 4 Akten. Manuskript für sämtliche Bühnen in Deutschland und Österreich-Ungarn. Einrichtung des »Deutschen Volkstheaters« in Wien, von Victorien Sardou und Emile Moreau. Berlin um 1895.

38 Madame Sans-Gêne (Dänemark 1909), Stummfilm unter der Regie von Viggo Larsen, Produktion: Nordisk Film; Madame Sans-Gêne (Frankreich 1911), Stummfilm, Regie: André Calmettes, Henri Pouctal); Madame Sans-Gêne (Italien 1919), Stummfilm, Regie: Baldassare Negroni; Madame Sans-Gêne (Frankreich 1925), Stummfilm unter der Regie von Léonce Perret, Produktion: Paramount Pictures; Kopien der Filme konnten bisher nicht ermittelt werden, Angaben zu ihnen nach IMDB (The Internet Movie Data base Ltd.).

39 Madame Sans-Gêne, (Frankreich-Italien-Spanien 1962), Regie Christian-Jaque, Schwarz-weiß, Produktion: G. E. Seitel/Champion/Cine Alliance/Agatha.

40 »Musketier mit Hieb und Stich« (Frankreich, Rumänien, Italien 1971), Regie: Jean-Paul Rappeneau, Produktion: Alain Poiré.

41 Zu Handlungsspielraum und Forderungen von Frauen in der Französischen Revolution vgl. stellvertretend für zahlreiche andere Titel: Stübig, Frauke: Was geschah eigentlich vor 200 Jahren? Ein Überblick über die Französische Revolution auch aus weiblicher Sicht. In: Hessische Landeszentrale für politische Bildung (Hrsg.): Freiheit – Gleichheit – Schwesterlichkeit, Wiesbaden 1989, Seite 1 bis 34; Applewhite, Harriet B./Levy, Darlin G.: Reaktionen auf den politischen Aktivismus der Frauen des Volkes im revolutionären Paris von 1789–1793. In: Held, Jutta (Hrsg.): Frauen im Frankreich des 18. Jahrhunderts: Amazonen, Mütter, Revolutionärinnen. Hamburg, Berlin 1989, Seite 67–91; Gerhard, Ute: Die Frauenrechtserklärung der Olympe de Gouges. Entwurf zu einer feministischen Rechtstheorie, in: Frankfurter Hefte, Seite 605–615; Petersen, Susanne: Frauen in der Französischen Revolution, in: Brandes, Helga (Hrsg.): Der Menschheit Hälfte blieb nicht ohne Recht, Wiesbaden

1991, Seite 9–27.

42 Zitiert nach Harten, Elke/Harten, Hans-Christian: Frauen-Kultur-Revolution 1789–1799. Freiburg 1988, Seite 7.

43 Siehe 11.

44 Lotman, Jurij: Die Struktur literarischer Texte, München 1972, Seite 311–329. Zur latent geschlechtssemantischen Konnotation kulturspezifischer Binäropposition vgl. auch Ortner, Sherry: Is Female to Male as Nature to Culture? In: Rosaldo, Michelle/Lamphere, Louise (Hrsg.): Woman, Culture and Society, Stanford 1974, Seite 67–87.

45 Vgl. insbesondere White, Hayden: Metahistory. Die historische Einbildungskraft im 19. Jahrhundert in Europa, Frankfurt am Main 1991; und Schulin, Ernst: Die Französische Revolution, München 1988, Seite 52f.

46 Daß die Erforschung der Rolle von Frauen in der Französischen Revolution nicht gleichbedeutend ist mit einem genderanalytischen oder ideologiekritisch-feministischen Ansatz, zeigt sich nicht nur an älteren historiographischen Konstruktionen, wie der Michelets, sondern beispielsweise auch bei Stübig und sogar bei Applewhite. Beide erklären letztlich die Zurückdrängung egalitärer und kritisch-emanzipatorischer Diskurse, Aktionen und Forderungen nicht als Ausdruck patriarchaler Rollenarrangements und sexueller Gewaltverhältnisse, sondern als »Nebeneffekt« im Kampf der konkurrierenden revolutionären Gruppierungen. Michelet, Jules: Die Frauen der Französischen Revolution [1854], Frankfurt am Main 1984; zu Stübig und Applewhite vgl. Anmerkung 41.

47 Ein besonders bekanntes Beispiel hierfür ist die zeitgenössische Wahrnehmung und historiographische Verarbeitung Charlotte Cordays. Vgl. in Auswahl: Kahr, Johanna: Literarische Darstellungsschemata als Kompensation in der Geschichtsschreibung der Französischen Revolution. In: Lämmert, Eberhard (Hrsg.): Erzählforschung, Stuttgart 1972, Seite 591–619; Marrinan, Michael: Images and Ideas of Charlotte Corday. Texts and Contexts of an Assassination. In: Arts Magazine 54 (1980), Seite 158–176.

48 Vgl. beispielsweise Stephan, Inge: »Bilder und immer wieder Bilder ...«. Überlegungen zur Untersuchung von Frauenbildern in männlicher Literatur. In: Stephan, Inge/Weigel, Sigrid (Hrsg.): Die verborgene Frau, Hamburg, Berlin 1983, Seite 15–34. Zur Verortung der geschlechtsstereotypen filmischen Figurentypologie in der

Literatur des 18. und 19. Jahrhunderts vgl. Hickethier: Film- und Fernsehanalyse, Seite 121f.

49 Auch diese spezifische Form weiblicher Biographik als »Partnerbiographik« rekurriert auf eine literarische Tradition, wie sie insbesondere in Bildungsromanen mit weiblichen Protagonisten oder in Autobiographien von Frauen existiert. Sie verweist selbst wiederum auf die indirekte und interpersonell bezogene Struktur der weiblichen Rollenidentität in der bürgerlichen Geschlechterkonstruktion. Vgl. Vogt, Marianne: Autobiographik bürgerlicher Frauen. Würzburg 1981.

50 Mit dieser Entwicklung hin auf »männlich« kodierte Merkmalseigenschaften stellt Lubitsch für seinen männlichen Protagonisten den nachgerade gattungskonstitutiven Akkulturationsprozeß in die bürgerliche männliche Geschlechterrolle nach, wie sie dem deutschen Bildungsroman schon seit Wielands »Agathon«, Goethes »Wilhelm Meisters Lehrjahren« und Hegels früher Gattungsdefinition eingeschrieben war. Hegel, Georg Friedrich Wilhelm: [Vorlesungen über die] Ästhetik. (Hrsg.) Bassenge, Friedrich, Berlin 1955, Seite 557f.

51 Die Rezeptionsmächtigkeit dieses Ausspruchs dokumentiert sich an einem anderen deutschen Stummfilm, Dimitri Buchowetzkis »Danton« von 1921, der in der englischen Fassung den Titel, »All for a Woman« erhielt.

52 Dieses »weibisch-schwache« Profil Ludwigs XV., das in anderen Filmen, wie beispielsweise der »Marseillaise«, auch gern über das Nachtkostüm (Papilloten, Haube, gerüschtes Nachthemd) markiert wird, kontrastiert insbesondere mit der »Männlichkeit« seines bürgerlichen Konkurrenten Armand, der bei der Liebe in »klassischer« Choreographie und mit nacktem Oberkörper agieren darf.

53 Bezeichnend hierfür sind einige Kapitelüberschriften in Oelsners »Bruchstüken aus den Papieren eines Augenzeugen«, wie »Hof Ludwigs XV«, »Geschichte der Md. Dubarry«, »Sittenverderbnis des französischen Adels«, oder »Der Hof hat die Revolution noch mehr beschleunigt«. Oelsner, Konrad Engelbert: Luzifer oder gereinigte Beiträge zur Geschichte der Revolution, 2 Bände, 1797 u. 1799, Repr. Kronberg 1977. Allein die Namen von Oelsners Briefpartnern, wie etwa vom Stein, Humboldt, Varnhagen v. Ense, oder die von ihm präferierten Publikationsorgane, wie Wielands »Neuer Teutscher Merkur« und Archenholz' »Minerva«, verbürgen die brei-

te Popularität solcher Thesen.

54 Vgl. Tacke, Charlotte: Denkmal im sozialen Raum: nationale Symbole in Deutschland und Frankreich im 19. Jahrhundert, Göttingen 1995.

55 Vgl. Grubitzsch, Helga/Bockholt, Roswitha: Théroigne de Méricourt, Pfaffenweiler 1991.

56 Durch diese figurengebundene Informationsvergabe sind die Inhalte dieser Rede allerdings auch von vornherein relativiert als subjektives Wissen eines individuellen feministischen Bewußtseins.

57 Bezogen auf die Figur der Théroigne folgt der Film somit durchaus dem »guten« bürgerlichen Weiblichkeitssterotyp der »friedfertigen Frau«. Vgl.: Mitscherlich, Margarete: Die friedfertige Frau. Eine psychoanalytische Untersuchung zur Aggression der Geschlechter. Frankfurt am Main 1985. Mit seinem Erklärungsdefizit über das Aggressionspotential der Frauen in Théroignes Umfeld steht er zudem in auffälligem Kontrast etwa zu der englischen Nachkriegsverfilmung von Charles Dickens »A Tale of Two Cities« (Regie: Ralph Thomas, deutscher Titel. »Karren zum Schafott«). Dieser Plot orientiert sich an Carlyles konservativer Geschichtsphilosophie und verbindet in plakativer und szenisch breit ausgefalteter Art und Weise Jakobinismus, terreur und Frauen. An der tradierten Geschlechtersemantik ändert er deswegen allerdings gerade ebenfalls nichts. Die brutale und gnadenlose Aggressivität dieser »Strickweiber« ist nämlich keineswegs politisch begründet, sondern sie ist Affekt und Reaktion: Sie entspringt der Rache und dem Haß für erlittenes Unrecht.

58 Der zentrale interpretatorische Stellenwert des Vergewaltigungsmotivs wird schon dadurch markiert, daß es in der hier gewählten Präsentionsform des »analytischen Dramas« dazu dient, unterschiedliche Zeitebenen der erzählten Biographie assoziativ miteinander zu verzahnen. Die Erinnerungslogik des erzählenden Bewußtseins folgt somit der Erinnerungslogik der traumatisierten Hauptfigur.

59 Vgl. exemplarisch Hilmes, Carola: Die Femme Fatale. Ein Weiblichkeitstypus in der nachromantischen Literatur, Stuttgart 1990; Liebsch, Carola: Feminismus und Psychoanalyse. Über Einsichten, Abstraktionen und Ausblendungen bei der Integration psychoanalytischer Erkenntnisse in sozialwissenschaftlichen Fragestellungen. In: Zeitschrift für Frauenforschung 4 (1994), Seite 125–140.

60 Idealtypisch durchgespielt wird dieser Prozeß in der Wohnküche einer Marseiller Familie, wo eine Mutter ihren Sohn zunächst mit allen Mitteln davon abhalten möchte, einem revolutionären Freiwilligen-Bataillon beizutreten, ihn am Ende in seinem Vorhaben aber unterstützt.

61 White: Metahistory, Kapitel 4 und 5.

62 Die situationsgerecht immer in bräutliches Weiß gekleidete Aline d'Estoile posiert bereits in der ersten Sequenz vor dem Bild der Mutter Gottes.

63 Vgl. Bourquin, Marie-Hélène: Monsieur et Madame Tallien, Paris 1987.

64 Vgl. ihre Petition vom 24.04.1794. Abgedruckt in: Turquan, Joseph: Die Bürgerin Tallien. Ein Frauenbild aus der Französischen Revolution, Berlin 1913, Seite 254–258.

65 Zur literarischen und hier filmisch anzitierten Tradition der zur empfindsamen Liebesmärtyrerin umgedeuteten barocken Heroine vgl. Baader, Renate: Heroinen der Literatur. In: Baumgärtel, Bettina/Neysters, Silvia (Hrsg.): Die Galerie der starken Frauen, München 1995, Seite 34–51; Kroll, Renate: Von der Heerführerin zur Leidensheldin, ebenda, Seite 51–64.

66 Die zunehmende Diskrepanz oder, um es in der Diktion der Komödienpoetik zu formulieren, der »angeschaute Widerspruch« zwischen individuellem Habitus der komischen Heldin und den Rollenerwartungen der Umwelt ist das zentrale komische Paradigma dieser Komödie. Vgl. Stierle, Karlheinz: Komik der Handlung, Komik der Sprachhandlung, Komik der Komödie. In: Preisendanz, Wolfgang/Warning, Reiner (Hrsg.): Das Komische, München 1976, Seite 237–268.

67 Die Abwertung dieser Allianz von Frau, Kampf und Revolution scheint somit zunächst idealtypisch eine der Strategien zu benutzen, mit der patriarchale Systeme, beispielsweise nach Karen Horney, weibliche Emanzipationsansprüche und Rollendevianzen unterdrücken: Das Lachen und das Verlachen. Vgl. Horney, Karen: Die Angst vor der Frau. In: Zeitschrift für Psychoanalyse 18,1 (1932), Seite 5–18. Allerdings zielt der vorliegende Film wesentlich stärker auf ein identifikatorisches Lachen mit der komischen Heldin als über sie, so daß das hier verhandelte Normgefüge insgesamt einer gattungskonstitutiven Ambiguierung unterliegt. Zur Theoriegeschichte der komischen Ambiguierung vgl. einführend Greiner,

Bernhard: Die Komödie, Tübingen 1992, Kapitel 4,3 und 5.

68 Zur Typologie der »weißen«, guten, schwesterlich-mütterlichen und der sexualisierten und dämonisierten »roten« Frau und ihren politischen Konnotationen in rechtskonservativen männlichen Texten vgl. Theweleit, Klaus: Männerphantasien, Band 1: Frauen, Fluten, Körper, Geschichte. Frankfurt/Main 1978.

69 Zur Theoriegeschichte des »Weiblichen« als dem »Anderen« in patriarchalen Kulturen, insbesondere in der Nachfolge Simone de Beauvoirs vgl. einführend Lindhoff, Lena: Einführung in die feministische Literaturtheorie, Stuttgart, Weimar 1995.

70 Dieses Wissen dokumentiert sich insbesondere auch in Details der Plotkonstruktion: Das Scheidungsgesetz vom 20.9.1792 bestimmte als einen möglichen Scheidungsgrund die mindestens fünfjährige und nachrichtslose Abwesenheit eines der Partner – und tatsächlich kehrt der Held exakt nach fünfjähriger Absenz zwecks Ehescheidung nach Frankreich zurück. Zu den Bestimmungen des revolutionären Ehe- und Familienrechts vgl. Bertaud, Jean Paul: Alltagsleben während der Französischen Revolution, Freiburg, Würzburg 1989, Seite 141–153.

71 Vgl. Hinck, Walter: Lessings Minna: Anmut und Geist. Kleine Komödien-Chronik zur Emanzipation der Frau. In: Fabian, Bernhard (Hrsg.): Festschrift für Rainer Gruenther, Heidelberg 1978, Seite 184–214, hier: Seite 184f.

72 Besonders deutlich wird dieser Zusammenhang in den Szenen, welche die Verhältnisse auf den städtischen Rathäusern ins Bild setzen, wo angesichts der andrängenden heirats- und scheidungswilligen Massen, der Rechtsunsicherheit und der Laienhaftigkeit der neuen Beamten die Lage völlig außer Kontrolle gerät.

73 Vgl. Rousseau, Jean-Jacques: Emile oder Über die Erziehung. Paderborn, München, Wien, Zürich 1971, Seite 386.

74 Zum Androzentrismus des Genie-Begriffs vgl., Loster-Schneider, Gudrun: Sophie La Roche. Paradoxien weiblichen Schreibens im 18. Jahrhundert, Tübingen 1995, Seite 89–105.

75 Zum dualistischen Symbolismus von »männlich«-vernünftigen, meß- und zählbaren geometrischen Formen einerseits und »weiblichen«, »weichen, ausschweifenden Linien« und »gebrochenen Formen« andererseits, den die revolutionären und postrevolutionären Diskurse um 1800 entwickelten und auf dessen Tradition sich die Bildsprache des Films hier bezieht, vgl. Starobinski, Jean: 1789.

Die Emblem der Vernunft, Paderborn, München, Wien, Zürich 1971, insbesondere Seite 59–63. Ebenso Theweleit, Männerphantasien, ebenda.

76 Zur dieser, über die verschiedenen Rezeptionsphasen der Aristotelischen Elementenlehre bis in die Antike zurückverfolgbaren geschlechtssemantischen Tradition vgl. einführend Becker-Cantarino, Barbara: Der lange Weg zur Mündigkeit, München 1989, Kapitel 1.

77 Zu Theorie, Geschichte und Funktion weiblicher Allegorien in männlichen Symbolordnungen seit der Französischen Revolution vgl. Agulhon, Maurice: Marianne into Battle. Republican Imagery and Symbolism in France, 1789–1880. Cambridge 1981; Warner, Marina: In weiblicher Gestalt. Die Verkörperung des Wahren, Guten und Schönen, Hamburg 1989; Wenk, Silke: Versteinerte und verlebendigte Weiblichkeit. Weibliche Allegorie und ihre mediale Repräsentation in der Französischen Revolution. In: Verband der Bildenden Künstler der DDR (Hrsg.): Geschichte, Geschlecht, Wirklichkeit, Berlin 1990, Seite 154–165.

78 Zur Geschlechterkonstruktion Michelets vgl. Grubitzsch, Helga: Michelets »Frauen der Revolution«. In: Diess. (Hrsg.): Grenzgängerinnen, Düsseldorf 1985, Seite 157–184.

79 So beispielsweise in »Marie Antoinette« von Jean Delannoy aus dem Jahr 1955 oder Caroline Hupperts »Marie Antoinette« aus der bereits vielfach genannten Reihe »Die Unterröcke der Revolution«. Eine Ausnahme bildet Sascha Guitrys »Wenn Versailles erzählen könnte« von 1953, wo zumindest eine kurze Einstellung die Perspektive der Frauen einnimmt.

Revolution – Geschlecht – Museumsprojekte oder
»Der schwierige Umgang mit den Frauen in der Revolution«.
Zur Podiumsdiskussion am 16. November 1997
(Rita Müller)

1 Brigitte Heck, Konservatorin am Badischen Landesmuseum, die die Podiumsdiskussion vorbereitet hat und sie auch moderieren sollte, konnte aus Krankheitsgründen nicht an der Tagung teilnehmen.

2 Die Referentinnen stellten mir ihre Informationen über die Ausstellungsprojekte zur Verfügung.

3 Das Stuttgarter Frauenmuseum e. V. erarbeitet Ausstellungen, Pu-

blikationen zu geschlechtergeschichtlichen Themen, bietet Stadtrundgänge und kulturelle Veranstaltungen an. Ziel ist, ein aus öffentlichen Geldern finanziertes Museum aufzubauen und zwar mit einer Konzeption, die dem wissenschaftlichen Anspruch der Geschlechtergeschichte gerecht wird.

4 Zeitraum der Ausstellung: 28.2.–2.8.1998

5 Die Ausstellung wird vom 18.5.–18.9.1998 gezeigt.

6 Dabei handelt es sich um ein Kooperationsprojekt des Hauses der Geschichte Baden-Württemberg mit dem Museum am Burghof in Lörrach. Die Ausstellung wird vom 20. April 1998 bis 10. Januar 1999 im Museum am Burghof gezeigt.

7 Dem Logo liegt der Holzschnitt »Barrikadenkampf an der Rheinbrücke am 26. April 1848« von Ludwig Elliot zugrunde, der am 3. Juni 1848 veröffentlich wurde.

8 Fliegende Blätter aus Anhalt vom 29.9.1848, Landesarchiv Oranienbaum. Abt. Dessau A 20 Nr. 56. Für diesen Hinweis danke ich Angela Erbacher, Archivarin am Landesarchiv Oranienbaum.

Autorinnen

Susanne Asche
Dr. phil., geboren 1955, Historikerin am Stadtarchiv Karlsruhe, Vorstandsmitglied im Verein Frauen & Geschichte Baden-Württemberg e. V., Kommunal- und landesgeschichtliche Forschungen, Veröffentlichungen zur Frauengeschichte.

Marga Burkhardt
geboren 1961, Historikerin und Kulturorganisatorin. Zur Zeit wissenschaftliche Mitarbeiterin im Projekt »Identitätskonstruktionen im 19. Jahrhundert« an der Albert-Ludwigs-Universität Freiburg. Hauptarbeitsgebiete: Geschlechtergeschichte, Sozialgeschichte der Medizin und Psychatrie im 19. Jahrhundert.

Anne Eusterschulte
Dr. phil.; geboren 1964, zur Zeit wissenschaftliche Mitarbeiterin der Universität-GH Kassel und wiss. Mitarbeiterin des Archivs der deutschen Frauenbewegung im Forschungsprojekt: Frauen in der 1848er Revolution, Vorbereitung eines Habilitationsprojektes; Publikationen zur Naturphilosophie der Renaissance und frühen Neuzeit.

Ute Grau
geboren 1958, Studium der Geschichte, Literaturwissenschaft und Physik an der Universität Karlsruhe, danach freiberufliche Tätigkeit als Historikerin, Vorträge und Veröffentlichungen im Bereich Lokal- und Regionalgeschichte. 1996/97 Projektleitung »Revolution im Südwesten – Stätten der Demokratiebewegung 1848/49 in Baden-Württemberg«, (Buchprojekt der Arbeitsgemeinschaft hauptamtlicher Archivare im Städtetag Baden-Württemberg zur Revolution 1848/49). Zur Zeit wieder freiberuflich tätig.

Gabriella Hauch
Dr. phil., geboren 1959 in Salzburg, Universitätsdozentin für Neuere

Geschichte und Zeitgeschichte. Historikerin am Ludwig Boltzmann Institut für Gesellschafts- und Kulturgeschichte an der Universität Linz. Mitherausgeberin der Österreichischen Zeitschrift für Geschichtswissenschaften (ÖZG). Letzte Buchpublikation: Vom Frauenstandpunkt aus. Frauen im Parlament 1919–1933. Verlag für Gesellschaftskritik, Wien 1995. Aktuelle Forschungsvorhaben: Parlamentarismus – politische Parteien – politisches System. Zu Kontinuitäten und Brüchen bei politischen Eliten; zur Ambivalenz von Geschlechterverhältnissen nach den beiden Weltkriegen in Staaten der ehemaligen Habsburger Monarchie und ihre Bedeutung für die Ausformung von politischen Systemen: Perspektiven der Politikgeschichtsschreibung.

Corinna J. Heipcke
M. A., geboren 1966, Studium der Germanistik und Anglistik in Kassel und Iowa City. Zur Zeit Stipendiatin der Graduiertenförderung Hessen mit der Promotion zum Thema »Autorhetorik – Selbstautorisierung deutschsprachiger Autorinnen des ausgehendenen 18. Jahrhunderts.« Mitorganisatorin des Ausstellungs- und Veranstaltungsprogramms »1848 – Aufbruch der Frauen?«, das vom Archiv der deutschen Frauenbewegung und dem Autorencafé der Werkstatt Kassel durchgeführt wird. Als Mitglied der Interdisziplinären Arbeitsgruppe Frauenforschung der Universität Gesamthochschule Kassel Mitarbeit an der inhaltlichen Konzeption der diesjährigen 9. Offenen Frauenhochschule zum Thema »FrauenRäume«.

Heide-Marie Lauterer
Dr. phil., geboren 1952, Historikerin, Arbeitsschwerpunkt: Politik-Geschichte des 20. Jahrhunderts mit Schwerpunkt Frauen- und Geschlechtergeschichte. Historisches Seminar der Universität Heidelberg.

Gudrun Loster-Schneider
Dr. phil., PD, geboren 1957, Literaturwissenschaftlerin und Hochschuldozentin am Seminar für Deutsche Philologie der Universität Mannheim; Studium der Germanistik und Geschichte 1976–1982, Habilitation 1992. 1994 Gastprofessur an der University of Waterloo/Kanada; Forschungsschwerpunkte: Einzelne AutorInnen (L. A. V. Gottsched, Sophie la Roche, Theodor Fontane u. a.), allgemeine Literaturgeschichte des 18. und 19. Jahrhunderts, insbesondere Gattungs- und Geschlechtergeschichte, feministische Literaturtheorie.

Rita Müller
geboren 1965, Studium der Geschichte und Germanistik in Mannheim. Abschließende Arbeiten an der Dissertation zum Thema »Weibliche und männliche Lebensläufe im Wandel. Industrialisierung und Modernisierung unter demographischen Aspekten im 19. und frühen 20. Jahrhundert. Das Beispiel Stuttgart-Feuerbach«. Zur Zeit wissenschaftliche Volontärin am Deutschen Uhrenmuseum in Furtwangen.

Claudia Opitz
Dr. phil., geboren 1955, seit 1994 Professorin für Neuere Geschichte an der Universität Basel, verheiratet, zwei Kinder. Forschungen u. a. zur französischen und deutschen Geschichte, zur Frauen- und Geschlechtergeschichte des Mittelalters und der frühen Neuzeit, zu Aufklärung und Frz. Revolution, zur Historischen Anthropologie und zur Mentalitätengeschichte. Mit-Herausgeberin einer Geschichte der Mädchen- und Frauenbildung, 2 Bde., Frankfurt/New York 1996; Mit-Herausgeberin eines Sammelbandes »Ordnung, Politik und Geselligkeit der Geschlechter im 18. Jahrhundert«, Göttingen 1998 (im Druck); Autorin verschiedener Aufsätze über Frauen und Frauenrechte in der Frz. Revolution.

Mascha (Maja) Riepl-Schmidt
geboren 1942, Staatsexamen und Referendariat in Romanistik, Philosophie und Germanistik. Seit 1987 Projektarbeit im Bereich der historisch literarischen Frauenforschung. Dokumentation eines zweijährigen Frauengeschichtsprojekts im Frauenbüro der Stadt Stuttgart: »Wider das verkochte und verbügelte Leben. Frauenemanzipation in Stuttgart seit 1800«, Stuttgart/Tübingen 1990 und 1998. Freiberufliche Arbeit als Autorin, Dozentin und Journalistin. Zur Zeit abschließende Arbeiten zum Promotionsthema: »›Ich will Wahrheit tauschen gegen Glück‹. Therese Huber (1764–1829) in ihrer Stuttgarter Zeit im Spiegel ihrer Erziehungs- und Bildungskonzepte«.

Sylvia Schraut
Dr. phil, PD, geboren 1954, Studium der Geschichte und Germanistik, 1988 Promotion, 1994 Habilitation, Privatdozentin am Seminar für Neuere Geschichte der Universtität Mannheim, Lehrstuhlvertretung an der Universtität Tübingen. Arbeitsschwerpunkte: Eliten in der Frühen Neuzeit, Industrialisierungs-, Urbanisierungs-, Nachkriegs-, Bildungs- und Geschlechtergeschichte.

Leonie Wagner
Dr. phil., geboren 1960, zur Zeit Vertretungsprofessorin für Politologie an der Universität Gesamthochschule Kassel, Wissenschaftliche Mitarbeiterin des Archivs der deutschen Frauenbewegung. Veröffentlichungen (u. a.): Nationalsozialistische Frauenansichten. Vorstellungen von Weiblichkeit und Politik führender Frauen im Nationalsozialismus. Frankfurt/Main 1996; Frauenbewegung und Antisemitismus, Hrsg. Mechthild Bereswill und Leonie Wagner (erscheint Tübingen 1998)

Marianne Walle
Dr. phil., geboren 1938, Professorin am Institut für Germanistik der Universität Rouen, Frankreich. Schwerpunkte: Deutsche und österreichische Kulturgeschichte des 19. und 20. Jahrhunderts. Habilitation über deutsche Frauengeschichte unter besonderer Berücksichtigung von Louise Otto-Peters, Helene Lange, Clara Zetkin und Lily Braun. Arbeitet über Frauengeschichte/Frauenliteratur in Deutschland, Österreich und den früheren Kronländern. Leitet die Forschungsgruppe »Frauen und Kriege im 20. Jahrhundert« der Universität Paris I/Château de Vincennes.